향촌 사계

향촌 사계

윤병화

용의숲

책머리에

우린 시간 속에 존재한다. 시간(時間)은 문자 그대로 어디에서 어디까지를 이르는 말이다. 시간은 되돌릴 수 있는 것이 아니다. 그렇기에 그 속에서 살아온 인간의 삶 또한 되돌릴 수가 없다. 이것이 바로 삶이 소중한 이유이기도 하다.

이러한 삶 속에서 탄생하는 것이 수필이라는 글이다. 희로애락이라는 삶의 여정을 거치면서 평범하나마 나도 여기까지 살아왔다. 보고 느끼고 때로는 깊은 생각도 해보면서…….

나무보다 아름답고 진실한 글을 쓰고 싶었다. 백지보다 깨끗하고 순결한 글을 쓰고 싶었다. 종이가 된 죽은 나무 이상의 글. 그것이 책으로서의 가치라 생각했었다. 그러지 않아도 너저분한 세상, 전보다도 못한 글로 더 오염시키지는 말아야지 결심했었다. 그런 생각을 하다 보니 두 번째 수필집을 낸 지 10년을 넘어서게 되었다.

또한 격조가 있고 침묵이 있으며 울림과 감동이 있는 글을 쓰고 싶었다. 그런 까닭에 오랜 기간 수필을 써 왔지만 과작(寡作)이다. 이것은 나의 능력 탓이기도 하지만, 수필이라는 글의 속성상의 한계이기도 하다. 삶의 이력을 필요로 하는 글이, 정신적 깊이와 품격이 느껴지는 글이, 어찌 뚝딱 뚝딱 써질 수가 있으랴!

정리를 해놓고 보니, 한 시골 소년이 60 평생을 걸어온 부끄러운 내 이력의 일기장이 되어 버렸다. 퇴고를 하는 과정에서 신작이라도 버릴 것은 버리고, 옛 글이라도 이월가치(Over Value)가 있다고 생각되는 것은 다듬어서 다시 실었다. 그렇게 하다 보니 자연 수필선집의 성격을 띠게 되었다. 기간도 30년이나 되기에 발표년도를 표기해 두었다. 어떻게 보면 한 권의 수필로 정리된 이제까지의 내 삶이요, 인생 철학서라는 느낌이 든다.

돌아보니 내가 써온 글이 나를 가르쳤고, 이런 정도의 나를 만들어 왔다는 생각이 든다. 나 또한 가끔씩 이 책을 다시 꺼내 읽으며, 천천히 지나간 내 삶을 추억해 보리라. 혹 같이 읽어줄 독자들이 있다면, 그는 내 호젓한 산책로의 길벗이 될 것이다.

2018년 8월

樂書齋에서 윤병화

차 례

2. 사색의 장

3. 여행의 장

4. 자연의 장

5. 추억의 장

6. 독서의 장

1
생활의 장

같이 살자

서재는 나의 영역이지만 베란다는 아내 영역이다. 그 영역에 관해서는 서로의 관할권을 인정하며 사는 것이 한 집에 사는 부부지간의 불문율이다. 나는 책을 사 모으고 그리고 그것을 읽고 틈나는 대로 부지런히 글을 쓴다. 반면 아내는 공간이 아파트이다 보니 자그마한 화분을 사 모으고 가꾸면서 나름대로의 취미 생활을 영위해 간다.

나는 아내의 영역에 관해서는 터치를 안 하는 편이다. 가끔 가다 아내가 새롭게 피어난 꽃을 보며 빨리 와 보라고 소리칠 때쓱 가서 보면, 우리 몰래 꽃을 피워 올린 그 녀석들이 대견스러워 감탄 어린 격려를 아끼지 않는 정도다. 그런저런 것을 인정해 언젠가 '다정(茶亭)의 정원'이라고 그 공간에 대한 이름까지 붙여 주었다. 다정은 내가 지어준 아내의 또 다른 이름이다. 아무튼 옹기종기 모여 있는 50여 개의 화분이 돌아가며 꽃을 피우니 그런대로 볼만은 하다. 그도 그럴 것이 애들도 커 다 나가고 그렇다고 강아지를 키우는 것도 아니다 보니 적적하다. 그런 집에서 정붙일 곳을 찾다 보니 자연 그렇게 된 듯도 싶다.

그런데 좀 짜증스럽고도 골치 아픈 일은 공간이 점점 비좁아진다는 데 있다. 내 서재만 해도 책이 넘쳐 이제는 애들이 썼던 작은 방까지 차고 들어가 빼곡히 쌓아 놓았다. 더구나 책꽂이 빈 틈마다 가로로 끼워 넣듯 책이 들어차 필요 없다 싶은 놈은 슬슬 내다 버리기까지 하는 실정이다.

그것은 아내의 권한이 미치는 그 공간에서도 역시 마찬가지다. 식구 같은 화분이 늘어나면서 공간은 점점 비좁아지고 있다. 베란다에 한가롭게 나가 앉거나 서성거리며 밖을 내다보고 싶어질 때, 거치적거리는 것이 많아졌다는 점이다. 그래 나는 가끔 오래간 꽃도 피우지 않고 자리만 차지하고 있는 녀석에게, "너는 퇴출이다."라고 명령하며 아내에게 내다 버릴 것을 종용한다. 아니면 누렇게 죽어 가거나 말라 가는 녀석에게는 사형 선고까지 내린다. 이렇듯 규율을 어기고 매정한 것을 넘어 가끔 폭군의 행세까지 하게 되는 것이 나다. 하면, 아내는 "여기는 내 영역입니다. 그리고 내 새끼들이고……." 한다. 하여 안 되겠다 싶어 아내가 없을 때, 슬쩍 눈 밖에 난 녀석을 다른 사람이 가져가라고 집 밖에다 내다 놓는다. 그런데 며칠 있다 보면 또다시 집에 들어와 있다. 아내가 용케도 알아채고 찾아 들여온 것이다. 뭐, 말 그대로 자신이 키운 새끼들이니까 그래도 그것까지는 이해하고 용납한다.

그런데 아내가 가끔 버려진 녀석들을 입양까지 해 들여올 때는 참을 수가 없다. 어느 날 못 보던 녀석이 들어와 떡 하니 비좁은 자리를 차지하고 있을 때면, 나는 내 영역이 아니라도 같이 사는 사람으로서 짜증을 넘어 불같은 화까지 치밀어 오름을 억누를 수가 없다. 꾀죄죄한 모습으로 보아 그 녀석은 어느 집 구석에서 퇴물로 취급받던 녀석이 분명하다. 전에도 그런 적이 있었는데 어떻게 관심을 쏟아 부었는지 잎이 반들반들 해지더니 꽃까지 화분 가득 피워 올리게 했다. 그런 점에서 아내의 재주를 어느 정도 인정하지 않는 바는 아니나, 그래도 쉽게 화가 가라앉지 않는다. 자존심도 좀 상하고, 또 심플 라이프가 내 생활 모토인데 자꾸 많아지고 복잡해지니 짜증이 나는 것이다.

이제는 내 공간이나 아내의 영역이나 거의 포화 상태에 이르렀다. 32평 아파트가 둘이 사는 데도 좁다. 이것저것 들여놓다 보니 그렇다. 나는 또한 그림도 좋아해 액자 걸기를 시작한 것이 무려 32 개에 이르렀다. 대개는 작은 것이지만 거의 갤러리 수준이다. 또한 여기저기 처박아 놓은 도자기가 60여 점에 이른다. 묘안은 오래간 꿈꿔 온 보다 큰 전원주택을 짓는 것만이 해결 방안이다. 그런데 오늘 또 못 보던 녀석을 입양해 온 것이다. 덩치도 적지 않아 길을 막아서듯 떡 버티고 앉아 있다.

"너는 어디서 굴러들어온 녀석이냐? 당장 나가라!"라고 소리친다. 아내는 애원하는 눈빛으로 "날씨도 추운데, 살아 있는 것을 어떻게 내다버려. 우리 같이 살자."라며 사정하듯 말한다. 그러면서 "당신은 인정도 많으면서 늘 그렇게 말하신다." 한다. 이쯤 되면 제아무리 매정한 나라도 한 발 물러서지 않을 수 없다. 내가 또 판정패이다.

'같이 살자!' 참 좋은 얘기다. 혼자만 잘 살면 무슨 재민가. 비좁아도 귀찮아도 내 능력으로 거두어 살리면서 함께 살아갈 수만 있다면, 그것보다 더 의미 있는 일은 없으리라. 그렇게 더불어 살아갈 때만이 생각잖게 더러 꽃도 보며 즐거워할 수 있는 것이다. 우리 인생 또한 다 그런 것이 아닐까도 싶어, 빙그레 웃음 지으며 새로 입양한 그 녀석을 내려다본다.

그래, 죽을 때까지는 같이 살아 보자!

(2015)

기차가 떠난 자리

삶의 일상이라고는 하지만, 자식 배웅하는 것보다 더 애틋한 마음이 있을까?

오늘도 딸을 태운 기차는 나를 찾아 흔들어 대던 손을 뒤로 하고, 자리를 찾아 채 앉기도 전에 급히 달아나 버린다. 그럴 때면 쇠바퀴의 덜컹거리는 긴 울림이 다 끝날 때까지, 기차의 뒷모습이 시야에서 완전히 사라질 때까지, 나는 아쉬움에 그 여운의 뒤끝에서 꼼짝 않고 서 있다.

그러고 나면 또다시 밀려오는 공허감을 메울 길이 없다. 그리하여 버릇처럼 잠시 플랫폼을 서성이거나 아무도 없는 그 텅 빈 공간의 빈 벤치에 가 앉는다. 이렇듯 바로 자리를 뜨지 못하는 것은, 녀석을 또다시 치열한 생존경쟁의 세계로 밀어 넣은 것은 아닐까 하는 마음에서다.

가을볕 쌓이는 이 빈 벤치에 앉아 기차가 떠난 긴 레일만을 나는 언제까지고 바라보고 있다. 곧게 뻗어간 레일을 뒤로 하고 딸아이는 이제 고향 생각을 떨쳐내고 있으리라. 언젠가 딸아이는 말했다. 내가 태어난 곳은 서천이지만, 내 고향은 아빠 엄마가 계신 곳이라고. 내가 그러했듯이 그런 것이 바로 부모 자식 간의 본능적 그리움인지도 모르리라.

매일처럼 수많은 사람들이 오고가는 것이 기차역이다. 딸은 어제께도 이 길을 통해서 왔고, 오늘 또한 이 길을 통해서 갔다. 밀물 지듯 왔다가 하루 만에 썰물 지듯 가 버린 것이다. 이렇듯 아주 가끔씩 토요일에 와서 늘 일요일이면 간다. 고향에서 학교를 다니던 중학교 이후로 방향만 달리했을 뿐 줄곧 그런 식이었다. 그렇게 온 딸을 맞이하고 또 하루 만에 떠나보낸 이 자리에서, 나는 또다시 집 떠난 녀석이 남기고 간 걱정의 부스러기들을 주워 담는다.

바다 가까이 살아서인지 딸아이는 산보다는 바다를 좋아하는 편이다. 하기야 어린 시절을 모래톱에서 조개껍질 주우며 놀았으니 그러할 수 있겠다. 그래서인지 먹는 것 또한 바다에서 나는 것을 즐겨한다. 그런 것을 아는 아내는 딸이 오면 어시장부터 들른다. 그렇게 먹여 보내야 마음이 놓이기라도 하듯이 늘 그런다.

그저 자식이기에 귀엽고, 하나뿐인 딸이기에 사랑스럽고, 가족이기에 더욱 소중한 것임을. 남이 아닌 내 살붙이기에 더욱 애중한 것임을, 다시금 이 자리에서 생각해 보고 또 생각해 보는 시간이다. 그런 자식이 그 험난한 세상에 뒤섞여 살아보겠다고 그리움을 뒤로 하고 떠난 것이다. 어리고 젊었을 때 내가 그러했듯이…….

기차가 가 닿을 곳은 어디인가. 만원이 되어 버린 만인의 타향이라고 불리는 서울이다. 갔다만 오면 머리가 지끈거리는 복잡하기 이를 데 없는 대도시이다. 건물이 빽빽하게 들어차 있고, 우리나라 인구의 대부분이 모여 사는 곳. 온갖 탐욕과 욕망이 들끓는 곳. 비단 서울뿐일까마는, 살기 위해서 인정받기 위해서 그 치열한 경쟁들을 일삼아 할 수밖에 없는 곳이 그곳이 아니던가.

어쨌든 헤어지면 만나고, 또 그래야만 되는 거고, 그렇기를 바라는 마음이지만, 레일의 끝을 생각하면 그저 안쓰럽기만 하다. 우린 느긋하게 함께 모여 살 수는 없는 것일까. 그렇게 생각의 끝을 더듬어가다 보면, 허전한 마음은 어느새 짠한 마음으로 변하고, 이어 일상의 걱정과 기도가 뒤따르는 것이다.

나는 이런저런 생각을 하며 언제까지고 빈 벤치에 앉아 있다. 헤어지자마자 또다시 그리움만 키우고 있다. 아득히 뻗쳐 간 저 레일 끝을 바라다보면서 멍하니 생각에 잠겨 있다. 이제 시간이 가고 떠남이 그리움으로 쌓이면, 딸아이는 또다시 저 레일의 끝을 더듬어 오리라. 노을빛 고운 바닷가 굽이진 길을 따라서…….

(2018)

하트 마크 자전거

예쁜 자전거를 볼 때면 생각나는 것이 있다. 결혼하고 얼마 되지 않아 아내의 생일날 자전거 한 대를 선물한 적이 있었다. 아내가 시장에 다닐 때 쓰라는 뜻에서였다. 분홍색 자전거를 보고 아내는 무척 기뻐하였다. 아내가 기뻐하는 모습을 보니, 나도 덩달아 뿌듯한 마음에 기분이 좋아졌다.

아내는 한동안 선물 받은 자전거의 먼지를 닦는 등 소중히 다루었다. 그것을 보고 나는 혹 손 타지 않을까 싶어 표시를 해두기로 했다. 그래서 사랑한다는 뜻으로, 잃어버리지 말라는 뜻으로 자전거 뒤 흙받기에다 매직펜으로 하트 마크를 그려 넣어 주었다. 그 하트 마크가 그려진 자전거를 타고 시장을 봐 오는 모습을 보는 것 또한 나의 기쁨이었다. 하트 마크가 그려진 은륜이 빛나는 분홍색 자전거를 타고 가다 뒤돌아보며 미소 짓던, 젊은 아내의 사랑스런 모습은 지금도 잊히지 않는 모습 중의 하나이다.

그러던 어느 날 직장에서 돌아와 보니, 아내의 얼굴이 울상이 되어 있었다. 하트 마크 자전거를 잃어버렸다는 것이다. 그것을 산 지 두어 달밖에 안 되는 때였다. 그 후 나는 가끔 읍내를 다닐 때면, 지나다니는 자전거의 뒤 흙받기를 바라보곤 하였다. 어떻든 아내가 사랑땜도 못했다며 하도 속상해하기에 다시 한 대 사주기로 마음먹었다. 아내가 미안해하며 도로 찾을 수도 있다며 말렸지만, 똑같은 것으로 다시 사서 밀고 왔다. 아내는 이번에는 잃어버리지 않고 오래오래 타겠다고 약속처럼 말했다. 그러면서 열쇠를 가지고 다니며 내릴 때마다 잠그는 등 삼가 주의를 기울였다.

그 잃어버린 하트 마크 자전거의 기억도 거의 사라진 어느 여름이었다. 문학 모임에서 가족들과 함께 인근 해수욕장으로 야유회를 갔다. 천막을 치고 하루 종일 먹고 마시며 떠들고 논 늦은 오후쯤, 나는 잠시 무리에서 벗어나 수평선 위 구름을 바라보고 있었다. 그때 내 앞으로 바퀴살을 반짝이며 자전거 한 대가 지나갔다. 분명 어디서 본 듯한, 분명 하트 마크가 그려진 분홍빛 자전거였다. 순간 나는 벌떡 일어나 자전거를 뒤따랐다. 그야말로 하트 마크의 위대한 힘이 작용하는 순간이었다. 나는 자전거를 잡아 멈춰 세웠다. 분명 내가 사준 아내의 자전거였던 것이다. 그래 그 자전거가 내 자전거임을 주장했다. 그러나 학생인지 청년인지 모를 그 젊은이는 무슨 말이냐며 한사코 자신의 자전거라고 했다. 그것도 자신이 사서 타고 다니는 거라니 어안이 벙벙했다.

그때였다. 내가 청년과 실랑이를 벌이고 있는 것을 본 후배 선생님이 다가와 그 이유를 물었다. 내 이야기를 듣고 난 김선생은 형님은 잠시 빠져 있으라며, 그렇게 자신 있으면 이동파출소에 가서 따져 보자며 자전거를 잡고 놓지 않는 그 청년을 끌고 갔다. 순간 내가 잘못 본 것은 아닌가, 괜스레 사건이 커지면 어쩌나 하는 두려움도 없지 않았다. 그래서 "김선생님, 뭐 그렇게까지 할 것 있나." 하고 말렸다. 그러자 김선생은 "그런 사람이라면 버르장머리를 고쳐 놔야 합니다." 하며 단호했다. 순간 나는 다시 한 번 혹 내가 잘못 본 것은 아닌가. 똑같은 자전거가 있을 수도 있지 않을까 반신반의했다. 그러나 다시 봐도 분명 아내의 자전거였다.

파출소에 들어서자 경찰관이 물었다. 선생님이 이 자전거를 어디서 샀느냐고, 등록은 했냐고. 나는 산 곳은 알지만 등록은 했는지 안 했는지 모른다고 말했다. 다시 언제쯤이냐고 묻더니 그곳으로 전화를 하면서, 지난 3월 사 간 자전거 중에서 이 등록번호가 있는지 확인해 달라는 것이었다. 그런 후 잠시 기다리다가 전화를 끊더니 신기하게도 이 자전거는 선생님의 것이 맞다는 판정을 내렸다. 마침 판 사람이 자전거 등록번호를 적어 놓았다는 것이다. 그것이 이 자전거와 일치한다는 말이었다. 그때까지 나는 자전거의 등록번호가 있는지조차 몰랐다.

이제 자전거를 찾기는 했는데 문제는 또 다른 데 있었다. 그 자리에서 청년에 대한 신원조회가 들어갔고, 그 청년은 몇 년 전에 고등학교를 자퇴한 사람으로 상점을 털어 절도범으로 수배 중인 사람이라는 것이었다. 그런 사람이 어떻게 파출소에 당당히 따라 들어올 수 있단 말인가. 혹 좀 모자라는 사람이 아닌가도 싶었다. 그 청년을 붙잡아 놓고 있으니 갑자기 마음이 무거워졌다. 자전거 한 대가 무어라고. 그러면서 속으로 바보 같은 사람, 이 너른 해변에서 자전거를 버리고 도망을 칠 일이지. 아니면 용서를 빌거나 그랬으면 주어버렸을 텐데…….

어떻든 나로 하여금 잡혀든 그 사람이 미안스럽고 안타깝기까지 했다. 붙잡아 놓고 조사받는 것을 보니 마음이 너무도 안쓰러웠다. 나도 자식 키우고, 명색이 학생들을 가르치는 사람인데 하는 생각이 떠나지를 않았다. 그래 풀어 줄 수 없느냐고 했더니, 수배 중인 사람이라서 그럴 수는 없다고 했다. 그럼 나는 다 용서

하고 자전거도 찾았으니 최소한 자전거만은 사건화시키지 말아 달라고 사정사정하였다. 그랬더니 그것만은 지키겠다고 약속하여 무겁지만 발걸음을 돌려 파출소를 나오는 수밖에 없었다.

어느새 김선생이 찾아간 그 하트 마크 자전거를 함께 간 아이들이 타고 놀았다. 그 아이들 중에 머리가 큰 내 제자가 하나 있었는데, 무척 즐겁게 타고 놀기에 그 자리에서 선물로 주어 버렸다. 녀석은 좋다고 소리치며 노을 진 해변을 힘껏 내달리며 즐거워했다.

야유회에서 돌아온 며칠 후였다. 학교에서 돌아오니 아내의 얼굴이 또 울상이었다. 왜 그러느냐고 물었더니, 새로 산 자전거를 또다시 잃어버렸다는 것이었다. 이번에는 잠가 놓았는데 통째로 들고 가 버렸다는 것이다. 어이없는 일이었다. 또다시 자전거를 사야 하나 어쩌나 고민하다가 연거푸 세 대를 사기는 좀 망설여지기도 하고 해서 제자의 아버지에게 전화를 했다. '형님, 아내가 자전거를 또다시 잃어버렸다고, 세 대를 연달아 사기는 좀 그렇다고…….' 그랬더니, '그럴 수야 없지요. 다시 자전거를 실어다 줄 터이니 걱정 말라.'는 것이었다. 그렇게 하여 다시 찾은 하트 마크 자전거는 그 후 잃어버리지 않고 꽤 오랫동안 타고 다녔다.

암튼 제자에게 주어 버린 자전거를, 그렇게 좋아하던 자전거를 다시 빼앗아 오는 격이 되었으니 미안하기 짝이 없었다. 하여 기회가 된다면 언젠가 새 것으로 한 대 사주리라 마음먹었다. 그러나 마음의 약속을 지키기도 전에 녀석은 고향을 떠나 공부하게 되었고, 성장하여 간호사가 된 후 지금은 유능한 공학박사에게로 시집을 가 버렸다.

어느덧 구르는 자전거 바퀴처럼 세월은 흘러 이제 내 나이 초로기에 접어들었다. 지금은 자전거 전용도로가 아니면 자전거를 타고 다니기가 너무나 위험스럽다. 그리고 자동차가 일반화된 세상이다. 우리 역시도 자동차를 갖고 생활한다. 그렇지만 나는 공해도 없고 건강에도 좋은 아날로그적 자전거에 대한 그리움을 떨칠 수가 없다. 머지않아 내가 꿈꾸는 시골로 들어가 살게 된다면, 자전거 두어 대쯤 꼭 준비하고 싶다. 그리하여 맑은 공기를 가르며 한적한 시골길을 아내와 함께 달리는 그런 생활을 한껏 누려보고 싶다. 물론 그때도 아내의 자전거에는 그 신통력을 발휘하는 하트 마크가 그려져 있을 것이다.

(2009)

두 편지

- 내가 가장 사랑하고 존경하는 아빠께 -

아빠, 오랜만에 아주 오랜만에 이렇게 편지를 써요. 얼마만인지 기억도 안 나네요. 예전에는 곧잘 아빠께 편지 쓰고 그랬었는데, 요새는 이메일도 있고 스마트폰으로 언제 어디서든 누구에게나 연락이 가능하게 되어서 편지 쓸 일이 거의 없는 것 같아요.

이제 변호사 시험까지 약 100일 남았어요. 어느덧 졸업이 코앞으로 다가오고 겨울옷을 꺼내 입어야 할 시점이에요. 늘 아빠 엄마는 어떻게 잘 지내실까. 별일 없겠지. 그런 생각으로 지내왔었던 것 같아요. 집에서부터 몸은 멀리 떨어져 있어 왔지만, 늘 내 마음만은 내 생각의 배경에는 집이 있었어요. '아빠라면 어떻게 하셨을까. 엄마라면 어떻게 하셨을까. 아빠한테 물어보면 아마 이렇게 하라고 하시겠지. 엄마라면 다른 사람에게 이렇게 말씀하셨겠지.' 그렇게 늘 아빠 엄마는 저와 함께 하고 있으셨어요. 앞으로도 그럴 거고요.

제가 참으로 과분하게 누리면서 살고 있다고 생각했어요. 저한테 선천적 능력을 갖추고 태어나게 하시고, 최선을 다해서 저를 교육시키시고 끈기와 의지를 길러 주시고, 그 능력과 의지를 펼칠 수 있고 쓸 수 있게 서포트 해주시고, 당신들이 하지 못했던 경험을 하게 해주시고, 무엇보다 온전한 신체에 온전한 정신을 불어넣어 주시고 저를 조건 없이 사랑해 주시는 것, 저의 행복과 자유를 진심으로 바라시는 것, 이 사실에 대해 저는 한 치의 불신도 없다는 점 역시 너무나 감사한 일이에요.

종종 내가 모르고 있었던 세상의 단면들을 보게 되고, 여러 가지 경험해 본 적 없던 것들도 접하게 되고, 나와는 전혀 상관도 없고 남 이야기일 것으로만 생각되던 것들이 내 주위 사람들의 일들인 것을 알게 되면서 — 가지지 못한 것에 대한 욕심과 안타까움들이 생겨나서 저를 어지럽히기도 했었지만, 지금은 오히려 그 반대에요. 나의 부모님이 얼마나 큰 노력으로 나를 이렇게 키우셨는가. 참으로 대단하시다는 생각이 들어요. 내가 더 큰 세상을 보고 그 큰 세상이 꿈이 아닌 현실로 다가올 수 있게 해주기 위해 나의 부모님은 훨씬 큰 정성으로 나를 키우셨구나. 나에게 자유와 선택권을 누리게 하고자 그리 애쓰셨구나. 나는 가지지 못한 것을 아쉬워할 게 아니라, 그것들이 없음에도 이렇게 클 수 있었다는 점에 대해 자부심을 느껴야 하는 거구나. 이런 생각을 합니다. 그리고 많은 학내 교수님들, 학우들의 부모님들, 법조계의 각계각층의 인사들을 알게 되고 만나기도 하면서 점점 깨달은 점이, 나의 부모님이 얼마나 훌륭한 어른인가 하는 것이에요. 대외적으로 그럴 듯한 직함, 지위를 가지고 겉으로는 그럴싸해 보이나, 실제로는 존경받을 수 없는 사람들이 너무나 많더라고요. 그런 경우들이 하나 둘씩 쌓일 때마다 어른에 대한 실망이 커지면서 한편으로는 인간에 대한 연민, 동시에 '그래도 보듬자 사람은 원래 다 한두 가지씩 부족한 부분이 있기 마련이고 그게 인간적인 거다.' 이런 생각도 생겨나더라고요. 그래도 가장 중요한, 가장 부족해서는 안 되는 부분들이라고 생각하는 것이, 생각과 말의 일치, 말과 행동의 일치, 원칙을 잘 세우고 지키는 것, 다른 사람들에게 너그럽고 나에게 엄격할 것, 진심으로 사람을 대할 것인데, 그런 부분에서 온전하게 제가 감동을 받고 배우고 싶은 그런 사람은 아직까지 보질 못했어요. 아무튼 인격적으로 존경할 만한 사람은 쉬이 찾기 어렵네요. 아마도 그런 부분에 있어서는 제가 아빠의 영향을 받아서 기준이 매우 높아서 그런 게 아닐는지. 저에게 있어서는 아빠의 삶, 가치관, 생활 방식이 기준이거든요. 제가 집을 떠나 살아온 지가 고등학교 이후부터 지금껏 약 10년이 되어 가는 데도 불구하고 말이지요. 아빠는 늘 제가 기쁘게 해 드리고 싶은 분이었고, 늘 아빠 말씀은 옳다는 믿음이 있었고, 아빠는 자랑스러운 분이셨어요. 지금도 그렇고요. 이제껏 그랬고 앞으로도 그럴 거예요.

아빠보다 더 훌륭한 사람을 전 본 적이 없어요. 인격적으로 존경받아 마땅한 분이고, 아빠의 이 세상에 대한 진심 어린 사랑의 감정도 저는 느낄 수 있어요. 가족을 비롯한 학생과 주변 사람들에 대한 책임감도 정말 놀라울 정도에요. 한 사람이 이렇게 강할 수 있는 것인가. 나 하나의 신변을 걱정하기도 힘든 이 세상에서 아빠는 우리 가족의 안녕을 단 한 번도 저버리신 적이 없으시다는 그 사실이, 저는 정말 말로 표현할 수 없이 너무나도 대단하다는 생각을 해요. 아빠라는 따뜻하고 안전한 울타리가 되어 주기 위해 당신은 얼마나 혼자서 애쓰셨을지 힘드셨을지. 아빠는 다른 것들도 정말 멋진 면모가 있으신 남자이지만, 그냥 그런 '아빠'라는 점만으로도 이미 충분히 존경받으셔야 마땅한 분이세요. 아빠가 제1가장으로서의 역할을 잘해 내기 위하여 포기할 수밖에 없었던 제가 모르는 부분들이 분명 많으셨을 거라 생각해요. 아쉬운 생각도 가끔 드시겠지요. 하지만 아빠 이걸 꼭 기억해 주셨으면 해요. 아빠는 그렇게 함으로써 나를 포함한 누군가에게 일평생의 무한한 존경을 받으시는 분이 되셨다는 것을요.

인도인 친구 써니도 저한테 그런 말을 하더라고요. "넌 아빠 얘기를 많이 한다. 엄마 얘기보다. 가족 얘기 할 때면 대개 아빠에 관한 이야기를 한다."고요. 그래서 제가 그랬어요. "엄마는 나를 낳아 주셨고 아빠는 나를 길러 주셨다."고. 그만큼 나의 성장에 지대한 영향을 끼쳤다는 걸 이야기 하는 거예요. 저는 저의 어린 시절을 떠올리면 뭐 안 좋은 게 하나도 없지는 않았겠지만, 참으로 행복한 기억들뿐이라 얼마나 감사하고 다행이고 복된 일인지 몰라요. 아빠가 제게 만들어 주신 일평생 누릴 수 있는 선물이에요. 수많은 함께 한 주말여행들, 저녁운동들, 책을 읽고 감흥을 나누던 시간들, 음악을 함께 듣던 기억들, 맛있는 음식을 함께 만들어 둘러앉아 먹던 기억, 파도치는 바다를 함께 바라보던 기억, 나의 글들을 함께 퇴고하던 기억, 손을 붙잡고 장을 보던 기억, 책을 한 아름 사던 기억, 시험장에서 저를 하루 종일 기다리며 기도해 주시던 기억, 예쁜 포즈를 취하라고 하면서 사진도 찍어 주시고, 귀여운 '땡이'라는 애칭. 아빠가 저녁 전에 간식으로 즐겨해주시던 데운 우유에 설탕 한 숟갈의 기억도……. 밤에 늦게 오시면 사다 주시던 투게더와 엑설런트 아이스크림. 늘 책과 펜을 손에서 떼지 않으셔서 종종 아빠 서재의 이불엔 수성 펜이 묻어 있기도 했는데, 내 침대 이불에 묻은 빨간색 펜 자국을 보며 드는 아빠 생각. 늘 아빠가 쓰셨던 Pental 검은색 파란색 빨간색 펜들 등등 셀 수 없는 많은 기억들이 있어요. 아빠가 정리해 주셨던 책

목록, 요약된 글들, 신문에서 오려낸 수많은 글들……. 한자를 못 읽을 때마다 어디선가 들리는 것 같은 아빠의 잔소리도. 그리고 나를 위한 운전면허 연습 시간도. 나도 인지하지 못할 때가 많은데, 아빠는 한 시도 일분일초도 저를 떠나시지 않은 것 같아요. 제 습관, 행동, 말 다 아빠의 그것들이 섞여 있어서요.

제가 더 자주 연락하지 않는다고 아빠를 잊고 산다거나 그런 게 아니라는 것 알아주셨으면 해요. 늘 아빠의 음성이 제 옆에 함께 하고 있어서, 그래서 아빠가 늘 옆에 있는 것 같아서 전 힘들 때도 이겨낼 수 있었고 외로워도 이겨낼 수 있었어요. 그리고 확신해요. 아빠가 늘 저와 함께 하실 것을. 그러니 아빠도 제가 늘 존경하고 따르고 사랑하고 아무튼 제 안테나가 아빠를 향한다는 사실을 믿어 주세요. 멀리 떨어져 있지만 늘 함께 하고 있다고요. 제 고향은 서천이지만 제 마음의 고향은 아빠 엄마가 계시는 바로 그곳이에요. 우리 각자 있는 곳에서, 서로를 위해서 각자 자신의 삶이 행복할 수 있도록 노력해요. 아빠가 저의 앞날과 건강을 걱정하고 나 또한 아빠의 건강과 미래를 걱정하니까. 저도 아빠를 위해 저의 행복을 위해 노력할게요. 아빠도 아빠의 행복을 찾기 위한 노력을 해주실 거죠? 아빠가 더욱 아빠다운 모습으로 사실 수 있기를 전 진심으로 바라고 있어요. 제가 아직 제 두 발로 우뚝 서기 위한 과정에 있어 아빠를 적극적으로 서포트 해드리진 못하고 있으나, 전 언제나 아빠가 아빠다운 삶을 사시기를 응원하고 있어요. 그리고 아빠 참고로 말씀드리는데, 이제 아빠 혼자 참는 역할 하신 거 조금 나눠 주셔도 되요. 아빠의 완벽한 모습, 일관된 모습 보이려고 애쓰시지 않으셔도 되요. 힘드실까 봐요. 전 평생 아빠를 무조건 존경하고 따를 거니까. 아빠 좀 편해지셔도 되요. 이젠 적어도 저한테 있어서 만큼은요. 힘들면 힘들다고 하고 싶은 게 있는데 못해서 속상하다고 이런 거도 이야기하셔도 되요. 저 이제 들어 드릴 수 있어요. 해결해 드릴 순 아직 없지마는, 이제 제가 이기고 짊어질 부분을 주세요. 어려운 일이라는 거 아마 당신이 해보셨으니 더 잘 아시겠지요. 저도 어느 정도는 알고 있고 예상도 돼요. 그러나 이제 그럴 때가 오는 게 맞는 거니까. 제가 잘할 수 있을 진 몰라도 해봐야지요. 이제 얼마 안 있으면 집에 가요. 너무나 오랜만에 가는 집이에요. 4월에 1박 2일, 7월에 1박 2일, 그리고 추석 너무 죄송해요. 자주 못가서. 아빠 엄마 너무 보고 싶어요. 앞으로 100일 쉽지 않겠지만 잘 해 볼게요.

서울 안암골에서 딸

송이 올림

오랜만에 딸의 기나긴 편지를 읽으면서 나는 서재에서 홀로 울었다. 딸이 내 마음을 이해하고 있는 것 같아서, 이제는 철이 들은 것 같아서, 문득 컸다는 생각이 들어서, 내 마음을 속속들이 알아보는 것 같아서, 기특해서, 사랑스러워서 나는 펑펑 울었다.

모든 부모들이 비슷하겠지만, 나보다는 자식을 우선해서 키워왔다. 그런 희생의 바탕 위에 자식들은 커 나간다. 나의 부모가 그랬고 나의 할아버지도 그 위의 할아버지도 그랬을 것이다. 난 솔직히 내 자식이 성공해서 남을 지배하고 떵떵거리며 사는 것을 바라지 않는다. 남을 배려하고 때로 양보도 하면서 그들과 더불어서 기쁨과 슬픔을 함께 나누면서 살기를 바란다. 그리고 자식으로부터의 어떠한 보상이나 보답도 기대하거나 바라지 않는다. 그것은 그들이 바르게 자라면서 내가 보살핀 것 이상으로 이미 나에게 많은 즐거움과 기쁨을 안겨 주었기 때문이다. 이 세상에서 자식에게 존경받고 아내에게 인정받는 것보다 더한 성공은 없으리라. 그럼 점에서 나는 이미 행복한 사람이다.

딸자식의 편지를 읽고 나는 또다시 아버지의 찢어 버린 그 편지를 떠올리지 않을 수가 없었다. 고등학교 2학년 때인가 나는 처음이자 마지막으로 아버지가 보내온 편지 한 통을 받았다. 그 무렵 나는 고향 사람 아니면 친구의 자취방을 전전하는 등 사는 곳이 일정치가 않을 때였다. 대충 적어 보낸 주소가 학교로 전해졌고 어떻게 어떻게 해서 용케도 주인을 찾아온 때 묻은 편지였다. 담임선생님으로부터 편지가 전해지는 순간 반가움보다는 갑자기 얼굴이 달아오르는 부끄러움에 휩싸였다. 편지 봉투에 맞춤법이 엉망인 비뚤비뚤한 글씨가 한 눈에 봐도 무식한 촌부가 침을 발라 연필로 꾹꾹 눌러쓴 글씨가 분명했기 때문이었다. 나는 친구들이 볼세라 창피해서 주머니 속에 우겨넣었다. 그리고 하교 후 외진 곳에 가 홀로 그 글을 읽었다. 그런 후 혹 친구들에게 보일까 두려워서 잘디잘게 찢어 버렸다. 그러나 지우려는 흔적은 더욱 각별한 것이어서 가슴에 새겨진 화인(火印)처럼 지금까지도 남아 있다.

내용인 즉 타지에서 끼니는 거르지 않느냐는 말, 언제 어떤 상황이 되더라도 못 된 짓하지 말고 바르게 살아야 한다는 말, 열심히 공부해서 공무원이 되었으면 좋겠다는 말이었다. 늘 남의 농사일에 시달렸던 아버지는 공무원이 무척 부러웠던지 공무원의 좋은 점을 몇 가지 더 적었던 것으로 기억한다. 그러나 운동선수 특기자로 입학했던 나로서는 생활의 뒷받침조차 제대로 안 되는 상황에서 그것은 너무나도 요원한 꿈이었다. 그저 학교에 적을 두는 것만으로도 다행으로 여겼던 그때였으니 말이다.

아무튼 잠시나마 아버지의 편지를 부끄럽게 여기고 찢어 버렸다는 그 죄책감에 나는 한동안 괴로워했다. 내 자신에 대한 모멸감과 부끄러움으로 오래간 시달렸다. 그 후 그 편지를 간직해 올 수 있었더라면 얼마나 좋았을까 하는 아쉬움이 늘 떠나지를 않았었다. 그랬더라면 유산처럼 든든하게 두고두고 내 인생의 길잡이가 되었을 것이라는 생각에서였다. 그리하여 가끔 그것을 꺼내 읽으며 그것으로 말미암아 아버지를 추억하며, 그 편지글을 통해 또한 아버지의 숨결을 느껴 볼 수 있었을 것이었기 때문이다.

이것 저것하다 많은 시간이 흐른 후, 대학 진학을 놓고 아버지와 또다시 충돌했다. 실력이 충분치는 못했지만 나는 미대에 가고 싶었다. 그에 대해 아버지는 그림 그리러 비싼 돈 내면서 대학까지 가느냐는 얘기였다. 그렇다면 목장 주인이 되기 위해서 축산학과를 가겠다고 했더니, 또다시 소 기르려고 대학까지 가느냐는 얘기였다. 그래 이제는 사범대는 어떻겠느냐 했더니 "그건 괜찮지." 라는 대답이셨다. 나는 아버지 뜻대로 했다. 물론 내가 하고 싶은 것을 선택했더라면 좀 더 즐거운 삶을 살 수 있었을지도 모른다. 그렇지만 덕분에 교사라는 생활의 틀 안에서 정직하게 살 수 있었다. 그리고 글을 통해 더 넓고 깊은 세상을 보았고, 위대한 인물들을 만났다. 그러면서 학생들에게 삶의 아름다움을 찾아 줬고, 꿈을 심어 주면서 참된 것이 무엇인가를 가르쳐 줬다. 그런 점에서 아쉬움은 있지만 후회는 없다. 그리고 지금의 것에 그저 고마워할 뿐이다.

지금에 이르러 다시 한 번 마음속으로 사뢰는 것은 '아버지, 그땐 정말 죄송했습니다. 이 못난 자식을 용서해 주세요.'라는 그

말뿐이다.

육필 편지는 그것을 쓴 사람의 영혼의 숨결이다. 그렇기에 찢어버린 아버지의 편지가 한없이 그리운 것이고, 딸자식의 편지 또한 오래도록 간직하고 싶은 것이다.

(2013)

살아 있음의 선물

씨앗의 죽음으로 새로운 생명이 싹트듯, 그런 죽음이 있기에 비로소 삶은 존재한다. 그렇기에 살아 있다는 것은 그 자체가 대단한 것이며, 인간의 가장 큰 선물이라고 할 수 있다. 따라서 소중한 삶을 가치 있게 사는 것은 살아 있는 사람의 권리요 의무일 것이다.

영어 공부를 하다보면 'Present'라는 말이 나온다. 그 뜻이 크게 '현재' 또는 '선물'이라고 풀이되는……. 그런데 왜 이 한 단어에 동시에 두 가지 뜻을 매겼을까? 더구나 '선물'을 뜻하는 'Gift'라는 또 다른 단어가 있는 데도 불구하고…….

물론 깊게 들어가 보면 보다 격식적이요 의례적인 말에는 '기프트'를, 친한 친구나 친지 사이에 주고받는 일상적인 말에는 '프레즌트'로 구분하여 말하기도 한다. 따라서 생일이나 크리스마스에는 자연 '프레즌트'라는 말이 사용된다. 그렇기는 하지만 이 '프레즌트'라는 말에 '선물'이라는 뜻을 덧붙인 데는 이유가 있을 것이다. '현재'라는 살아 있음의 시간이야말로 인간이 하늘로부터 부여받은 가장 큰 선물이기에, 그렇게 표현하였을 것이다.

우리는 평생을 돈 버는 데 소진하다 맘 놓고 한 번 써 보지도 못하고, 끝내는 병원에 돈만 갖다 주다 죽는 경우를 흔히 보며 산다. 그런가 하면 비굴한 아첨으로 높은 자리에 올랐으나, 결국엔 비리와 부정에 연루되어 온갖 비난을 받으며 우리의 시야에서 사라져간 인물들은 또한 얼마나 많은가? 삶에 있어 가장 불행한 것은 문득 삶을 뒤돌아보는 자리에서 '이것이 인생이 아니다.'라는 생각을 가질 때이며, 삶에 있어 가장 절망스러운 것은 나이를 먹어간다는 것이 단지 깨어진 꿈을 확인하는 일에 지나지 않을 때이다. 흔히 일 속에 삶의 의미가 있다고 말하지만 삶과 일은 분명 다르다. 일이 목적을 위해서 있다면 삶은 먼저 느낌으로 다가가는 것이니까. 인생을 산다는 것은 연습할 시간이 없으며, 확언할 수 있는 것은 단지 현재라는 시간뿐이다.

삶은 유한하다. 유한하다고 생각할 때 더없이 소중하게 느껴지는 것이며, '오늘 우리가 헛되이 보낸 시간은 어제 죽은 이가 그토록 원했던 내일이었음'도 비로소 인식하게 된다. 좀 더 많은 월급이나 승진이 결코 행복의 조건일 수는 없다. 넓은 집에 목매달고 사는 것도 진짜 인생이 아니다. 유감스럽게도 하늘이 준 선물의 시간은 그리 길지가 않다. 그렇기에 가족과의 단 며칠의 휴가, 노을 진 바닷가에서 자연의 아름다움을 느끼는 단 몇 분의 시간이 더없이 소중하게 생각되는 것이리라. 죽은 듯한 매화나무에서 새롭게 피어나는 꽃잎을 볼 때, 깨물어 보고 싶도록 귀여운 내 아이들의 모습을 가만히 지켜보게 될 때, 그리움의 긴 편지를 쓰는 밤, 오랜만에 늙은 어머니의 손을 다시 잡아 볼 때, 잔잔한 선율이 흐르는 찻집에서의 한때, 그런 사소한 시간들이 얼마나 아름다운지를 절감하는 순간, 인생은 바로 거기에 있는 것이다. 이렇듯 삶은 목적지가 아니라 여정을 사랑할 때, 생활은 더욱 빛을 발한다.

놀이터에 나와 재잘거리는 해맑은 내 아이들의 웃음소리를 듣는다. 다져진 길가의 한 귀퉁이, 이 지구의 지각을 뚫고 봄철로 돋아나 어느새 두어 송이 꽃을 피운 제비꽃! 살아 있지 않다면, 내 어찌 아이들의 웃음소리를 들을 수 있을 것이며, 앙증스런 제비꽃의 아름다움을 볼 수 있을 것인가? 내 죽은 무덤 위에 수천수만 송이의 바이올렛이 핀들 내 어찌 느껴 볼 수 있을 것인가?

난 살아 있다! 살아 있음은 그 자체로 선물이기에, 따뜻한 봄볕 하나만으로도 이리 조건 없이 행복하다.

(2001)

창밖 사계

거실 소파에 앉거나 두어 발 걸어 나가 베란다의 흔들의자에 앉게 되면 바로 공원이 내려다보인다. 언덕에 지어진 아파트인지라 전망이 괜찮은 편이다. 그렇다고 고층도 아니고 사는 곳이 3층이다 보니 전체 높이는 5,6층 정도 된다.

나는 앞뒤로 산과 들을 볼 수 있고 공원이 생긴다는 말에 이 집을 선택했다. 그런데 차츰차츰 건물이 들어서며 산과 들을 가렸다. 그때 공원의 나무들이 크면서 나의 시선을 받아갔다. 만약 이 공원마저 내려다볼 수 없었다면 나는 더 이상 견디지 못하고 이사를 갔을지도 모른다. 어쨌든 돈 안 들이고 힘 안 들이고 내 정원마냥 내려다보고 즐길 수 있는 곳이라서 좋다.

나는 같은 것이 반복되는 것을 좋아하지 않는다. 특히 같은 장소에서 같은 장면이 오래도록 지속되는 것에 더욱 염증을 느낀다. 그럴 때면 나는 어김없이 집을 떠난다. 당연한 말이지만 나의 부재는 어딘가로의 떠남 여행을 의미한다. 하지만 계절의 변화와 반복만은 예외다. 아니 사랑을 한다. 언뜻 보면 어제와 오늘이 같을 수 있다. 그러나 보이지 않는 시간 속에서 계절은 변화에 변화를 거듭해 간다.

크지도 않고 사람도 별로 다니지 않는 공원이지만, 봄이면 매화, 목련, 산수유, 벚꽃 등이 그야말로 꽃 대궐을 이룬다. 나는 그런 봄이면 공원을 내려다보며 버릇처럼 흥얼거리는 것이 있다. 페르시아의 시인 무하마드 루미의 시 「봄의 정원으로 오라」라는 것이 그것이다.

봄의 정원으로 오세요.
석류꽃 향기로움 속에
따스한 햇살과 포도주와
사랑하는 사람들이 있어요.

그대가 오지 않는다면
이게 다 무슨 소용이겠어요.
그리고 그대가 온다면
이게 다 무슨 소용이겠어요.

봄맞이하듯 이 시를 읊조리고 있노라면, 봄의 아름다움은 물론 사랑하는 사람의 소중함까지 새삼스레 느껴지곤 한다. 그는 머나먼 곳에서 무려 800년 전에 살았던 시인이다. 그렇지만 봄은 지금도 어김없이 찾아오고 그의 시는 이렇듯 나를 매번 감동시키고 있다.

지난해 봄이었다. 학생인 듯 좀 앳돼 보이는 연인들이 공원 정자인 영춘정(迎春亭)에 앉아 있었다. 사내아이는 무동적인 자세였다. 데이트에 익숙지 않은 수줍음 때문인지 전혀 움직이지를 않았다. 멀어 말이 들리는 것은 아니었지만, 움직이는 것도 말하는 것도 여자아이였다. 그런데 그 여자아이가 날름 사내아이의 무릎으로 올라앉더니 목을 둘러 안고 웃음을 날리며 키스를 했다. 그래도 사내아이는 역시나 앉아 있기만 했다. 아마 첫 키스였는지도 모르리라. 왠지 그렇게 생각하고 싶었다. 일상으로 내려다보는 일이었지 무엇을 훔쳐보려는 것은 아니었다. 아무튼 어리지만 불량하게만 보이진 않았다. 그때가 한창 벚꽃이 피는 봄날이었기 때문이다.

공원에 여름이 오면 어린 아이들의 소리가 들린다. 그 이상한 모양의 미끄럼틀 속을 빠져나오면서 지르는 소리다. 그것 또한 보는 것이 싫지 않을 뿐더러 귀하게 느껴지기도 한다. 부부인 듯 연인인 듯한 사람들이 우산을 같이 쓰고 종종걸음으로 걸어가는 모습을 볼 때 나는 또한 즐겁다. 그런가 하면 녹음 짙은 여름 며칠을 두고 내리는 장맛비를 보며 울적해 하다가, 술 한 잔 마셔보는 것도 괜찮은 것이 그런 때이다.

물론 공원의 풍경이 늘 상쾌한 것만은 아니다. 휴일이 지난 아침 공원을 내려다볼라치면 술을 마신 듯 정자 마루에 쓰레기가 수북이 쌓여 있을 때도 있다. 아름다운 풍경은 아니지만, 아마 그 술병만큼이나 많은 그네들의 즐거움 혹은 고민거리들을 털어냈으리라 생각하며 이해를 한다.

공원 앞 가로를 따라가는 전깃줄에 날아와 앉는 새도 계절에 따라 좀 다르다. 봄이면 참새가 재잘거리고, 여름이면 숲 속에 숨어 버린 듯 고요하고, 가을이면 까치나 이름 모를 새들이 자주 날아온다. 철따라 오고 가는 나그네새들일 것이다. 물론 기러기 날아가는 소리가 들릴 때면 겨울이다.

그런가 하면 공원 앞 느티나무 가로수가 노랗거나 좀 붉게 물든 가을이면 나는 더욱 창 앞에 다가앉는다. 곶감을 말리는 베란다에 앉아 계절의 변화를 느끼며 가을을 즐기기 위해서이다. 팔랑거리며 떨어지는 단풍잎을 손에 받으려고 쫓아다니는 아이들을 볼 때면 덩달아 나도 즐겁다. 흔들의자에 앉아 따뜻한 햇볕을 받으며 차를 마시거나 이렇듯 소일하는 시간이야말로 내 일상의 행복 중의 하나이기 때문이다.

요즘 같이 폭설에 깊이 잠긴 겨울 공원 또한 볼만하다. 세워 놓은 차가 눈을 뒤집어쓴 채 며칠째 발이 묶여 있다. 밤이면 이 공원 옆 예쁜 집에서 비춰내는 노란 불빛이 더없이 정겹게 다가오곤 한다. 오후로 들어서면서 쌓인 눈 위에 다시 눈이 내린다. 점퍼 모자를 쓰고 부츠를 신은 연인들이 눈 쌓인 나무 밑을 걸어간다. 손을 잡고 다정히 속삭이며 불란서 빵집 「라 두스 블랑제」 쪽으로 돌아가는 것이 보인다. 그들은 갓 구운 빵을 사려가거나 차를 마시러 가는지도 모른다. 그저 상상해 보는 것만으로도 막연한 행복감이 느껴진다. 이렇게 눈을 맞으며 같이 걸어가는 모습을 바라볼 때 나는 즐겁다. 어둑한 저녁이 지나고 밤이 오면 눈에 덮인 긴 겨울밤이 또다시 깊어갈 것이다.

시간이 흐르고 계절이 바뀌면 세월도 가는 법. 그렇게 되면 공원 영춘정엔 또 다른 사람들이 바꿔 앉고, 이야기도 조금은 달라지겠지. 그것들이 작지만 우리들의 일상이요, 삶이요, 역사인 것을…….

내 인생의 봄 하나가 사라져간다 할지라도, 그리하여 내가 좀 더 늙어간다 할지라도, 나는 새 봄을 기다릴 수밖에 없다. 새 꽃을 보고 새 풀을 보는 것이 즐거움이요, 살아 있음인지라.

(2016)

나를 행복하게 하는 것들

새소리에 잠 깨어난 아침 시간이 나를 기쁘게 한다.

화단에 돋아나는 새싹, 촛불처럼 피어나는 튤립, 처마 밑에서 들려오는 제비들의 재잘거림, 나비처럼 피어난 하얀 목련, 그 사이를 오가며 짝짓기에 여념이 없는 새들의 자태. 그 꽃그늘 아래에서의 나의 발길이 내 마음을 그들 같은 기쁨으로 이끌어 간다.

구름처럼 피어 있는 벚꽃! 그 아래로 외투를 벗고 나온 좀 추울 것도 같은 늘씬한 다리의 처녀애들. 걸어가는 젊은 여인의 몸매, 대학 캠퍼스 너른 잔디밭에 앉아 있는 동료이거나 연인들의 모습이 내 마음을 즐겁게 한다.

프리지어 향기, 풀 속에 숨어 핀 앙증스런 제비꽃, 홀로 걷는 둑길에서 웃고 있는 민들레의 무리, 겨울을 감내하고 피어난 인동꽃의 내음, 패랭이꽃, 재잘대는 채송화의 웃음. 내가 웃음으로 느낄 때엔 내 마음부터가 벌써 즐거운 것이지만, 그 작은 미소들이 나를 또한 기쁘게 한다.

이슬비 내린 초봄! 거미줄에 매달린 물방울, 단풍나무 잔가지에 맺힌 수많은 물방울들이 보석처럼 빛날 때, 나는 그 순간적 장면을 사랑한다. 호수에서 피어오르는 물안개, 야영을 하며 듣는 계곡물 소리, 고산(高山)에서 보게 되는 저녁노을, 봉우리만 남기고 안개에 묻힌 산, 흰 눈에 뒤덮인 산야(山野), 이 모든 것들이 나의 삶을 더없이 신비롭게 한다.

신록의 계절 숲으로 난 오솔길을 천천히 걸어가게 될 때, 내 마음은 시작부터가 행복하다. 양산처럼 펼쳐 내린 나무, 오월의 투명한 햇살 속에 선명히 드러나는 잎맥. 아직 벌레들도 생기지 않은 숲 속 어디선가 휘파람새 소리가 들려오거나, 아주 먼 곳에서 물 흐르는 소리가 귓가로 젖어들게 될 때, 그리하여 고요히 발길 멈추고 '오! 내 사랑하는 계절이여, 또다시 돌아왔구나!' 하고 홀로 외일 때, 나는 흔히 행복한 느낌 속에 머물러 있다.

불빛에 비친 벚꽃나무 길을 걷거나, 차를 타고 산벚나무꽃이 만발한 시골길을 달려가게 될 때, 나는 어느새 아무 걱정 없이 행복하다. 그런가 하면 꽃 핀 때죽나무 그늘에 앉아 보거나, 커다란 목백합나무가 만개한 꽃송이를 달고 바람에 일렁일 때, 나는 대체로 감동하게 된다. 그런 감동을 느끼며 사는 삶을 나는 또한 사랑한다.

달 밝은 저녁 여울을 흘러내리는 물소리, 싱그러운 봄 숲 속 가까이에서 들려오는 것 같은 뻐꾸기 소리, 사원(寺院) 가까운 숲 속에서 후투티의 낢을 다시 보게 될 때, 푸른 벌판 백학(白鶴)의 비행. 바닷가 여행지에서의 아침 잠결에 귓가로 젖어드는 파도 소리, 일몰 후 드넓은 해변에서 보름달의 떠오름을 다시 보게 될 때, 그 또한 나를 더없는 기쁨으로 몰고 간다.

이슬 머금은 장미꽃의 매혹! 저녁 햇살 속에 피어나는 분꽃, 향기 짙은 백합, 못 가득 피어있는 연꽃의 모습, 관심 저만치에 밀려 있다 나팔 불듯 피어난 선인장 꽃잎. 이 모든 것들을 나는 또한 사랑한다.

다시 보게 되는 고향 마을의 느티나무, 청보리밭의 비릿한 풀내음, 찔레꽃 향기, 솔밭을 스쳐오는 바람, 늦가을 논둑길의 풀 타는 냄새, 빨갛게 타 들어가는 모닥불. 농가의 저녁연기, 아궁이에서 타닥타닥 불타는 소리, 누룽지 눋는 냄새, 고향집에 누운 밤 완숙에 지쳐 뒤란에서 '툭-' 하고 들려오는 알밤 떨어지는 소리. 뭐 그런 사소한 것들이 나를 또한 기쁘게 한다.

암수 서로 정답게 모이를 쪼아 먹고 있는 토종닭의 무리, 짚으로 싸 묶은 달걀 꾸러미를 보거나, 뽀얗고 갸름한 달걀에 남아 있는 따뜻한 온기를 느껴 보게 될 때, 혹은 물 마시는 새들을 바라보게 될 때, 우연히 알이 담겨 있는 새둥지를 발견하게 될 때, 그것들은 또한 그처럼 다정스런 느낌들을 가지게 한다.

뜻하지 않게 만난 옛 친구, 먼 타처(他處)에서 고향 사람을 만나보게 될 때, 그리하여 고향 사투리를 다시 듣게 될 때, 어린 딸내미가 친구들과 놀며 서로 지어내는 작은 미소들. 진열대 위에서 매일 웃고 있는 목각 인형 — 그것은 러시아의 어느 장인이 만든 일곱 인형, 그 자잘한 미소가 나를 또한 즐겁게 한다. 그런가 하면 맛있게 먹거나 즐겁게 노는 내 아이들의 모습을 바라보게 될 때, 아내의 웃음 띤 얼굴, 이 모든 것들이 나를 또한 행복하게 한다.

비단결이나 벨벳의 감촉! 옥상에 빨아 넌 새하얀 옷가지들. 몸이 약간 불편하여 홀로 잠시 누워 있게 될 때, 그리하여 명상의 자유를 마음껏 누려 보게 될 때, 아니면 놀이터에서 들려오는 아이들의 웃음소리, 복도 층계에서 반갑게 나누는 인사하는 소리가 나를 또한 즐겁게 한다.

강을 따라 펼쳐진 누런 갈대밭, 떼 지어 나는 겨울 철새들, 홀로 걷는 길가에 늘어서 있는 플라타너스, 가을 누런 벌판으로 날

아내리는 참새 떼, 소국(小菊)의 무리, 바람에 흔들리는 코스모스, 노을 진 저녁 강가 그 잔잔한 물결 위로 뛰어오르는 물고기들을 다시 보게 될 때, 나는 그저 보는 그것만으로도 행복하다.

숲 속으로 난 오솔길을 만났을 때, 푸른 들판을 뚫고 유유히 흘러가는 강물, 달빛 속의 달맞이꽃, 맑은 물속에서 몰려다니는 피라미 떼, 여름 먼 길에서의 맑은 우물물, 비 온 뒤의 뭉게구름, 밤하늘의 초록 별빛, 안개 걷히는 호수, 새벽 낮달, 단풍으로 붉게 물든 산! 보도(步道)를 뒤덮는 노란 은행잎, 마른 잔디이거나 쌓인 낙엽에 누워 푸른 하늘 우러를 때, 가로등불 밑으로 나뭇잎이 지거나 눈송이가 날릴 때, 내 마음은 또한 기쁨으로 가득 차 있다.

크리스마스 무렵 가로수에 설치한 꼬마전구의 휘황한 불빛, 감동 깊은 영화의 한 장면, 불꽃놀이의 밤! 그런가 하면 푸른 잔디밭에서 골프하는 모습, 짝을 이뤄 타는 피겨 스케이팅의 조화로움, 체조 경기에서 완벽한 성공을 거둔 운동선수의 환희에 찬 미소가 나를 또한 기쁨으로 이끌어 간다.

글을 쓰다 하얗게 밝힌 밤, 홀로 듣는 새벽 종소리! 늙은 어머니의 기도 소리, 존경한다는 편지글을 받아 보게 될 때, 혹은 고적한 겨울 밤 눈을 밟고 오는 소리, 그리고 기다렸던 노크 소리가 나를 또한 기쁨으로 몰고 간다. 그런가 하면 원고료나 출장에서 남은 몇 푼 가외의 돈이 나를 또한 기쁘게 한다. 그리하여 오랜만에 가족과의 외식이 이루어질 때, 그것은 아내나 아이들을 뜻하지 않게 기쁘게 하는 것! 나는 기쁨으로 다가오는 이러한 매순간들을 사랑한다.

맘에 드는 그림을 바라보게 될 때, 또는 시간적 여유를 갖고 아름다운 음악을 감상하게 될 때, 읽을 만한 좋은 책을 수중에 넣었을 때, 그리하여 편안히 누워 그 속으로 점점 빠져들게 될 때, 나는 정말 행복하다. 사소한 것들과의 만남, 그 접촉을 나는 사랑한다. 그렇기에 그러한 느낌의 순간들을 이렇게 적어 보는 것이다.

시골에서 태어났다는 것을 다행으로 여기며, 그리 불편하지도 않고 그렇다고 복잡하지도 않은 읍내에 사는 것을 행복으로 여긴다. 자연을 몸으로 느낄 수 있고, 느끼며 산다는 것에 우선 행복감을 갖는다. 자그마한 기쁨들을 행복이려니 생각하며 사는 삶이 나는 좋다. 말하자면 내가 건강히 살아 있으니 좋고, 내가 해야 할 일이 있으니 좋고, 내가 사랑할 사람과 새로이 만나야 할 사람이 있으니 나는 좋다.

인생의 궁극적인 목적은 언제 어디서나 행복에 닿아 있다. 나는 나를 기쁘게 하는 것들과 함께 살아가고 싶다. 될 수만 있다면, 나 또한 그들에게로 가서 그들의 기쁨이고 행복이고 싶다.

(1994)

매화

겨울 깊어질수록 귀해지는 것이 꽃이요, 기다려지는 것이 봄이다. 우리가 봄을 기다리는 것은 추위를 벗어나기 위함이요, 새로 피는 꽃을 보기 위해서일 것이다. 나 또한 그토록 봄이 기다려지는 것은 무엇보다도 먼저 매화를 보기 위해서이다.

가끔 보게 되는 '梅一生寒不賣香(매일생한불매향)'이라는 시구가 있다. — '매화는 일생 추워도 향기를 팔지 않는다.'는 말이다. 나는 그 의미를 참으로 사랑한다. 춥다고 해서 매화가 그 향기를 판다면, 그것은 이미 매화가 아니다. 다른 것과 비교할 수 없는 독특한 향기를 지녔기에 매화는 매화로서 그 존재 가치를 지닌다. 더구나 신고(辛苦)의 추위를 극복하고 피어나기에, 겨울이 끝나기도 전에 피어나기에, 겨울 속에서 새봄이 옴을 일러오기에 꽃으로서의 그 고매(高邁)한 위치를 차지하는 것이리라.

다시 말하여 모든 꽃이 향기가 있는 것은 아니다. 봄꽃의 공통된 특징은 거의 향기가 없다는 것이다. 따뜻한 봄을 맞아 피어나는 꽃들을 보라! 비록 화사한 빛깔을 지녔다 하더라도, 풍성한 꽃송이를 갖추었다 할지라도 특별한 향기가 없다. 개나리 진달래가 그렇고, 목련이 그렇고, 벚꽃이 그러하다. 비유하자면 향기를 팔아 따뜻한 봄을 샀기에 그가 지닌 향기를 잃어버린 격이다. 따라서 '매화는 일생 추워도 향기를 팔지 않는다.'는 그 말이 성립되는 이유다. 설중매(雪中梅)라는 말처럼 추위 속에 홀로 피어 향기를 발하기에 또한 우리는 그것에 감동하고, 그것을 기다리고, 그것을 칭송하는 것이리라.

사람 또한 마찬가지이다. 어느 때를 막론하고 높은 생각과 말과 행동을 일치시키면서 사는 사람을 보면 매화 같다는 생각이 든다. 지조(志操)를 지키면서 그만의 향기를 잃지 않고 사는 사람에겐 저절로 고개가 숙여진다. 명성은 높지만 그런 것을 버리는 정치가나 학자들을 볼라치면, 그렇게 사는 사람들이 더욱 귀히 생각된다. 지위를 떠나, 가진 것을 떠나, 비록 빈한하다 할지라도 우러르고 존경하고 싶어지는 마음이 생기는 법이다. 물론 그렇게 살기란 쉽지 않다. 쉽지 않기에 그래서 참된 삶의 가치를 부여하는 것이기도 하다.

아침마다 읽게 되는 신문 — 그것에는 부정부패에 관한 기사가 거의 끊이지를 않는다. 망하는 은행의 불법 로비 자금을 받아먹었다는 비양심적인 정치가들과 부도덕한 기업가의 이야기 — 그것이 서민들을 더욱 큰 고통의 구렁텅이로 밀어 넣었다는 사실. 그런가 하면 돈을 받고 장학사 시험문제를 팔아먹은 교육 관리자와 그에 응한 다수의 선생님들. 이제는 충격을 넘어 이런 기사에 식상할 정도가 됐으니, 앞으로 그것이 더 큰 문제가 되지 않을까 하는 걱정이 앞서기도 한다.

근래에 없던 엄동설한(嚴冬雪寒)이다. 이 깊어진 겨울 속에서 봄을 기다리는 마음으로 임포(林浦)의 「산원소매(山園小梅)」을 다시 찾아 읽는다.

衆芳搖落獨暄姸 : 모든 꽃 떨어진 뒤 오직 매화만 아름답게 피어
占盡風情向小園 : 산속 작은 동산의 풍정을 홀로 차지하고 있네.
疎影橫斜水淸淺 : 성긴 그림자 비스듬한 가지는 맑은 물위에 비치고
暗香浮動月黃昏 : 은은한 향기는 달뜨는 황혼녘에 짙어 오네.
…………………….

알려진 바와 같이 임포는 중국 송나라 때의 시인이다. 그는 서호(西湖) 호숫가 고산(孤山)에 매화나무 수백 그루를 심고 그와 더불어 평생을 독신으로 살았다. 매화를 아내로 삼고 학을 자식으로 삼아 일생 결혼도 하지 않고 지낸 은사(隱士)였다. 그렇게 사는 것이 진정 행복한 삶인지는 모르겠으나, 한평생 매화를 유별나게 사랑한 사람으로 내게 전해 주는 시정(詩情)만은 더없이 풍요롭다. 분명한 것은 욕심 없는 삶의 고요한 기쁨을 그의 삶 자체로써 보여 줬다는 사실이다. 이렇듯 시를 읽고 있자니, 겨울 속 봄이 한줄기 매화 향으로 서재에 찾아온 것도 같다.

'마음이 붉으면 매화도 붉고 마음이 희면 매화도 희다.'고 했는데, 오늘은 봄을 기다려 따뜻한 홍매화라도 한 폭 그려볼 일이다. 그리하여 이 혼탁한 세상에 한줄기 맑은 향기라도 던져 보고 싶다. 고목 가지 끝에 매화 꽃 몇 송이 그려 넣고, 화제(畵題)로 '腐世淸香(부세청향 : 썩은 세상 맑은 향기)' 넉 자를 적어 본다.

(2013)

저녁

때를 이를 때, 나는 저녁이라는 말을 참 좋아한다. 내게 저녁이라는 말처럼 여유롭고 푸근하게 다가오는 말은 없을 성싶다. 아침의 분주함이나 점심의 조급함과는 전혀 다른 느낌을 가져다주기 때문이다.

정해진 시간에 출근을 해야 하는 대개의 직장인들에게 있어서는 아침이 여유로울 수 없다. 그러다 보니 아침밥을 먹는 것도 또한 그렇다. 시간을 정해 놓고 그 시간에 맞추어 속도를 조절해 가며 먹는 것이 아침밥이다. 삼시세끼를 놓고 볼 때, 이렇게 아침은 가장 여유롭지 못한 식사시간이다.

우리나라에 있어 점심시간은 조급하기가 아침과 크게 다르지 않다. 대개가 정해진 시간에 서둘러 먼저 먹고 나머지 시간을 여유로움으로 즐기려 한다. 그렇지 않으면 주어진 시간에 맞춰 마치 의무적이거나 한 것처럼 먹는다. 점심시간이 1시간도 채 안 되다 보니 그리 서두를 수밖에는 없다. 내가 다니는 직장은 40분인데, 거기에는 차례를 기다리는 시간까지 포함되기에 분주하기가 이를 데 없다.

스페인 같은 나라는 점심시간이 2~3시간이나 되기 때문에, 집에 가서 가족이 모여 느긋하게 점심을 지어먹고 나온다. 그러니까 우리나라의 저녁시간 같은 여유로움이 있다. 그러나 우리나라 같은 교통 시스템에서는 불가능한 일이다.

그런데 반해 일과 후의 저녁이라는 시간은 그래도 자신이 조정할 수 있는 시간의 크기가 있다. 하루의 일과를 마쳤다는 뜻에서인지, 아니면 가족이 함께 할 수 있다는 생각에서인지, 직장 생활의 긴장에서 풀려났다는 해방감에서인지, 저녁이라는 말에는 다른 때와는 달리 푸근한 느낌을 가지게 한다.

물론 저녁이 없는 사람들도 있다. 옛날 대통령을 꿈꾸던 어느 정치가가 '저녁이 있는 삶'을 대선 캠페인으로 내세운 적이 있었다. 직장에서 구조적으로, 잔업으로, 스스로가 끝내지 못한 일로 어쩔 수 없어서 저녁을 가족과 함께 할 수 없는 현실을 짚어낸 말이었다. 이렇듯 우리의 삶을 우리가 살 수 없는 엄연한 현실이 상존하는 것 또한 사실이다. 아무리 나아진 세상이라 할지라도 가족과 함께 할 수 없는 발전이나 성장은 주객이 전도된 불행한 일이다. 대개의 자연 만물이 그러하듯 저녁은 우리가 반드시 되찾아야 할 시간이자 권리이다.

나는 퇴근 후에 별일이 없으면 버릇처럼 읍내 뒷산으로 산책을 나간다. 언뜻 보기엔 고독한 산책자의 모습처럼 보일지 모르나, 그 시간은 내 일상의 행복 중의 하나이다. 왜냐하면 내가 내 마음대로 쓸 수 있는 시간이기 때문이다. 다른 사람들은 1시간이면 다녀올 거리지만 나에게는 거의 2시간 가까이 걸린다. 생각하며 아주 천천히 걷기 때문이다. 나는 그 시간에 하루의 일과를 되짚어 보고 내가 보거나 읽은 글들을 떠올려 본다. 그런가 하면 자연을 관찰하고 또 탐구도 해보면서 그런 것들을 바탕으로 하여 머릿속으로 입으로 시를 짓거나 글을 써나간다. 나의 글은 대개 그런 과정을 통해서 지어진다. 그러고 보면 뒷산은 나의 야외 서재인 셈이다.

저녁시간이 더욱 흐뭇하게 느껴지는 것은, 산을 내려와 비탈진 마을길을 통과해 내려오면서 느끼는 감정 때문이기도 하다. 어둑어둑해서 내려오면 어느덧 집집마다 노란 불빛이 꽃으로 피어난다. 그런가 하면 어느 집에서는 청국장 끓는 구수한 냄새가 흘러나오고, 어느 집에선 구미를 자극하는 생선 구워지는 냄새가 담장을 넘어온다. 나는 그런 냄새 맡기를 참으로 즐겨하며 걷는다.

그럴 때면, 자연 노란 불빛의 그 집 안방 풍경이 그려지곤 한다. 아마 일터에서 돌아온 가족이 밥상에 둘러앉아 머리를 맞대고 갓 지어낸 따뜻한 밥을 먹고 있을 것만 같은 느낌이 그것이다. 그런 사람들에게 있어 하루 생활은 저녁으로써 더욱 풍성해질 것이다. 이처럼 일상에서의 행복은 저녁에 있고 또 저녁으로 완성된다는 것이 내 생각이다.

아무리 현대화된 사회라 할지라도, 기본적으로 하루 중 주부의 역할이 가장 크게 돋보이는 것 또한 저녁이 아닐까 싶다. 저녁밥을 맛있게 지어 놓고 가족을 집으로 불러들이는 것이 주부의 일차적 특권이라면 특권이다. 가족에게 정성스레 집밥을 지어 먹이는 일은 귀찮음 이전의 따뜻한 위로이며 격려이다. 물론 거기에는 흐뭇한 웃음과 여유 있는 대화가 뒤따라야 한다. 그것이 내가 바라는 온전하고 건강한 한 가정의 모습이기도 하다.

나 역시도 하루의 행복은 대개 늦은 시간이나마 일과를 마치고 저녁밥상을 맞는 그 시간이다. 된장찌개 보글보글 끓어오르는 소리를 듣거나, 자작자작 생선 구워지는 냄새를 맡거나, 갓 꺼낸 잘

익은 김치냄새나 고소한 나물무침, 달걀 프라이를 보는 순간 벌써부터 흐뭇해지는 마음이다. 배고픈 시간에 갓 지어내 뜸을 들인 밥보다 더 반가운 것이 또 있을까? 푹 익어 김이 모락모락 오르는 따뜻한 밥을 입에 넣는 순간, 마음은 어느새 행복감으로 가득 차오른다.

이렇듯 저녁은 일터에서 돌아와 가정의 사소한 행복과 마주하는 때이다. 따라서 무엇보다 자유롭고, 느긋한 시간 속에서 푸근히 쉴 수 있어 좋다. 그런 의미에서 저녁은 내 하루 생활의 고향이기도 하다.

(2017)

새봄 예찬

새봄은 인생의 더 없는 축복이다. 이 세상에 '새봄'이라는 말처럼 새롭고 따뜻한 말이 있을까? 우리가 계절을 일컬을 때, '봄'이라는 말에만 유독 '새'자를 붙이는 것은 그만큼 새로움이 있다는 뜻이리라. 그것은 봄춘(春) 자에만 새신(新) 자를 붙이는 '新春(신춘)'이라는 한자어에서도 마찬가지다.

그런가 하면 영어에서는 봄을 일러 Spring[스프링]이라고 말한다. 알다시피 그것은 '튀어오르다, 솟아오르다, 샘, 청춘' 등등을 의미한다. 물론 긴 겨울잠에서 깨어난 개구리들이 뛰어나오는 것을 보고, 굳은 땅에서 새싹들이 솟아오르는 것을 보고, 얼음이 풀린 골짜기에서 샘솟는 물줄기를 보고, 죽은 듯한 나뭇가지에서 청춘을 노래하듯 화려하게 피어나는 꽃들을 보고 그렇게 표현하였을 것이다.

이렇듯, 봄은 무엇보다도 약동하는 모습으로 새로움을 보여 주는 계절이다. 말 자체도 '보다'에서 온 명사형이지 않은가? 그렇기에 늘 우리에게 신선하면서도 희망적인 메시지를 전한다. 무(無)에서 유(有)를 끝없이 창조해 내면서 새 모습을 펼쳐 보이는 것이 봄이다. 강릉 선교장(船橋莊)에 가면 '活來亭(활래정: '활'은 '괄'로도 읽힐 수 있음)'이라는 정자가 있는데, 이처럼 봄의 특징은 물이 흘러오는 — '살아 돌아오는' 것을 보는 데 있다. 마당귀 다져진 땅에서 까맣게 잊혔던 백합이 다시 기지개를 켜며 돋아나고, 흙 속에 섞여 보이지 않던 풀씨들이 새로이 실눈을 뜨며 솟아나는 것이 또한 봄이다.

봄비가 보슬보슬 내리면 다져진 땅은 이내 부드러워 지고 갓 돋아난 연약한 뿌리는 바로 선다. 소나기가 봄에 내리지 않는 것은 이 같은 것에 대한 신의 배려다. 그런 뒤 초록빛 물감을 강변으로부터 산자락으로, 이어 산꼭대기까지 서서히 밀어 올려 온 대지를 푸르게 장식해 가는 것이 봄이다.

한편, 문 앞에선 어느덧 잔설 속에 그윽한 꽃내를 풍기며 매화가 피고, 담장 옆에선 숨겨진 속살을 드러내듯 목련이 수줍게 피어난다. 저 멀리 산자락에 없는 듯 서 있던 나무가 노란 꽃으로 산수유나무임을 다시 알리는 것이 또한 우리나라의 봄이다. 어찌 그것뿐이랴! 헐벗은 온갖 나목림(裸木林)이 새 잎을 틔우고, 꽃나무들은 물방울 맺힌 우듬지에서 일제히 꽃봉오리를 터뜨린다. 그런 속에서 처녀의 젖꼭지 같은 라일락이 드디어 그윽한 꽃을 피우는가 하면, 말라죽은 듯 서 있던 살구나무 복숭아나무가 그 화려한 치마폭을 드리운다.

그렇게 하나하나 봄의 바탕을 마련해 놓으면, 다음으로 벌레들이 생겨나고, 벌과 나비가 생겨나고, 새들이 지저귀며 아지랑이 속에서 짝을 찾아 분주히 날아다니게 된다. 이것이 또한 새봄의 신비로운 질서요, 완벽한 조화로움의 세계다. 우리는 그와 같은 놀라운 봄의 질서 속에 다시 한 번 경탄하지 않을 수 없다. 그렇다. 봄이 없는 여름이 있을 수 없으며, 여름이 없는 가을을 어찌 생각할 수 있으랴! 봄은 거듭하는 세월을 두고 한 치의 어긋남도 없이 언제나 완벽한 조화 속에 새로움으로 태어난다.

벌써 불어오는 바람 속에 풀잎의 향내가 스미어 있다. 이럴 때면 채 녹지 않은 언 땅 속에서 캐낸 향긋한 냉잇국이 그립고, 쑥을 넣고 끓인 된장국이 겨우내 굳어 있던 우리의 입맛을 자극해 온다. 갓 돋아나온 부드러운 쑥국! 그것은 봄에 대한 향수요, 비교할 수 없는 내 그리움의 영원한 맛이다. 신토불이(身土不二) — 이 땅에서 태어난 내 본능적 입맛의 부름인 동시에, 침체된 겨울철의 건강을 회복시키는 보양식(保養食)이다.

"내게 기다려지는 것이 있다면 계절이 바뀌는 것이요, 희망이 있다면 봄을 다시 보는 것이다."라는 어느 노 수필가의 말을 떠올려 본다. 자연이 우리에게 베푸는 이런 소생(蘇生)의 기쁨을 해마다 누릴 수 있음은 분명 살아 있는 사람의 지복(至福)이요, 그를 대하는 것은 계절의 순환을 넘어 경이(驚異) 중의 경이다.

머지않아 산천엔 새로운 생명들의 환호로 가득 차리라. 눈부신 봄꽃들은 이내 온 산천을 수놓아 갈 것이다. 단언하지만, 나는 이런 봄이 없는 장수(長壽)는 결코 바라지 않으리라.

아무리 나이를 먹어가도 인생이 서럽지 않은 것은 새봄이 있기 때문이다.

(2002)

기도

"신(神) 안에서 쉼을 얻기 전까지 모든 영혼은 불안하다."라고 성 아우구스티누스는 말했다. 이것이 바로 신과 구별되는 우리 인간의 한계가 아닐까도 싶다. 보이지 않는 앞날에 대한 불안감 앞에서, 우리는 무엇인가에 의지하고 싶어 하는 본능적 기질을 가지고 있다고 볼 수밖에 없다. 그것은 부인할 수도 부정할 수도 없는 현실이다.

몇 년 전에 케이블카를 타고 중국 황산을 오른 적이 있다. 1월 한겨울이었는데, 내가 탄 케이블카 안에는 나를 비롯한 중국인과 일본인 여섯 명 정도가 타고 있었다. 처음에는 눈 내리는 바깥 풍경을 내다보며 즐겁게 각국의 말로 떠들어 댔다. 그런데 1,500 미터가 넘는 산 정상 부분을 오르면서는 온통 짙은 안개와 눈보라뿐, 보이는 것이라곤 아슬아슬하게 스쳐 지나는 칼날 같은 산봉우리뿐이었다. 그 날카로운 산봉우리에 부딪칠 듯 케이블카가 바람에 심하게 흔들리자, 긴장이 되는지 다들 조용해졌으며 돌연 공포감에 휩싸였다. 그때 케이블카가 '덜컹!' 소리를 내며 갑자기 아래로 미끄러져 내리기 시작했다. 케이블이 눈으로 얼어 버린 것 같았다. 순간 모든 사람들이 조용히 숨죽인 것은 물론 아예 눈을 감아 버렸다. 아마 기도를 드리고 있는 듯싶었다. 나도 역시 그랬으니까. 그만큼 사람은 위기 앞에 무력한 존재일 수밖에 없다.

나는 오늘도 부여 무량사(無量寺) 법당 안에 무릎을 꿇고 앉아 있다. 변호사 시험을 하루 앞둔 딸을 위해 우리 부부는 오늘도 부처님 앞에 머리를 조아린다. 긴장하고 불안해 할 자식을 위해 지금 우리가 해줄 수 있는 것이라곤 이 일밖에는 없기 때문이다. 믿음의 대상은 다르더라도 대개의 부모들이 같은 마음일 것이라는 생각이 든다.

내가 스스로 절을 찾아 기도를 드린 것은 딸이 과학고 시험을 치르는 날이었다. 어린 시절에 어머니를 따라 절에 가끔씩 가본 이후 부처님 앞에 엎드려 기도를 드려보기는 처음이었다. 마음도 불안하고 기다리는 시간이 지루하기도 하고 자식을 위해서 내가 해줄 수 있는 일이 무엇일까 생각하다가, 그 학교 가까이 있는 계룡산 신원사(新元寺)엘 갔었다. 나는 부처님 앞에 무릎 꿇고 묵상한 뒤, 머리를 조아려 절을 올렸다. 좀 쑥스럽고 어색하기도 했지만, 자식을 위한 것이라면 그보다 더한 것도 할 수 있을 것 같았다. 아이가 시험이 끝날 때까지 그곳에서 그렇게 간절히 기도했다. 그 덕분인지 딸은 합격했고 어려움도 없진 않았지만 잘 적응해 나가며 일찍이 남들이 부러워하는 대학도 갔다.

다음은 아들이었다. 아들이 누나가 다닌 학교에 똑같이 지원해 시험을 치르는 날이었다. 나는 똑같이 그 절엘 갔고 하루 내내 간절히 기도를 드렸다. 그런데 내 기도발이 약해서인지 아들은 떨어졌고 그 후 공부에 흥미를 잃는 듯싶었다. 솔직히 내 마음 속에는 아들인데, 누나 정도는 해야지 하는 생각이 있었다. 아니 그 이상을 바란 것이 나의 솔직한 심정이었고 기대였다. 그러나 그것은 나의 지나친 욕심이었다. 그만한 노력이 없었던 걸 간과하고 있었기 때문이다. 이렇듯 부처님께서는 한 번은 들어 주고 한 번은 들어 주지 않으셨다.

그 후에야 나는 깨달았다. 부처님이 무작정 내 기도를 들어주시는 것만이 그분의 자비일 수 없다는 바로 그것이었다. 아들보다 더 많은 노력을 기울인 아이를 떨어뜨리고 내 아들을 붙게 했다면, 그것은 공평하지도 부처님의 자비도 아닌 것이다. 신도 그렇고, 부처님 또한 나의 부처님만이 될 수는 없는 법이다. 그렇게들 쉽게 생각하지만, 그것은 대단히 이기적인 생각이 아닐 수 없다. 이기적인 생각에 자비를 베풀 수 없는 것은 너무도 당연한 일이다. 공평하고 공정하고 정의로운 것이 신이고 절대자이기 때문에 더더욱 그러하다.

그 후 나는 차이를 인정하고 존중하면서 기도 말을 바꾸었다. 노력한 만큼의 정직한 결과를 얻게 해달라고……. 시험의 결과를 겸허히 받아드리고 성찰하는 사려 깊은 사람으로 키워 달라고……. 실패해도 절망하지 말고 다시 노력할 수 있는 의지력을 갖게 해달라고 기도했다. 그리고 성공해도 자만하지 말고 겸손하게 해달라고…….

가끔 절에 가 자식을 위해 기도를 올리던 어머니의 모습이 떠오른다. 나는 어머니의 기도를 받아먹고 이때까지 무사히 살아왔다. 기도는 어머니의 깊고 넓은 사랑이었다. 기도로서 다 되는 일은 없을 것이다. 그렇게만 되어서도 아니 된다. 그러나 이 부모의 기도가 자식에 대한 사랑이라는 것만은 부인 못할 일이다.

자식들은 알까? 그런 기도가 불안한 마음을 덜어내는 위안인 동시에, 대상인에 대한 애끓는 사랑임을…….

(2013)

시월

시월의 무르익음은 보는 것만으로도 배부르게 하는 계절이다. 가족 간에 모여 웃는, 오랜만에 함께 나누는 넉넉한 잔칫상이다.

시월은 코스모스와 국화의 달이요, 시월은 단풍의 달이다.

또한 시월은 무엇보다도 과일의 달이다. 포도, 사과와 배, 감과 대추, 밤 등 — 포도 향으로 흘러넘치는 과수원, 산기슭에서 가지를 늘어뜨리고 붉게 익어가는 사과, 배는 먹음직하게 누렇게 큰 열매로, 감은 푸른 하늘을 배경으로 주홍빛으로 빛난다. 대추는 뜰 안에 붉고, 숲은 알밤 떨어지는 소리를 낸다. 여름이 가져다 준 이 풍요함…….

주여, 가을이 왔습니다.
여름은 참으로 위대하였습니다.

라는, 릴케의 시구를 떠올리게 하는 계절이다.

시월의 빛은 들판의 황금빛이거나 아니면 청명한 하늘빛 바로 그것이다. 그것은 가던 길 멈추고 온 길을 잠시 뒤돌아보게 하는 빛이다.

시월은 이처럼 우리가 살아온 날들을 회상케 하는 달이요, 지난 계절의 은혜로움을 되새겨 보게 하는 달이다. 때문에 시월은 마흔 한 살 중년 고개를 넘긴 사람들이 가까이하는 달이다.

하늘은 흘러내릴 듯 푸른 빛! 그 빛 하나로 넓은 호수를 이루고 구름이 돛배 되어 흘러간다. 그런 하늘 밑엔 으레 들국화가 핀다.

이 세상 어디에 우리나라 시월의 하늘처럼 해맑은 곳이 있을까? 누런 플라타너스 널따란 잎새의 잎맥이 가을볕 속에 드러난다. 산책길 거닐며 다시 나뭇가지 사이로 드러나는 하늘 조각을 본다. 참으로 맑고 푸르다. 이렇듯 시월은 경건히 하늘 우러르게 하는 달이다.

시월에는 온 날을 세지 말고 갈 날을 세지 말자. 잠시 만족해하자.

짙푸른 하늘에 눈을 박고 맑아진 가을물 소리를 듣는다. 이처럼 세상이 다 맑아지니, 마음까지도 가벼워지는 느낌이다.

어디선가 볕 속에 풀 마르는 냄새가 흘러온다. 풀숲에서 뛰어오르는 메뚜기, 여전히 살아 있음이 좋다.

제비들이 떠난 하늘엔 푸름만이 가득하다. 밤이면 달이 밝고, 귀뚜라미 울고, 이제 또 다른 철새들이 점점이 길 놓아 오리라.

폭염과 장마의 계절을 거쳐 내게 당도한 가을. 내 여기서 더 바랄 것이 무엇인가? 나도 이제 열매처럼 서서히 익어가는 것…….

풍요로운 시월이 햇살 속에 향기를 더해 가고 있다.

(1996)

산책길 그 쓸쓸한 즐거움

나는 요즘 새로 발견한 산책길에 푹 빠져 있다. 집에서 차로 십 분이면 가 닿을 수 있는 이 길을 우리 부부는 거의 주말마다 찾는다. 양쪽으로 높은 산줄기가 이어져 있고, 그 두 산에서 흘러내린 완만한 기슭이 넓고 평평한 골짜기를 만들어 놓았다. 그리고 산줄기가 합쳐진 곳에서 발원한 실개천이 넓은 골짜기를 타고 구불구불 흘러내리면서 적지 않은 호수까지 만들어 놓았다.

그 호숫가에 봄이면 진달래와 산벚나무 꽃이 무더기로 피어나 수면에 아름다운 꽃 그림자를 드리운다. 그 위를 흰 물새들이 날을 때면 마치 무슨 선경(仙境)에라도 와 있는 듯한 느낌을 받을 때가 있다. 이렇듯 호수는 물새들뿐만 아니라, 때로는 산짐승들을 불러 모으기도 한다. 지난해 겨울 산에서 내려온 노루 가족이 함께 물을 마시는 정겨운 장면을 훔쳐본 적도 있다. 그런데 그 넉넉한 호수 위 숲 속으로 평탄하고 널찍한 황톳길이 구불구불 나져 있는 것이다. 마치 우리들을 위해 내놓은 길이기라도 하듯이 다니는 사람들조차 거의 없다.

오늘은 이천십사 년 삼월 스무 사흗날. 더없이 맑고 푸른 날이다. 모든 근심 털어 버리고 우리는 그 하늘 밑 고즈넉한 길을 걸어가고 있다. 인적 드문 이 길에 들리는 소리라곤 새소리뿐이다.

가만히 귀를 기울이면 솔숲을 스쳐오는 바람소리, 졸졸거리며 내를 더듬어오는 물소리도 들린다. 특히 이 계곡에는 새들이 참 많다. 양쪽 산줄기가 바람을 막아 주고 햇볕이 고여 들듯 따사로우니 그럴 수밖에 없겠다. 더구나 나무들 늘어선 수풀 속으로 물까지 졸졸거리고 흐르니, 자연 새들이 살기엔 최적의 조건이지 싶다. 그래서 그런지 낙엽 진 계절이면 물가 나무 위로 새 둥지들이 심심찮게 드러난다. 하여 언젠가 이 계곡을 새골 또는 조곡(鳥谷)이라 이름 붙이면 어떨까 하는 생각까지 해보았다.

우리는 고즈넉한 이 아름다운 길을 따라 쉬엄쉬엄 걸어간다. 봄이 되면서 새소리는 더욱더 아름다워졌다. 가까이서 들리는 그 소리에 못 이겨 가던 발길을 멈추고 앉아 한참이고 소리에 귀를 적신다. 어찌 들으면 구애의 노랫소리 같기도 하고 사랑의 밀어 같기도 하다. 하여튼 아름다운 계절이 만들어낸 봄의 목소리임이 분명하다.

오늘은 이 산책길을 넘어 저번에 가본 산 너머 마을까지 내려갈 볼 생각이다. 그때 본 과수원의 매화나무를 꽃으로 보기 위해서이다. 아마 이때쯤이면 산기슭마다 매화꽃이 구름처럼 피어 있을 것이다. 지난번 산등성이를 넘어 마을까지 내려가면서 자그마한 외딴집에 살던 할머니 한 분을 만난 적이 있었다. 홀로 사시는 그 할머니는 우리를 보자, 좀처럼 사람 구경을 못한 듯 먼저 말을 걸어왔다. 그러면서 마당에 솥을 걸어놓고 장작불로 찐 고구마를 내놓으며 먹으라고 권했다. 그렇듯 인심 좋은 할머니를 만나 이런 저런 이야기를 하다가 돌아왔었다.

그런데 산등성이를 넘어 조금 내려가자니까 가까운 숲에서 사람 소리가 들려왔다. 가만히 들어보니 전에 고구마를 얻어먹은 바로 그 할머니의 목소리였다. 누가 있나 하고 살펴보니 할머니 혼자였다. 그러면 누구와 이야기를 한 것이란 말인가. 아무리 살펴봐도 할머니 이외에는 보이지가 않는다. 가만히 들어보니 피어나기 시작한 진달래와 돌 틈바구니에서 돋아난 달래를 캐며 대화하듯 홀로 중얼거리는 말이었다. 그런데 적잖은 소리에 마치 저만큼 떨어져 있는 사람과 대화를 나누는 듯한 목소리로 들려왔던 것이다.

우리는 할머니에게 다가가 반갑게 "아, 누구와 그렇게 재미있게 이야기를 나누세요?" 하고 물었다. 그랬더니 할머니는 수줍게 웃으며, "봄에 다시 보게 되는 이런 것들과 얘기 좀 했지." 하는 것이었다. 외딴집에서 홀로 사시는 할머니는 겨울 지나 다시 보게 된 봄 것들과 이야기를 나누듯, 그들을 상대로 혼자 지껄여대고 있었던 것이다. 쓸쓸한 즐거움이 아닐 수 없다. 나는 거기에서 자연에 의지해 살아가는 한 노파의 고독을 보았다.

매화나무 꽃을 보러 왔다고 하니, 할머니는 나무들이 산 밑에 있어 아직 피지 않았다고 한다. 아무래도 한 닷새 기다려야 할 것 같다고 이른다. 아쉬움에 발길을 돌리며 가지고 간 떡을 할머니에게 드렸다. 그리고 굳기 전에 드시라고 일렀다. 할머니는 고맙다고 몇 번이고 인사를 한 뒤 길을 따라 내려갔다. 우리는 마을로 내려가는 길을 틀어 한 번도 가보지 않은 오동나무 늘어선 산길로 들어섰다. 길가에는 자생하는 벽오동이 군락을 이루며 산굽이를 따라 끝없이 늘어서 있다. 산속에 벽오동이 이렇게 모여 자라는 것은 흔히 볼 수 없는 풍경이다. 그런데 그 굵은 나무마다 구멍이 뚫려 있다. 딱따구리들이 한 짓이 분명하다. 딱따구리들은 오동나무를 뚫어 둥지 마련하기를 좋아한다. 아마 나무가 연하기에 뚫기가 수월해서일 것이다.

길을 돌아 내려오자니 온통 내 길인 듯 넉넉해지는 마음이다. 버려진 깡통을 주워 넣으며 쉬엄쉬엄 걸어 내려오니 어느덧 고즈넉한 호숫가에 다다른다. 저녁 무렵이 되니 더욱 바람이 자고 잔잔한 호수의 수면 위로 물고기들이 뛰어오른다. 나는 저런 모습 바라보기를 즐겨왔다. 오늘은 호수 한쪽에 청둥오리들이 모여 있다. 가만히 살펴보자니 흰색도 섞여 있다. 아무리 보아도 똑같은 모양새이다. 얼마 전 이 지역에서 흰색의 청둥오리들이 발견되었다는 뉴스를 본 적이 있다. 그런데 내가 이곳에서 그 녀석들을 보다니 무슨 좋은 일이라도 일어날 것만 같다. 산도 살아 있고 물도 살아 있다. 그 속에서 짐승도 물고기도 새도 호수를 중심으로 하여 살아간다. 생각해 보니 서로 주고받는 데서 생태계의 균형은 이루어지는 듯싶다. 우리는 호숫가에 앉아 먹이를 찾아 물결을 밀고 다니는 녀석들을 언제까지고 바라본다. 너무도 평화로운 호숫가의 저녁 풍경이다.

이렇듯 자연 앞에 앉아 때로는 시선으로 때로는 묵상으로 질문을 던져본다. 하면, 늘 그러하듯 자연은 일상적 침묵으로 조용히 답해올 뿐이다. 나는 이런 풍경 속의 쓸쓸한 즐거움이 좋다. 자연 앞에서는 침묵하면 할수록 더 많은 것이 들려오기 때문이다. 소음과 진애(塵埃)에 뒤덮인 도시를 벗어나 잠시나마 자연 앞에 앉아 보는 시간은 그래서 소중하다.

아내는 땀이 식어 춥다며 그만 일어서자고 한다. 호숫가를 돌아 나오니 놀랍게도 길가에 늘어선 홍매화가 한두 송이씩 피어나기 시작했다. 이곳이 양지이다 보니 산 너머와는 달랐다. 활짝 피어날 때보다 반개할 때가 희망적이라서 그런지 더욱 정감이 간다.

매화가 꽃잎을 터뜨리는 봄날의 저녁이 서서히 다가오고 있다.

우리는 꽃과 새들에게 호수를 맡겨 둔 채 집으로 돌아온다. 아마 밤이 되면 우리가 내어준 그 길을 따라, 노루 가족이 어슬렁거리며 또 다른 산책을 시작할 것이다.

(2014)

평범한 날의 일기

정월 대보름

아침에 붉은 찰밥에 지난해 따다 말린 다래순 묵나물을 맛있게 먹었다. 따뜻한 방바닥에 배를 깔고 책을 보다 잠을 자다 뒹굴대며 무려 네다섯 시간을 보냈다. 아내가 일터에 나가면 별 일이 없는 한 홀로 남아 책을 보거나 글을 쓴다. 아니면 그림을 그리다 점심까지 거르기가 일쑤이다. 이것이 주로 방학 때의 내 특권이요 나만의 생활이다.

서재에서 나와 화분들을 살펴본 뒤 식탁에 앉으니, 함지박에 땅콩과 호두가 가득하다. 오늘이 정월 대보름이니, 부럼을 깨뜨리라고 사다 놓은 모양이다. 연한 빛깔의 땅콩, 올망졸망 쌓여 있는 것이 귀엽기 싹이 없다. 두 시가 넘어 목기(木器)에 담긴 땅콩을 집어 까먹는다. 쪄서 말려 볶은 듯 고소하니 맛이 좋다. 이제 그만 먹어야지 하니 다시 집게 되고, 다시 집다 보니 배고픈 참에 계속 집게 되어 어느덧 빈 그릇 가득 껍질이 쌓였다. 어느 놈은 둘이 다정하게 어느 놈은 독신주의자인 듯 땡글땡글 야무지게 여물었다.

오늘은 이것으로 점심 대용(代用)이다. 좀 서운하면 나만의 밀크커피 한 잔 만들어 마시면 그만이다. 흰 우유를 뜨겁게 데워 커피 반 스푼을 넣고 흑설탕을 듬뿍 넣어 타 마시면 그것으로 족하다.

아내가 있을 때 역시도 감자 빈대떡이면 빈대떡, 잡채면 잡채, 고구마면 고구마, 과일이면 과일 등 무엇이고 한 가지 먹으면 그것으로 끝이다. 그리고 혼자 있을 땐, 사용한 그릇을 반드시 씻어 놓는다. 그것도 아주 몇 번씩 깨끗하게 닦는다. 그러다 보니 시간이 꽤 걸린다. 아내가 들어와 가끔 그런 모습을 볼 때면, '그릇 다 닳겠다.'라고 한다. 아무튼 휴일 점심은 한 가지 음식으로 끝내고, 깨끗이 씻어 놓기까지 하니 그런 점에서 아내는 복 받은 여자다. 내가 먹는 것으로써 내가 먹은 것으로 인해 귀찮게 하지는 않으니…….

며칠 전 산길을 걷다가 채 피지 않은 매화나무 한 가지를 꽃도둑 해왔다. 그것이 따뜻한 방안에서 꽃을 피워 방안 가득 향기롭다. 어제는 뒷동산을 다녀오다 보니 달이 좋았다. 산꼭대기에서 내려다보는 달빛에 젖은 낮은 산자락들의 모습은 언제 보아도 정감이 넘쳤다.

오늘은 날이 맑으니 그것도 정월 대보름이니, 달이 더욱 밝을 것이다. 아내가 돌아오면 짭조름한 식은 찰밥을 다시 먹고 달이 떠오른 뒷동산까지 함께 걸어 오르고 싶다. 꽃봉오리가 얼마나 더 커 올랐나, 매화나무가 있는 곳까지 다시 걸어가 봐야겠다.

산

늘 그리워하면서도 한동안 산엘 못 갔다. 휴일을 택해 오늘 또 다시 선운사 뒷산을 오른다.

꽃 피는 봄 산이나 단풍 든 가을 산도 좋지만, 이삼월 봄을 기다리는 겨울 산도 그에 못지않게 좋은 점이 있다. 물론 특색으로 말한다면 초록빛 투명한 신록의 오월 산도 빼놓을 순 없다.

하지만 겨울의 끝에서 봄을 기다리는 이즈음의 산을 나는 추위를 무릅쓰고 다닌다. 확 드러난 눈터 오는 나무 가지가지들의 어울림, 그 아우성이 들리는 것 같다. 빽빽한 나무숲을 속속들이 들여다본다. 탁 트인 시야로 멀리까지 바라볼 수 있어 더욱 좋다. 이렇듯 산등성이로 난 길을 걷다보면 마치 나무 위를 걷는 듯한 느낌이 든다. 그럴 때면 가끔 떠도는 새나 뛰어다니는 산토끼, 조심스레 수풀을 헤치며 숨어 다니는 노루들을 볼 수 있다. 많은 생명들이 산 속에 하나로 어울려 있다는 생각이 들 때면 왠지 마음이 흐뭇해지며 기분 또한 좋아진다.

어디 그뿐이랴! 힘들게 산을 걸어올라 정상에 서보거나 낭떠러지기 위에서 내려다보는 맛을 무엇에다 비기랴! 높은 산정에서 분재(盆栽) 보듯, 나무를 내려다보는 맛 또한 즐긴다. 그때마다 들이마시게 되는 공기는 상쾌하다 못해 맛이 느껴진다. 폐부 깊숙이 찔러오는 그 시원함을 무엇에다 비길까. 맛이란 느낌이란 물에만 있는 것이 아니다.

산은 거기에 있어 주는 그것만으로도 이미 나의 스승이다. 움직이지 않는 모습으로 변함없이 높고 의젓하게 서 있는 자체로써 나를 가르치고 있기 때문이다. 그러면서 계절에 순응하며 그때그때마다 아름답게 살라고 일러 주고 있다. 산은 언제나 넉넉한 산자락으로 나를 감싸고 그에 물든 나는 그 마음 품에 안고 내려온다.

품고 온 산이 어느덧 소음과 먼지에 뒤덮이면, 나는 고향 그리듯 또다시 산을 찾게 될 것이다.

프리지어

사랑스럽지 않은 꽃이 있을까마는 그 중 귀엽기로는 프리지어가 으뜸이 아닐까 싶다.

특히 집 안에서 먼저 봄을 맛보는 데는 프리지어가 그만이다. 단순한 모양새도 그렇거니와 따뜻한 이미지를 주는 색도 그러하다.

3월 아내의 생일이면 사기 시작하는 이 꽃은, 길거리나 마트 아니면 꽃집에서 보는 대로 그냥 지나치지 못하고 봄 내내 사게 된다. 프리지어는 미끈한 줄기에 연이어 맺혀 있는 꽃봉오리의 모양새도 앙증맞지만, 포근한 느낌을 주는 노란 색깔, 특히 짙게 풍겨오는 상큼한 향기가 더욱 좋다. 아무리 보아도 여리고 귀엽고 사랑스럽다. 거실 가득한 향기가 기분을 좋게 만든다.

프리지어는 따뜻해지는 봄을 먼저 알려 오는 꽃이다. 아내 또한 봄이 옴을 알리기라도 하듯 보았다 하면 사온다. 시들지 말고 오래 가라고 꽃병 안에 설탕을 풀어 넣는다. 그렇게 한 일주일 보고 나면 드디어 병 안에서 시들기 시작한다. 그러면 꺼내 끈에 매달아 건조시키거나, 또한 많으면 베란다에 죽 펼쳐 놓고 말리기 시작한다. 그러다 바싹 마르면 토기로 된 황톳빛 소녀상 꽃병에 머리 장식 삼아 꽂아 두거나, 백자 항아리에 또는 꽃바구니에 담아 둔다. 그 빛깔이 아주 퇴색되질 때까지…….

삶에 만족하기란 쉬운 것이 아니라지만, 나는 프리지어 향기로 오늘에 만족하며 산다.

(2014)

마루가 있는 집

이웃한 새집에 구경을 갔다가 마루가 놓여 있는 것을 보았다. 양옥 현관 밑의 마루라니 참으로 신선했다. 갈색으로 반드르르한 정감 있는 마루가 한눈에 들어왔다. 한옥이 아니고서는 좀체 볼 수 없는 것이 마루이다. 그런데 양옥에 마루를 덧붙여 짓다니 개성이 돋보이는 집이었다. 노랗게 쏟아지는 햇살이 정겨워 마루에 잠시 앉아 있자니, 마루가 어느덧 잊었던 옛 추억을 불러왔다.

시골집에서 마루만큼 요긴하게 쓰이는 곳이 있을까. 무슨 물건이고 간에 우선 쉬운 대로 마루에 올려놓고 보는 것이 우리네 습관이었다. 날씨가 풀리면 우리 가족은 주로 마루에서 생활했다. 널찍한 마루에 빙 둘러앉아 텃밭에서 갓 뜯어온 상추쌈을 먹던 것도 그곳이요, 어머니가 만들어 주시던 구수한 맛의 손국수를 후후 불어가며 먹던 것도 그 마루였다. 그런가 하면 오랜 시간을 들여야 먹을 수 있었던 두부 또한 부엌과 그 마루에서 만들어지곤 했다. 이처럼 먹거나 쉬거나 잠시 눕는 것 대개가 그 마루에서 이루어졌다.

우리네 마루는 목질(木質)이 주는 부드러움과 차갑지 않으면서도 달라붙지 않는 매끄러움 같은 것이 있어 좋다. 마루란 건물 밖

뜰에 벤치를 두는 서양의 주택 양식과는 또 다른 면이 있다. 안에서 밖을 보는가 하면, 밖에서 안을 들여다보는 공간이기 때문이다. 뿐만 아니라 안과 밖의 경계에서 밖의 무한한 풍경을 안으로 끌어들이는 공간이기도 하다. 그러다 보니 소리는 물론 바람이 자연스럽게 넘나들기도 한다.

또한 마루 위 공간은 잡다한 살림살이가 놓이거나 걸리는 곳이기도 했다. 맷돌이며 다듬잇돌이 놓이고, 가끔은 곡식 가마니들이 놓이던 장소이기도 했다. 그런가 하면 나란히 선 처마 밑 기둥에는 옥수수나 스슥 씨 또는 씨 가지가 걸리었다. 햇살이 들어오고 바람이 통하는 공간에서는 곶감을 말리기도 했는데, 그럴 때면 채 마르기도 전에 말랑말랑한 곶감을 빼먹는 재미 또한 쏠쏠하였다. 외려 덜 마른 그것에 눅진한 단맛이 배어 있었다.

여름이면 벌렁 드러누워 뜨거운 햇살을 피해 처마 끝으로 이어지는 하늘을 올려다보았다. 그러다가 바깥바람을 쐬며 흘러가는 구름을 보거나, 세차게 쏟아지는 소나기를 감상하기도 했었다. 이렇듯 여름이면 서까래가 가지런히 놓여 있는 처마 밑으로 제비가 부지런히 날아들고 새끼를 치며 진종일 지껄여 댔다. 어디 그뿐이랴! 하늘 위로 두둥실 떠오르는 보름달을 맞아들였던 것도 그곳이요, 아버지가 피워 놓은 모깃불의 매캐한 쑥 냄새가 사라진 뒤, 별을 보며 무한한 동경심에 젖어 보다 때로 잠이 들던 것도 그곳이었다.

이처럼 여름이면 탁 트여 바람 잘 통하는 시원한 휴식처여서 좋고, 겨울이면 햇살 기어드는 따뜻한 양지여서 좋았다. 날씨가 풀려 마루에 앉아 보면 무논에서 들려오던 개구리 소리, 그것이 잦아지면 밤새도록 이어지던 소쩍새 소리, 날이 새면 그 뒤를 따라 진종일 울어대던 뻐꾸기 소리. 그런가 하면 뜰 안에 흘러넘치던 한여름 낮의 풀벌레 소리, 가을 깊은 밤의 귀뚜라미 소리 등을 듣던 곳도 바로 그 마루였다. 또한 밤 여울물 소리에 젖어들 때면, 무언지 모를 애달픈 마음으로 검푸른 하늘을 떠가는 조각달을 하염없이 바라보기도 했었다. 이렇듯 마루는 열어 놓은 내 마음의 문, 자연과 하나 되는 통로, 그런 까닭에 자연스레 풍월(風月) 주인이 되는 장소이기도 했다.

내 앞으로 집을 짓게 된다면, 설령 양옥이 된다 하더라도 그 집처럼 나도 단정한 마루 하나 덧붙이고 싶다. 아파트의 폐쇄적 공간에서 벗어나 수시로 하늘 보고 산도 보며 살고 싶기 때문이다. 그리 되면 그 공간 또한 내 마음을 보다 열린 마음으로 만들어 줄 것이기에…….

(2016)

조갯살을 먹으면서

조갯국 한 그릇을 앞에 놓고 아침밥을 먹는다. 지난밤의 음주(飮酒). 아내가 내 속을 생각해 해장국으로 끓인 모양이다.

술 깬 아침, 시원하면서도 감칠맛이 나는 국물! 그 국물에 떠 있는 부추의 파릇한 색과 끓는 물에 넣어 살짝 익힌 고추 특유의 매운 향이 개운하니 좋다.

그런데 조갯살을 먹을 때면 나는 왠지 모를 정숙함에 젖어 들곤 한다. 오롯한 그 한 점 살을 키우기 위해 모래와 물속에서 얼마나 많은 시간을 휩쓸려야 했을까? 껍질에는 마치 물결의 흔적인 듯 주름이 져 있음에 더욱 그렇다. 딱딱한 각질에 싸여 있는 한 점 조갯살! 내 젓가락은 잠시 그 앞에서 머문다. 나는 그것을 대개 맛있게 떼어 먹으나, 동시에 연민의 정은 떨칠 수가 없다. '너는 죽어 나의 먹이가 되는데 나는 너를 먹고 무엇을 할 것인가?' 이런 물음 앞에 서면, 자연 숙연해짐 속에서 한 톨 붙어 있는 살점까지도 알뜰히 떼어 먹는다. 내 먹이를 위한 그의 죽음을 헛되이 하지 않기 위해서. 열심히 가치 있게 살아야 한다는 스스로의 다짐을 되새기기도 하면서…….

이런 조개는 아무리 보아도 동글납작한 것이 여성스러운 모양새이다. 유순하게 생긴 그들의 모습을 가만히 들여다보노라면, 왠지 가난해도 서럽지 않고, 억울해도 분노치 않고, 홀로 처해도 외로워할 까닭이 없어진다. 그리고 누구 하나 부러운 생각도 들지 않는 것은 무슨 이유에서인지 모르겠다.

언젠가 대천 앞바다에 간 일이 있었다. 그런데 가만히 살펴보니, 놀랍게도 기나긴 해변의 그 많은 모래알들이 곱게 부서진 조개껍질로 이루어져 있었다. 나는 그때 그 해변을 거닐며 그들에 대해 좀 더 깊이 있는 생각을 해보았다. 그리고 그 같은 모든 생물들 — 특히 우리의 먹이가 되는 생물들의 죽음에 대해서도…….

살아 있는 것을 먹이로 하여 우리가 취하는 것이 어디 조개들뿐이랴! 그보다 훨씬 더한 것들을 우리는 아무 거리낌 없이 죽이고, 잔인하게 죽여서 먹고 사는 것이 삶 그 자체인 것이다. 그런데 국 속에 들어 있는 조갯살을 먹으면서, 새삼 알뜰히 살고 싶어지는 것은 무슨 이유에서일까?

(1996)

2
사색의 장

중대암(中臺庵)

오래 전부터 차로 산모퉁이를 지나다니며 늘 궁금해 했었다. 저 길을 따라 들어가면 어떤 마을이 있을까. 다가가면서 본 저 깊숙한 골짜기와 높은 산봉우리에도 길은 있겠지 등등을 상상해 보곤 했었다.

단풍철을 맞아 그렇게 궁금해 하던 산모퉁이를 돌아 아미산 산행(山行)에 올랐다. 쾌청한 날씨에 사람 하나 보이지 않는 고즈넉한 길이었다. 형용하기 어려운 깊숙한 숲엔 더할 수 없는 그윽함이 깃들어 있었다.

하대암(下臺庵)에서 출발한 나와 아내는 비탈진 산길을 오르고 또 올랐다. 계곡 물소리가 끊기는가 싶더니, 산새 소리가 골짜기를 타고 흘러왔다. 한참을 오른 끝에 우리는 나뭇가지 사이로 드러난 추녀를 발견하였나. 산 속에 숨어 있듯 앉아 있는 절집이있다. 주위엔 향내 짙은 노란 들국화가 흐드러지게 피어 있었다.

지름길인 집 뒤 돌계단을 따라 힘겹게 올라서니, 타닥타닥 불타는 소리가 들려왔다. 소리를 따라 집 모퉁이를 돌아가니 아궁이에서 장작불이 활활 타들어가고 있었다. 가마솥에선 물이 설설 끓고. 산속 아침나절의 냉기를 쫓으려는 듯 군불을 지펴 놓고 있었다. 우리는 잠시 불 앞에 섰다. 아내는 "따뜻해!"라며 감탄 어린 소리를 냈다. 나도 뒤이어 "군불 때는 것 참 오래 간만에 본다."라고 혼자 중얼거리듯 말했다.

한 모퉁이를 더 돌아가니 남향의 마루가 나타났고, 가을 햇살은 그를 타고 넘어 열어 놓은 방안으로 흘러들고 있었다. 현판을 보니 '중간쯤에 터를 잡은 암자' — 중대암(中臺庵)이었다. 방에는 대처승(帶妻僧)인지 부부가 문을 열어 놓고 마주앉아 있었다. 아마 따뜻한 방안에서 가을 햇살 받으며 차를 마시고 있었던 듯싶었다. 인사를 했더니 어디서 오셨느냐고 묻는다.

우리는 부처님께 예불을 드린 뒤 올라온 산길을 내려다보았다. 깊은 계곡은 여러 산줄기가 겹쳐 쌓이면서 V자 모양을 형성했고, 그 끝나는 지점에 보령댐 물이 은빛으로 빛나고 있었다. 참으로 아름다운 풍광이었다. 광달락(曠達樂)의 행복감에 젖어 그 뜰에 잠시 앉아 보았다. 환한 곳이 있어 눈길을 돌려보니, 감나무 밑에 깎아 놓은 감이 햇살에 구덕구덕 말라가고 있었다. 높아 일부 따지 못한 감은 까치밥으로 남아 푸른 하늘 속에서 빛나고…….

그런가 하면 한 쪽 바위 틈바구니에선 맑은 물이 졸졸졸 흘러나와 수조(水槽)를 타고 흘러넘쳤다. 그것뿐이었는데 왠지 그들의 삶이 시샘 나듯 부러웠다. 낮지도 높지도 않은 곳에 터를 잡고, 모자람도 넘침도 없이 사는 그들 같았다. 불현듯 '고귀한 단순성'이라는 말이 생각났다. 그런 것에 근거한 탈속(脫俗)한 그들의 삶이 엿보였기 때문이었다. 그런 곳에 위치해 있음으로 해서 — 낮은 곳도 높은 곳도 함께 보며 사는 것이 아닌가 싶었다. 우리는 대개 높은 곳에 위치하기를 원하지만, 사실 높은 곳에선 더 이상 올려다볼 것이 없다. 그들처럼 중간쯤에 위치할 때만이, 보다 넓은 시야와 확대된 삶의 영역을 확보할 수 있는 것이리라.

어느 샌가 다람쥐가 다가와 텃밭가 상수리나무에서 떨어진 도토리를 우리의 눈치를 보며 연신 주워 날랐다.

우리는 다시 일어나 계단을 따라 단풍 든 산길을 오르고 또 올랐다. 그리고 상대암(上臺庵)을 거쳐 아득했던 정상까지 올랐지만 역시 그만한 곳은 없었다.

길을 돌아 내려오다 보니, 중대암 그 절집 굴뚝에서 모락모락 저녁연기가 피어오르고 있었다.

(2014)

태풍이 지나간 뒤

태풍이 지나간 뒤, 며칠 만에 다시 산에 올랐다.

이 숲길은 내가 늘 다니는 산책길이다. 그런데 놀랍게도 쓰러진 나무와 부러진 가지들이 길을 막았다. 먼 데서 바라볼 땐 그렇게까지 느껴지지 않더니만, 가까이 들어와 보니 이번 태풍 루사의 위력이 얼마나 컸던가를 실감케 했다. 정말이지 마음 아픈 일이었다.

나는 돌아오는 길에 특히 나무가 많이 쓰러진 숲으로 들어가 보았다. 그곳은 낙엽이 쌓여 발목까지 푹푹 빠지는 토질(土質) 좋은 땅이었다. 나무들이 자라기엔 더없이 좋은 땅이었다. 그런데 그렇게 좋은 땅에서 무성하게 자랐던 나무들의 대개가 쓰러져 있거나, 기울어지거나, 부러져 있었던 것이다. 나는 그것들을 안쓰러운 마음에 확인하듯 만져도 보고, 또 걱정도 해보면서 잠시 숲 속을 돌아다녔다.

그런데 그곳 같은 사면(斜面)에서 얼마 떨어지지 않은 곳의 나무들은 전혀 쓰러져 있지를 않았다. 나는 이상하다 싶어 또다시 그리로 가보았다. 그 지역은 조금 전 그곳과는 달리 돌들이 여기저기 박혀 있는, 바위들도 더러 섞여 있는 척박한 땅이었다. 나무가 자라기엔 그리 적당한 곳이 못 된다는 생각이 들었다. 그러나 거기에도 나무들은 어렵사리 자리하고 있었다. 단단한 땅 속 깊이 뿌리를 박아 넣고 나는 이렇게 건재하다는 듯이 꼿꼿이 서 있었다.

아! 나는 그제야 나의 의문을 풀었다. 푹신하니 흙 좋은 곳의 나무들은 웃자라다 보니, 무게의 중심이 그 위쪽에 있었던 것이다. 더구나 비가 많이 내리다 보니 지반(地盤)도 약해져 그렇게 쓰러지게 되었던 것이리라. 그런 반면 땅이 단단한 척박한 곳에서 모질게 자란 나무들은 뿌리 그 자체가 발달돼 있었을 뿐 아니라, 안정되게도 무게의 중심이 그 아래쪽에 위치해 있었던 것이다. 물론 지반 자체도 단단하여 결정적인 순간에 나무를 지탱시켜 준 결과로 작용하였으리라. 나는 그런 작은 깨우침에 스스로 감탄하며, '결국 어렵게 자란 나무가 어려움을 극복해 내는구나.'라는 생각을 하였다.

그렇다. 어려움이 있은 연후에야, 진정 그 대상에 대한 강인함과 가치를 알게 되는 것이리라. 추사(秋史)는 세한도(歲寒圖)에서 공자님의 말을 인용하여, "歲寒然後 知松栢之後凋(세한연후 지송백지후조) — 날씨가 차가워진 뒤에야 소나무들의 시들지 않음을 알게 된다."라고 하였다. 그와 연관지어 '颱風然後 知松栢之深根(태풍연후 지송백지심근) — 태풍이 지난 뒤에야 뿌리 깊은 소나무들을 알게 된다.'라고 말할 수도 있을 것 같았다. 물론 사람 사는 이치도 그럴 것이 아닐까라는 생각을 하며, 나는 천천히 숲을 걸어 나왔다.

마침 내려다보이는 먼 바다 위 은은한 노을빛 하늘이 더 없이 아름다운 저녁이었다. 나는 얼마쯤 내려오다가 다시 그 지역을 돌아다보았다. 척박한 돌땅에 뿌리를 박는 것으로써 살아남은 푸른 소나무들이 꼿꼿한 자세로 제 자리를 지키고 서 있었다. 그 광포(狂暴)한 태풍 속에서도 꿋꿋이 살아남은 나무들이었다. 나는 그들에게 최고의 찬사와 더불어 격려의 눈길을 보냈다. 너희들은 끝내 산을 지켰고, 그렇게 남은 너희들이 씨 뿌려 또다시 옛 같은 산으로 만들어 가리라는…….

(2001)

사슴 조각상을 바라보며

우리 집 거실 문갑 위에는 청동으로 된 한 쌍의 자그마한 사슴 조각상이 놓여 있다. 뿔이 달린 수놈은 고개를 들어 망을 보고 있는 모습이고, 뿔이 없는 암놈은 풀을 뜯고 있는 모습이다. 그 자세 그 모습은 언제나 변함이 없지만, 바라볼 적마다 사랑스런 그 모습에 내 마음마저 훈훈해지는 느낌이다. 큰 눈망울과 긴 다리를 가진 그 녀석들은 언제 보아도 초식동물의 유순함이 느껴지곤 한다.

암놈이 그렇게 풀을 뜯고 나면, 이제는 수놈이 안전하게 풀을 먹을 수 있도록 교대로 그놈이 망을 보아줄 것이다. 그러다 적을 만나면 함께 도망을 칠 것이고. 죽을힘을 다해 적을 따돌리고 숨을 몰아 쉰 뒤, 꼬리를 치며 다시 만나 서로를 격려할 것이다. 그렇게 서로를 배려하고 다독이면서 사랑하고 새끼를 낳고 살아가는 모습이라는 것은, 어쩌면 우리 인간과도 별 다름이 없을 듯싶다.

실제의 사슴은 무척이나 겁이 많은 동물이다. 그러다 보니 서로를 돌보아주면서 함께 몰려다닌다. 사슴은 절대로 같이 풀을 뜯지 않는다. 적어도 하나는 망을 보아 준다. 그것은 거의 본능적인 것으로 앉아 쉴 때조차도 마찬가지다. 그런 녀석들의 눈은 너무도 맑고 깊다. 그 눈망울을 가만히 들여다보고 있노라면 보는 사람이 다 비춰 보일 정도다. 풀만 먹는 초식 동물들은 대개가 유순한 편이지만, 특히 사슴은 더욱 그런 모습으로 살아간다.

자세히 관찰해 보면 초식동물의 눈은 육식동물의 눈에 비해 두 눈 사이의 간격이 넓다. 사슴 같은 동물은 거의 머리의 양쪽 측면에 달려 있을 정도다. 그것은 육식동물에게 늘 쫓기는 입장이다 보니 더 넓게 시야를 확보하기 위해 그렇게 진화된 것이리라. 이렇듯 초식동물의 눈이 광학렌즈를 지녔다면, 재미있게도 육식동물은 그와 반대로 망원렌즈를 가지고 있는 격이다. 대개 눈은 전면을 행해 나 있으며 두 눈 사이의 간격도 좁다. 때문에 먹잇감을 찾을 때 더 멀리 볼 수 있는 것은 물론, 도망치는 그것들을 보다 효율적으로 집중하여 따라잡을 수 있게끔 진화돼 왔다.

또한 묘하게도 강한 육식동물들은 미숙체(未熟體)의 새끼로 태어나고, 약한 초식동물들은 완성체(完成體)의 새끼로 태어난다. 따라서 사자 호랑이 표범 늑대 새끼들은 미숙돼 있고 자라는 데도 시간이 오래 걸린다. 반면 사슴이나 들소 산양 염소 새끼들은 태어나자마자 뛰어다닐 수 있을 정도로 성숙돼 있고, 자라는 속도 역시 빠르다. 그런 동물계의 오묘한 조화로 오늘도 전체적인 생태계의 균형이 이루어지고 있다.

'아프리카 초원에 해가 뜨면 가젤도 달리고 사자도 달려야 한다. 가젤은 잡혀먹지 않기 위해서 사자는 굶어죽지 않기 위해서 달린다. 사자든 가젤이든 달려야 한다는 것은 매한가지다.'라는 말이 있다. 태양과 물이 키워낸 풀은 초식동물이 뜯어 먹고 초식동물은 육식동물에게 잡아먹히는 먹이사슬로 생태계의 안정은 이루어진다. 그렇지만 약자인 초식동물이 육식동물에게 잡아먹히는 것을 보며 우리는 안타까워한다. 그것은 그렇게 잡아먹히는 것이 약자이기 때문이다. 우리의 감정은 약자에게 경도되는 경우가 더 흔한 까닭이다. 그러나 냉철히 생각해 보면 육식동물이든 초식동물이든 먹고 살아야 한다는 입장에서 보면 똑같고, 사실 어느 것을 더 불쌍히 여기고 어느 것을 더 미워할 이유도 없다.

나는 오늘도 한 쌍의 사슴 조각상을 바라보며 서로를 배려하는 마음에 대하여 생각해 본다. 내가 너의 안전을 지켜 주고 네가 나의 안전을 걱정해 주는 그 모습은 짐승이건 사람이건 아름다운 모습이다. 그것이 함께 사는 존재 이유이기도 할 것이다. 나는 그 조각상을 볼 적마다 따뜻한 부부애 같은 것을 느껴 보곤 한다.

(2013)

나무

나는 나무를 사랑한다.

그래서인지 몰라도 사람들이 모이는 즐거운 장소가 있다 하여도, 가끔은 나무 밑에 가 앉거나 숲 속을 거닐며 사색하기를 즐겨한다. 그러면서 나무와 주고받는 무언의 교감에 한 발 다가선다. 그런 때의 나무들은 나의 벗인 동시에 스승이다.

나무를 보면 난 무엇인가 말하고 싶고, 또 무엇인가 나누고 싶은 그 어떤 감정을 느낀다. 독일의 시인인 헤르만 헤세는, "나무에 귀를 기울일 줄 아는 사람은 나무가 되고 싶다는 것 이상의 소망을 갖게 되지 않는다."고 말했다. "그리고 그 사람은 현재의 자기 자신 이상의 것이 되려고도 하지 않는다."고 했다. 그만큼 나무를 좋아하는 사람들은 욕심 없는 사람들이다.

천년 고목이란 말도 있듯이 나무는 오래 살기에 정이 깊다. 조급해 하지 않고 선 자리를 불평하지 않기에 그토록 오래 사는 건 아닐까? 오래 사는 만큼 심오하고 냉철한 사념을 간직하며 사는 것이 또한 나무들이다. 그렇기에 때맞춰 꽃을 피우고 잎을 피우며 계절의 순환 속에 예지롭게 잎을 지워 삶을 구하는 것 아닌가?

나는 중학교 다닐 때 학교의 관사에서 자취를 한 적이 있었다. 그런데 그 가까운 곳에 제재소가 있었다. 밥 해먹는 연료가 마땅치 않았던 그 시절. 거기서 나무껍질과 송판을 켜고 남은 허드레 조각을 아주 싼 값으로 사다가 불을 때 밥을 지어먹었다. 그를 사기 위해 제재소 안에서 잠시 서성거리게 될 때면, 생목 더미를 바라보거나 또는 원목이 똑바로 켜지며 뿜어내는 톱밥을 빨려 들듯 바라보곤 했었다. 그러다가 가지런히 쌓여 있는 판자, 또는 톱밥 더미를 바라보면서 그야말로 울안 가득 흩어져 압도해 오던 그 나무 냄새를 맡았다. 죽어서 내는 냄새 치고는 너무도 향기로운 냄새가 나무 켜는 냄새요, 그것은 언제나 나를 매혹시켰다.

아마, 가지에 붙어 있던 나뭇잎 냄새가 남아 있어서인지, 아니면 향기로운 꽃 냄새가 몸속에 스며 있어서인지, 언제나 코끝에 친밀감 있게 다가오는 그런 냄새였다. 늘 하늘 우러러 기도하고 물과 햇볕, 그리고 별빛 보며 이슬 받고 자라난 탓일까? 그리하여 그렇게 담백한 향기로움을 담고 있는 것일까? 아니면 한 그루 한 그루가 흙에 뿌리를 두고 산을 지키는 일로써 지상을 아름답게 장식했던 — 지난날의 고향을 그리는 또 다른 무언의 호소일까? 아무튼 나는 그런 저런 생각을 해보곤 했었다. 그래서 그런지는 몰라도 요즘까지도 제재소 곁을 지날 때면, 나도 모르게 흔히 발길을 멈춰 보곤 한다.

죽어서도 다시 태어나는 것이 나무인 성싶다. 죽어서도 그가 살았던 삶의 무늬를 간직하며 또 달리 사는 것이 나무인 듯싶다. 나무는 자르고 켜고 깎고 다듬는 목수들에 의해 감추고 살았던 나이테를 말없이 풀어내 놓는다. 상처받고 아물린 옹이조차도 은은한 삶의 무늬로 되살려 내는 것이 나무들이다. 그리하여 살았던 날의 길이만큼 그 몇 배로 쓰일 만큼 쓰이다가 결국은 썩거나 재가 되어, 그가 왔던 흙으로 깨끗이 돌아가는 자연 복귀의 한 전형을 보여 주고 있다.

오래 된 집이거나 사찰 등에서 드러난 나뭇결의 문양을 대할 때면, 흔히 깊은 사색에 빠져 들곤 한다. 살아온 세월을 뒤돌아보며 살아야 할 앞날을 가늠해 보는 것 또한 그런 굴곡진 나뭇결 앞에서이다. 그리고 나는 죽어 어떤 모양새로, 어떠한 사람들의 가슴속에, 과연 무엇으로 남겨질 수 있을 것인가에 대해 생각해 본다.

그런가 하면, 오래 전 그가 살았던 그 시대와 그가 서 있던 땅과 하늘, 그가 살아 너울거렸던 숲의 모습을 그려도 본다. ― 보르네오 섬의 어느 울창한 숲, 아마존 강 유역 어느 밀림의 깊숙한 원시림, 아니면 눈 덮인 광활한 시베리아의 어디쯤, 북구(北歐)의 핀란드, 혹은 인적 드문 캐나다의 어느 수해(樹海) 등을 더듬어 본다는 얘기다. 그것은 흥미로운 일이요, 내 마음을 더없이 넓고도 아득한 세계로 이끌어 갈 때가 있다. 그런 속에서 나는 흔히 계곡을 흘러내리는 물소리, 둥지를 튼 새들의 지저귐, 숲 속을 스쳐오는 바람, 그리고 꽃들의 향기 등등을 상상해 본다. 그만큼 나는 죽은 나무에 대해서조차 가깝고도 따뜻한 정을 느끼며 산다.

숲 속을 거닐 때면 나는 보고 또 생각한다. 밑가지를 버리고 그 씨를 뿌려 무릎 아래 어린것들을 키우는 그들을 보며, 그들로부터 늘 많은 것을 배워 얻는다. 그들은 언제 보아도 조화롭고 놀라운 질서를 나타낸다. 아무리 협소하고 빽빽하여도 서로서로 비켜 자라는 것이 나무들이다. 어느 하나 부딪치거나 밀치는 법 없이. 그러면서 새들의 집, 벌레들의 먹이, 살아 있는 모든 것들의 삶의 바탕이 되어 주고 있다.

앞으로 내 집을 짓는 기회가 주어진다면, 우선 뜰에 많은 나무를 심어 그들과 함께 하는 생활을 하고 싶다. 그리고 사는 방 또한 나무를 사용하여 짓고 싶다. 그리하여 늘 목질이 주는 부드러움과 차지 않음 속에서, 그들의 향기와 그들이 살았던 날의 문양을 대하면서 조용히 살아가고 싶다.

책 속에 보면 죽어서 한 그루 나무되기를 원한 어느 수필가도 있었다. 꼭 그것만을 원하는 것은 아니지만, 나도 죽어서 한 그루 나무됨을 싫어하지는 않겠다. 지상을 장식하고 집이 되어 주는…….

(1994)

사과

고기를 별로 좋아하지 않는 나는 특히 과일을 좋아하는 편이다. 사과, 배, 감, 귤, 포도, 복숭아, 망고, 체리 등. 이 중에서 내가 가장 즐겨하며 많이 먹어온 과일은 단연 사과이다.

실은 열대 과일인 망고를 무척 좋아하긴 하지만, 우리나라에서 자연 생산되는 것이 아니기에 자주 먹을 수가 없다. 때문에 그 아쉬움을 달래려고 가끔 기회가 오면 원풀이 하듯 그것만을 먹고 다닌다. 가령 동남아나 중국 남부를 여행하게 될 때면…….

그렇기도 하지만, 일반적으로 내가 가장 즐겨하고 많이 먹어온 과일은 역시 사과이다. 나는 사과와 인연이 참 많다. 어려서는 한때 사과로 유명했던 충주에서 살았고, 그런 환경이다 보니 자연 사과를 자주 먹고 자랐다. 더구나 아버지가 외가 과수원을 돌보았던 관계로 해서 더욱 그랬다.

결혼을 하고부터는 처가 쪽으로 사과 과수원을 하는 집안이 둘씩이나 있어 그런 인연이 이어져 왔다. 그분들이 먹어 보라며 부쳐 오는 사과, 이어 사주게 되는 사과 등. 문경 고산(高山) 지대에서 재배된 꿀이 박힌 그 사과들은 과육이 단단하면서도 향기가 높다. 그러다 보니 우리 집은 가을부터 겨우내 사과 향이 떠나지를 않는다.

기억에 남는 사과로는 먼저 중국을 여행하면서 먹어본 '사과배'라는 것이다. 단일 과수원으로 중국 내에서 세 손가락 안에 든다는 백만 평이 넘는 거대한 과수원에서였다. 우리 조선족이 땅을 일구고 개발해 낸 품종의 사과배는 사과도 배도 아닌 묘한 맛이 있었다. 그런가 하면 미국을 다녀오면서 기내식으로 나왔던 붉다 못해 검은 색이 도는 자그마한 일본산 사과였다. 한 입 베어 물면 우윳빛 사과즙이 흘러나오는 진한 맛의 그 사과 향은 지금까지 먹어본 사과 최고의 맛이었다.

얼마 전 경북 청송으로 여행을 간 적이 있었다. 온통 붉은 사과밭이 누런 벼논보다도 많은 듯싶어 사과의 고장임을 실감했다. 멀리서 보니 사과밭이 붉은 꽃밭처럼 보이기도 했다. 이틀 내내 그곳을 돌아다니면서 본 사과는 내가 이때까지 살아오면서 본 사과보다도 많을 것 같았다. 가지를 늘어뜨리고 주렁주렁 매달려 있는 사과는 보는 내내 풍요로움을 느끼게 했다. 부석사(浮石寺)가 있는 영주도 사과밭이 많긴 하지만, 이제부터는 사과하면 청송을 생각하게 될 것 같다.

사진작가들이 많이 몰리는 주산지(注山池)를 새벽 일찍 다녀오면서 기억에 남을 맛난 사과를 먹었다. 그 산책길 입구에서 주민들이 사과를 더미로 쌓아 놓고 팔고 있었다. 농약을 쓰지 않고 유기농으로 재배한 사과라고 했다. 나는 탐스럽기도 하고 싱싱하기도 해 그 자리에서 한 자루 사게 되었다. 특히 깎지 않고 껍질째 먹는 사과라는 말에 그렇게 했다. 아침이라 기온도 낮고 사과 또한 써늘했다. 그렇지만 물에 씻어 껍질째 먹는 그 사과는 사과 본래의 맛이 느껴졌다. 달면서도 신 물이 많은 시원스럽고도 산뜻한 야성적인 맛이었다. 그 맛에 반해 하나 더 씻어 먹었다. 그러고 나서 아내와 나누어 또 반쪽씩을 더 먹었다. 그러니 이제는 배가 불러 아침밥을 먹을 수가 없었다. 태어나서 처음으로 아침 식사를 사과로 대용했다. 두 시가 넘도록 국립공원인 주왕산을 돌아다녔는데도 견딜 만했다.

사과는 썩어가는 냄새조차도 향기롭다. 그것이 내가 사과를 좋아하며 더욱 즐겨하는 이유다. 그래서 겨울이면 서재나 거실에 먹지 않고 두어 알씩 놓아두기도 한다. 반들거리는 그 붉은 빛도 매혹적이지만, 방안에 들어 갈 적마다 향기를 뿌려 주니 더욱 기분이 좋다. 시간에 쪼들려 며칠 만에서야 비로소 서재 문을 열었을 때, 고여 있다 반기듯 뿌려 끼치는 그 향기에 나는 매번 감동하고 만다.

거의 매일 먹는 사과. 내가 한 평생 먹어온 사과는 과연 얼마쯤 될까? 그것을 한 줄로 늘어놓는다면 말이다. 아마 논둑길 밭둑길 지나 푸른 하늘 밑 산기슭으로 아득히 이어질 것이다. 그렇게 그려지는 내 마음 속 가을 풍경은 언제나 노랗게 익어가는 벼논과 향기가 흘러내리는 붉은 사과밭이다. 이렇듯 가을날의 내 사유의 끝은 늘 그런 오솔길에 닿아 있다.

돌아보면 내 삶은 사과가 있어, 사과를 유난히 즐겨함으로써 향기로웠다. 이렇게 사과를 많이 먹어왔으니 살아서는 물론, 죽어서도 사과처럼 향기로운 사람으로 남고 싶다.

(2012)

윷놀이 판에서 인생을 배우다

우리의 민속놀이 중에서 윷놀이만한 것이 있을까. 특히 설 연휴를 보내며 온 가족이 둘러앉아 윷가락을 던져 올리며 떠들썩한 함성을 내지르다 보면, 그 간에 쌓여왔던 스트레스가 한꺼번에 날아가는 것 같다. 편은 가르지만 같은 편이면 서로가 도와 가며 격려하고, 또 뜨거운 찬탄 속에 신바람을 일으키며 노는 가운데 저절로 어깨춤이 나오기까지 한다. 새해를 맞으며 함께 웃고 탄성을 터뜨리는 그 장면이야말로 길이 전해져야 할 명절 풍습 중의 하나가 아닐까 한다.

우리 윷놀이의 특징은 2대가 되었든 3대가 되었든 세대를 초월하여 가족이 또는 이웃이 함께 즐길 수 있는 놀이 중의 놀이이다. 이렇듯 윷놀이의 가장 큰 특징은 숫자가 적든 많든 짝수면 된다. 홀수가 된나 하여도 말판을 쓰면 되니까 숫자에 크게 관계없이 논다는 데 장점이 있다. 더구나 따로 배움이나 방법 특별한 기술 따위가 필요 없이 바로 한편으로 동화되어 놀 수 있는 놀이이기에 더욱 편리하다. 도, 개, 걸, 윷, 모 — 돼지, 개, 양, 소, 말이 28개의 점으로 이루어진 말판 안을, 앞선 말을 같은 점에서 잡으며 홀로 또는 업어서 뛰어가는 경기이다. 그러다 보니 온갖 희로애락이 그 안에서 이루어진다.

화투는 돈을 걸고 따먹기를 하는 성격이 짙다 보니 몇 판 돌아가다 보면 눈에 쌍심지를 켜고 들뜨다 못해 살벌해지기 일쑤이다. 그러다 보니 투기나 노름 또는 도박으로 발전하는 성격이 짙어 패가망신하는 일까지 벌어진다. 물론 그 속에서 술수나 속임수가 난무하고 한 예로 '짜고 치는 고스톱' 같은 것이 발생하게 된다. 하지만 윷놀이는 여럿이 함께 웃고 즐기는 일 자체에 의미가 크다. 물론 윷놀이에도 긴장감을 높이기 위하여 내기를 걸기도 한다. 그러나 머리로 계산을 하는 것이 아니라, 네 개의 윷가락을 허공에 던져 결과를 기다리는 일이다. 특별한 기술이나 실력을 논하기 이전에 운수에 맡길 수밖에는 없다. 그렇기 때문에 상대에 대해 시기나 질투는 느낄지언정 불만을 나타낼 수 없다. 물론 긴장감을 돋우기 위하여 내기를 건다 해도 먹기 내기 아니면 용돈 모으기 정도가 고작이다. 윷놀이로 돈을 잃어 집안이 망했다는 말은 들어보지를 못했다.

그렇다고 해서 화투에 비해 긴장감이나 재미가 떨어지는 것은 결코 아니다. 윷가락이 몇 차례 돌아가고 나면 즐겁지만 승부욕이 발동하기 시작한다. 특히 잘 나가던 우리 말이 잡히고 난 후 우리 편에 기회가 오면 화풀이 하듯 인정사정없이 잡아 치우는 것이 윷놀이이다.

수년 전에 어학 연수생을 이끌고 미국에 두어 달 간 다녀온 적이 있다. 그때 호스트를 하던 집에 무슨 선물을 할까 생각하다가 서양과 다른 우리 고유의 무엇인가를 전하고 싶어 윷을 준비해 간 적이 있다. 크리스마스 휴가를 맞아 집에 모인 가족들에게 선물한 그것으로 노는 방법을 소개한 적이 있었다. 그때에 그들이 금세 따라하며 너무도 웃기고 '재미나다'라는 뜻으로 '몽키몽키'하며 즐거워하던 그 광경을 지금도 잊을 수가 없다. 특히 뒷도에서 인생역전과도 같은 것이 이루어졌을 때, 박장대소하던 그들의 모습은 지금도 눈에 선하다. 그래서인지 8년이 지난 지금까지도 연말이면 장문의 편지와 가족사진이 담긴 카드가 날아오기도 한다.

윷판의 재미는 누구도 그 결과를 쉽게 예측할 수 없다는 데 있다. 인생에서 일어날 수 있는 운과 이변이 속출하는 것이 윷판이다. 그만큼 경우의 수가 다양하다. 세 동 네 동 업어서 어떻게 쉽게 해보려다가 예상치 못했던 어느 한 사람의 신들린 듯한 연이은 추격으로 그 욕망이 한 순간에 무참히 무너져 쫄딱 망해 버리는 경우가 비일비재하다. 탐욕을 버리고 절제를 필요로 하는 것이 말판 쓰기이다. 그렇다고 너무 소심하게만 굴면 또한 이기지를 못한다. 그런 점에서 윷놀이 판은 우리네 인생과도 닮아 있다. 우리 인생의 축소판이라 해도 과언이 아니다. 잘 나가던 판세가 한 순간에 일장춘몽이 될 수도 있다. 그 변화가 무쌍하여 인생의 길흉화복을 예측할 수 없듯 새옹지마 전화위복이 되기 일쑤이다. 어디 그뿐인가. 다 기울어 가던 판세를 그야말로 맨주먹으로 자수성가하듯 공세로 이어가 판세를 뒤집어 역전극을 연출하는 경우도 없지 않으니 말이다. Life라는 영어 단어 속의 If처럼 삶 또한 그 자체가 가능성이다. 앞날을 모르기에 가능성을 두고 인생을 살듯 윷판 또한 그렇다. 모르는 일이기에 윷판도 재미있고 인생도 그러한 것 아닐까. 그런 점에서 놀이를 넘어 많은 배움을 찾을 수 있는 것이 또한 윷놀이 판이라 할 수 있겠다.

설을 맞아 처가에 온 우리 가족은 형제가 많은 처가 식구들과 3대가 함께 둘러앉아 오만 원씩 돈을 묻고 5판 3승 윷놀이 판을 벌렸다. 우리 가족은 도, 개를 반복하다 어쩌다 잘 나간 말도 잡히고 하여 두 판을 내리 지고 나니, 완전 전의를 상실한 상태였다. 그래 이제 안 되겠다 싶었는데, 우여곡절 끝에 반환점을 돌아 나오는 놈을 기다리고 있다가 통쾌하게 잡아내면서, 간발의 한 두 점 차로 두 판을 내리 이겨 동점으로 기세등등하게 되었다. 그러다 보니 또다시 긴장감이 돌고 눈에 불을 켜고 맞붙었지만, 경상도 지방에서 새로 생긴 함정이라는 규칙에 빠져 아쉽게도 막판에 가서 지고 말았다. '함정'이란 지름길인 가운데 방에서 날밭 바로 앞에다가 검은 점의 함정을 표시해 놓고, 거기에 닿아 빠지게 되면 다시 시작해야 하는 경우를 말한다. 그야말로 결과를 예측하거나 속단하기가 더욱 어려워졌다. 특히 마지막 말이 그곳에 닿게 되면, 피할 수 없는 난관에 맞닿게 되는 경우가 발생하는 것이다. 더욱 재미난 이 규칙을 앞에서 이야기 했던 미국의 제임스 가족에게도 알려줘야겠다. 어쨌든 한 판 더 하자는 말에 늦었다며 처제가 아이들에게 용돈으로 나눠주고 판을 접었다. 놀다가 다 털어주고 가는 것이 또한 우리의 인생이듯…….

명절이란 단순히 조상을 모시는 것만은 아닐 것이다. 가족 간에 함께 모여 웃고 즐기며 화목을 도모하는 것 또한 중요하다고 본다. 그러는 가운데 가족 간의 정은 더욱 도타워지고 추억 또한 쌓여갈 것이기에……. 그를 보는 조상님네들도 흐뭇해할 것이기에…….

(2012)

능선길을 걸으며

퇴직 후 나는 큰 산이 됐든 뒷동산이 됐든 일주일에 두어 번씩 산에 오른다. 운동을 위해 힘을 쓰고 오르는 것이라기보다는, 그냥 산책 삼아 노닐 듯이 거닌다. 그러다 보면 나도 모르게 자연에 힘입어 보다 새로운 생각, 보다 더 나은 생각을 얻게 되는 경우가 적지 않다. 어떻게 보면 영감을 이끌어내고 맞이하는 내 나름의 생활방식이라 할 수 있겠다. 그런 의미에서 산길을 걷는다는 것은 또 다른 내 학습과 창작의 장이 된다.

나는 지금 내장산 망해봉(望海峰)이 바라다보이는 한 능선에 앉아 휴대폰 속 메모장에 글을 쓰고 있다. 암산(巖山)의 능선이라 주변에 나무가 자라지 못해 탁 트여 훤하게 드러난 전망이 더없이 좋나. 남사년(南斜面)은 사찰이 있는 내륙 쪽이고 북사면(北斜面)은 멀리 바다까지 내려다볼 수 있으니, 마치 경계를 넘어 허공에 떠서 보고 있는 것 같은 느낌이 든다.

삼월초의 이른 봄. 나는 아직 이파리가 채 나오기도 전 이 움트는 텅 빈 숲 속 바라보기를 즐겨한다. 이런 때엔 녹음에 가려진 하절기와는 또 다른 시원스러움이 있다. 이 공룡 등줄기와도 같은 능선을 타고 앉아, 나는 지금 산 아래 숲 속을 관찰하듯 보고 있다. 흥분에 가득 차 뚫어져라 내려다보고 있다. 들어난 숲 속에 움직임이 포착되었기 때문이다. 급히 내달리는 것을 발견하였음이다.

고라니이다. 대낮에 고라니라니 봄이 오기는 오는가 보다. 앞엔 놈은 뒤를 보며 달아나고 뒤엔 놈은 어깨뼈에 힘을 주며 기를 쓰고 따라붙는다. 따라붙는가 싶으면 또다시 벌어지고, 벌어지는가 싶으면 또다시 따라붙는다. 분위기로 보아 아마 짝짓기를 시도하려는 것 같다. 이 철 좋은 따뜻한 봄날에 발정이 난 암놈을 따라다니는 수놈. 그 드러난 나무숲 사이에서 달아나고 달려가기를 반복하고 있다. 그것을 이 높은 낭떠러지에서 굽어보고 있는 재미 또한 그들 못지않게 쏠쏠하다. 그냥 그들 따라 기분이 흐뭇해지며 좋아진다. 뿐만 아니라 귓가에 들려오는 새소리도 아름답게 흘러온다. 만물이 소생하는 봄이 오고 있는 것이다.

하늘을 보니 놀랍게도 어느새 송골매 한 마리가 능선 앞에 떠 있다. 높이 떠 지상을 내려다보고 있는 최상위 포식자로서의 위세가 차고 넘친다. 그늘진 북사면을 거슬러 날아오른 송골매는 이제는 능선의 경계를 넘어 양지바른 남사면 위에 멈춘 듯 떠 있다. 날개를 펴고 온 산을 지배하듯 기백 넘치는 당당한 모습으로 내려다보고 있다.

남사면인 이쪽을 내려다보면 봄이 오고 있고, 북사면인 저쪽을 내려다보면 아직 잔설이 남아 있는 겨울 끝이다. 양지인 남사면을 오르는 사람은 이제 봄이 왔다고 말하리라. 반면 북사면으로 산을 오르는 사람은 눈이 보이니 아직 겨울이 남아 있다고 말할 것이다. 그렇다. 우리는 대개 보이는 것만을 전부라고 말한다. 사실이기 때문이다. 사실과 진실의 차이는 늘 거기에서 생겨난다. 균형

잡힌 감각으로 그것을 꿰뚫어 볼 수 있는 눈! 그것이 통찰이고 혜안이다. 그것은 능선의 경계에 섰을 때만이 가능하며 또한 가능해지는 생각이리라.

이런저런 생각에 이르러, 우리의 정치 현실을 생각해 본다. 정치라는 것이 속성상 또는 그런 속에서 발전해 나가는 것이기도 하지만, 이념과 진영으로 편을 갈라 한쪽만을 위한 반대를 위한 반대를 일삼는 정치는 이제 싫다. 표를 끌어오기 위한 가장 손쉬운 방법이 좌다 우다, 보수다 진보다, 경상도다 전라도다 하며 진영 논리로 선동하는 것이라는 것도 안다. 그러다 보면 상처를 동반하는 반쪽의 정치 밖에는 되지가 않는다.

같은 이름의 산이라도 이쪽에서 보면 양지이고 저쪽에서 보면 음지이다. 그런데 자신이 보고 있는 쪽만 전부라고 이야기하며 우기고 있다. 그것은 아집이요 지성의 폐허이다. 이것은 정치에서뿐만 아니라, 개개인에 있어서도 마찬가지다. 누구나 각자가 가진 생각의 높이와 두께에 따라 살아간다. 하지만 분명한 것은 네가 있음으로 내가 있고, 이곳에 우리는 함께 존재한다는 사실이다. 함께 한다는 것은 무엇인가. 그것은 나의 주장을 넘어 나의 몫이 반이라는 뜻이다. 그것은 내가 싸워 반드시 이겨야 하는 것이라기보다는 공존의 영역이다.

역사도 선택이라고는 하지만, 같은 나라에서 어린 학생들이 배우는 역사 교과서까지 정권에 따라 바뀌곤 하는 것이 작금의 현실이다. 이제 우리나라 정치도 옳고 그름을 구분해 경계의 능선을 넘나드는, 부분이 아닌 전체를 보는 보다 큰 틀의 정치 형태를 보여줬으면 좋겠다.

능선에 올라 시선을 높여야만, 송골매처럼 경계를 넘어 온 산을 굽어볼 수 있는 시야의 지배권을 가질 수 있다. 글을 쓰는 나 자신도 혹, 무슨 편 가름에 속해 있는 것은 아닐까라는 생각을 되짚어 보면서 또다시 능선길을 걸어간다.

(2018)

백자 항아리

내 서재에는 언제나 넉넉한 크기의 백자 항아리 하나가 놓여 있다. 이것은 거리를 두고 보면 유백색(乳白色)으로 보이지만, 가까이 다가가 들여다보면 엷푸른 빛이 도는 순백자(純白瓷)이다. 때때로 작은마누라라고 불려도 지는 — 내가 애지중지 하니까 아내가 그렇게 이름 붙여주었다.

어떠한 문양도 없는 달항아리 형태의 그것은, 언제 보아도 백색 정갈한 모습으로 완벽한 균형미를 나타내고 있다. 정숙한 여인과도 같이 다소곳이 또는 우아하게 명상에 잠긴 듯 놓여 있다.

그것은 꽃을 담아 두는 경우도 있지만, 때때로 독서대로 이용되고 있는 — 특히 여름철이면 입구 위에 책을 펼쳐 놓고 끌어안듯 가까이 하고 있으니, 아내가 그렇게 이름 주었지 싶다. 아무튼 앉아서 책을 볼 때면 끈적거리지 않아서 좋다. 그 스치는 매끄러운 감촉이 좋아 더욱 애용하게 된다.

그러나 대개는 비어 있는 것으로써 놓여 있다. 그런데 그렇게 비어 있는 것은 비어 있는 것으로써 제 소임을 다하고 있는 듯 여겨진다. 그것이 그런 자기(瓷器)가 지닌 또 다른 쓰임이라는 생각이다. 왜냐하면 그렇게 빈 것으로써 보는 이로 하여금 마음의 여유 같은 것을 갖게 하기 때문이다. 말하자면 '비어 있는 충만'

이라고나 할까? 아니면 비어 있을 때 더욱 그 넉넉함이 돋보인다고나 할까? 어떻든 나는 그처럼 비어 있는 모습 보기를 더욱 즐겨한다.

고요히, 그것은 언제나 그 자리에 그렇게 있다. 정갈한 몸맵시로 풍만한 곡선의 아름다움을 그려내고 있다. 이처럼 기형(器型)이 부드러우며, 백자가 흔히 그렇듯 당당한 양감(量感)과 단정한 자태는 고려자기와는 또 다른 정감을 느끼게 한다. 하여 슬며시 두 팔 벌려 끌어안아도 보면, 턱 안겨오는 느낌에 뿌듯함마저 있다.

언제나 은은한 광택을 내는 것이 이것이다. 이것이 있음으로 해서 나는 부족해도 부족하지 않은 것 같다. 서재에서의 넉넉한 마음과 푸근한 행복감마저 얻어 지닐 수 있다. 이 자기가 어디에서 어떻게 소성(燒成)되었는지는 몰라도, 어느 얼굴 모를 도공의 섬세한 주의가 숨결처럼 느껴진다. 저토록 우아한 모습이라든가, 저 같은 색택(色澤)의 아름다움을 얻기까지는 쉼 없는 정성과 아낌없는 노고를 소모하였으리라.

시간을 초월해 백색 무변의 형태로 적지 않은 세월 내 곁에 있어 왔고, 또 앞으로도 이어갈 이 항아리. 백자는 오늘도 지고(至高) 지순(至純)한 아름다움을 유지하며 한 점 티끌을 불허하듯 순결한 빛을 고요히 담아 안고 있다. 이런 모습을 가만히 바라보고 있노라면, 어느덧 내 마음도 그에 동화되고 만다.

그런 점에서 본다면, 그것은 내 곁에서 나를 지켜주는 그릇[器] 됨의 표상(表象)이다.

(2015)

나무 잔받침

집에서 차를 마실 때면 나만이 사용하는 잔받침이 있다. 이 잔받침은 나무로 된 것인데, 그 껍질과 재질로 보아 박달나무가 분명한 듯싶다. 나무라 물에 넣어 씻는 것이 안 되다 보니, 될 수 있으면 물방울이 떨어지지 않게 사용해야 한다. 하지만 그런 만큼 깨어질 염려도 없고, 흔히 자기(瓷器)가 받침 그릇과 맞닿으면서 내는 소리의 거슬림도 없으니 즐겨 사용하게 된다. 뿐만 아니라 옅은 갈색이 주는 푸근함과 은은한 나무 향이 있어 더욱 좋다.

그런데 나의 버릇 중의 하나가 차를 마시고 나면 이 잔받침을 들여다보곤 하는 것이다. 목질(木質)이 주는 부드러움을 느껴 보기 위해서랄까? 아니면 물결처럼 번져 나간 나이테의 굴곡을 헤아려 보기 위해서랄까? 뭐 그런 것으로 하여 이 버릇 아닌 버릇이 생겨 버렸다. 이렇듯, 그것은 내 생활 가장 가까운 곳에 위치한 하나의 장난감과도 같다.

나무의 껍질 부분이 자연스럽게 테두리를 이룬 이 잔받침! 거기에는 심(心)을 기점으로 하여 서른 두 개의 형성층이 원형의 나이테를 이루고 있다. 물론 나무의 단면을 보게 되면 넓게 자란 부분과 좁게 자란 부분이 있다. 또한 넓은 부분은 나무가 살아 서 있을 때의 남쪽 방향이고 좁은 부분은 북쪽임도 쉽게 짐작해 볼 수 있다.

그런데 가만히 들여다보고 있노라면, 같은 방향의 나이테라도 간격이 일정치 않음을 쉽게 알아볼 수 있다. 그것은 무엇일까? 이것은 아마 그 해의 일기(日氣) 탓이 아닐까 싶다. 그 간격이 보다 넓었던 해는 여름이 좀 더 길었거나 비가 많이 왔던 해이고, 반면 간격이 상대적으로 좁은 해는 가뭄이 들었거나 겨울이 긴, 하여간 기후 상태가 좋지 않았음을 의미한다. 그런가 하면 부분적인 것이겠지만 병들었던 자국까지도 단면에 우연이듯 고스란히 남아 있다.

어떻든 중요한 것은, 그 같은 가뭄의 시련이 생명이 있던 그 나무에게는 가장 중요한 시기였을 것이라는 사실이다. 왜냐하면, 가뭄 때문에 나무는 더욱 땅속 깊이 뿌리를 내려야만 했을 것이기에 — 그래야 필요한 수분과 양분을 얻을 수 있었을 터이니까. 그리고 가뭄이 사라지자, 나무는 외려 시련이 키운 튼튼해진 뿌리 덕분에 더 크고 안정된 성장을 할 수 있었으리라.

생각해 보면 우리 인생도 그런 것이 아닌가 싶다. 어느 해는 살기가 좋았고 그런가 하면 어느 해는 어려움이 있었고, 또 어느 해는 몸과 마음에 상처를 남겼듯이. 시련이 우리를 키워 왔듯이. 나무의 그 모든 것들이 종국에는 하나의 전체적인 무늬를 이루듯이, 우리의 연륜 또한 그런 굴곡진 폭과 흔적으로 아름다움을 이루어 내는 것이리라. 한 잔의 맑은 차를 마시며 가끔씩 들여다보는 나이테. 그 속에서 나는 내 살아온 날들에 대한 세월의 흐름을 감지하곤 한다. 목기(木器)인 이 잔받침에는 이렇듯 내 작은 사유의 시간이 머물러 있다.

밖에는 바람이 분다. 아까부터 눈 섞인 겨울바람이 창문에 들이치고 있다. 씽 씽 소리를 내며 바람에 흔들리고 있는 나무. 저리 흔들리는 것은 결국 중심을 잡기 위해서인 것을 나는 오늘에서야 깨닫는다. 바람은 강을 건너 들을 지나 또 다른 산등성이를 넘어가리라.

어느 눈 덮이는 깊은 산중 — 언 비탈에 꼿꼿이 서서 눈을 맞으며 또 다른 나이테 하나를 키우고 있을 나무. 그 단단하다는 박달나무 한 그루를 벗 삼아 생각해 보는 저녁이다.

(1999)

화석 속 물고기

내 책상머리에는 자그마한 어류 화석(化石) 한 점이 놓여 있다. 그것은 지난해 청주에서 열린 〈세계희귀대화석전〉에 들렀다가 기념으로 사온 것인데, 제일 작았던 것으로 손바닥만한 크기이다. 그런데 뒷면에는 놀랍게도 1억 4천만 년 전의 것으로 South America가 그 산지라 적혀 있다.

1억 4천만 년 전! 그것은 까마아득한 세월이 아닐 수 없다. 인류 출현이 약 100~200만 년이라는 것을 생각할 때, 그것은 신비로움을 넘어 세월의 아득함에 아연해질 뿐이다. 이렇듯 흥미로움을 자아내기에 충분한 그것은, 유구한 세월과 시대의 두께를 뚫고 내 곁 가장 가까운 곳에 다가와 있다. 나는 책을 읽다가 아니면, 이렇게 글을 쓰다가 가끔 휴식 취하듯 그것 바라보기를 즐겨한다.

뽀얀 석판(石板)에는 마른 멸치 모양을 한 5cm 남짓한 물고기 두 마리가 유영하듯 자연스럽게 박히어 있다. 진화 이전의 원시성을 그대로 간직한 채, 마치 살아 있는 듯 그 형태가 섬세하니 또렷하다. 만져 보면 돌 표면은 몽근 흙처럼 매끄럽고, 물고기는 가슬가슬하니 암갈색이다. 눈, 아가미, 입, 촘촘히 가시를 단 등뼈뿐만 아니라, 얇고 부드러운 지느러미까지도 선명히 드러나 있다.

본래 화석이란 과거의 지질 시대에 생존했던 고생물의 유해와 생활의 흔적이, 퇴적물 속에 소멸되지 않고 보존되다가 발굴된 것을 말한다.

1억 4천만 년 전이라는 그 오랜 세월 — 며칠을 두고 폭우가 쏟아지고, 강물의 범람으로 원시의 너른 평원이 물에 뒤덮이던 어느 날. 죽은 몸뚱이로 떠내려온 그들이 황톳물 퇴적층에 묻히면서 맺어진 인연. 그 후 이른바 속성(續成) 작용 — 퇴적물이 쌓여 고체가 된 후, 암석에 이르기까지의 물리적·화학적 변화 과정을 거치면서 오늘에 이른 것이 그들이리라. 이렇듯 돌 속에 아로새겨진 그들. 그 순간의 인연은 우연과 필연의 오묘한 조화로 돌이라는 영원 속에 닿아 있다. 생명체와 가장 무관한 것 같은 돌. 그 돌 속에 마치 살아 있는 모습 같은 그들의 조화는 한 쌍처럼 다정스럽기까지 하다. 빙하 시대 얼음 속에 갇혀 죽은 매머드나 중생대의 건조기후 하에서 미라가 된 공룡 등을 볼 때처럼, 그들은 신비롭게도 세월 저편으로 나를 이끌어 가곤 한다.

인류가 태어나기 수억 년 전의 화석을 대한다는 것! 그것은 자못 고요한 경이가 아닐 수 없다. 한 세기를 채우지 못하는 우리들의 생(生)이고 보면, 그런 유구한 세월 속의 한평생이라는 것은 한낱 순간에 지나지 않는 것이리라.

강물 속 물고기 보듯 그들을 본다. 그들을 바라보고 있노라면, 마음은 어느덧 수억의 세월을 뛰어넘어 그 물고기가 살던 강과 하늘 밑을 거닐게 된다. 그만큼 이 자그마한 돌조각은 시공을 뛰어넘는 원대한 상상과 원시 강가의 광막함을 생각게 하고, 급기야는 지구 생물의 생성으로까지 이어 닿게 한다. 하면 그 물고기들은 태고연한 멀고도 긴 이야기를 들려주려는 듯, 언제나 나를 향해 유연한 몸짓으로 헤엄쳐 오고 물살을 가르는 파동조차 느끼게 한다.

화석처럼 고요한 이 밤. 이 땅은 얼마나 많은 변형을 거듭하며 오늘에 이르렀을까. 그리고 내가 사는 이 땅 위론 그 얼마나 많은 생물들이 거쳐 갔을까. 나와 인연돼 있는 모든 것, 그들을 헤아려 보며 나의 또 다른 인연에 대해서도 생각해 본다. 그리고 다시 물고기를 본다. 어떤 인연이 저들을 저리 한 자리에 영원토록 머물게 했을까. 그것은 또한 내게 관계된 인연들뿐만 아니라, 내 삶의 소중함까지도 다시 생각해 보게 한다. 저 화석과 나와의 관계처럼 본의든 아니든 그런 모든 것들과의 관계 지음 속에서, 나 또한 남은 삶을 살아가게 되리라. 그리고 죽어 세월이라는 퇴적층 속에 묻혀지게 되리라. 저 물고기들처럼…….

영원의 몸짓을 한 그들 앞에서 또다시 생각에 잠겨 본다. 때로 순간에서 영원을 대하고, 선명한 그들의 몸짓에서 오묘하게도 수억 년을 뛰어넘는 삶의 전언(傳言)을 듣는다.

저 침묵과 마주한 이 고요한 밤에…….

(1994)

폭설이 내린 후

첫눈으로 폭설이 내린 뒤 며칠 만에야 다시 산에 올랐다.

첫눈이 폭설인 경우는 흔치 않은데 올해는 첫눈부터 다니는 길을 막았다. 산책하듯 걷는 뒷산은 말하자면 나의 건강을 책임지는 주치의와도 같다. 내가 이만큼이라도 건강하게 사는 것은 그가 내 가까이 위치해 있기 때문이다. 바쁜 일상에 휘말려 하루 이틀 거르다 보면 향수병처럼 금세 그 흙냄새와 솔향기가 그리워진다.

내 산은 아니지만, 어느덧 20년을 줄곧 걷다 보니 정원 돌아보는 느낌이다. 이제는 어디에 무슨 나무가 있고, 어떤 모양새로 서 있는지조차 쉽게 그려지는 익숙한 길이 되었다. — 둥굴레 군락과 할미꽃은 어디에 많고, 노란 동백꽃과 진달래꽃이 어디에서 피어나는지, 옻나무 순을 꺾을 수 있는 곳은 어디인지를 익히 알고 있다. 심지어는 토끼와 꿩이 잠자는 곳, 노루 가족이 자주 나타나는 곳도 알고 있을 정도니, 나를 뒷동산 산신령이라 칭해도 손색이 없을 것 같다.

아무튼 오늘 다시 산을 오르다가 놀랍게도 가슴 아픈 일을 목격하였다. 설해목(雪害木)들이었다. 푸른 소나무 숲에 여기저기 부러져 허옇게 속살을 드러낸 채 나자빠진 나무들 때문이었다. 마치 폭격을 맞은 듯한 전쟁터와도 같았다. 족히 수십 년은 자람직한 나무들이었다. 어찌된 영문인지 줄기째 왕창 부러진 것은 충격에 가까웠다. 아무리 눈이 많이 왔다손 치더라도 어찌 그 큰 나무줄기가 뚝 부러질 수가 있단 말인가. 나는 안쓰러워 조문하듯 여기저기를 돌아다니며 부러진 나무를 어루만져도 보면서 가슴 아파했다.

그런데 가만히 들여다보니 부러진 그 나무들은 조금은 남달랐던 나무들이었다. 그것들은 내가 익히 알고 있는 바, 대개가 원래부터 굽어 자랐거나 중심을 잃고 기울어져 있었던 나무들이었다. 그 구부러진 나무가 채 솔잎도 지우기 전, 한꺼번에 습기 머금은 찰진 눈을 폭설로 맞았으니 그럴 법도 하였다.

상록수인 소나무조차도 사실은 잎새 수를 줄이며 겨울을 준비한다. 그런데 올해는 11월 첫눈이 30cm가 넘게 왔으니 촘촘한 소나무 잎새가 눈을 받아 앉는 격이 되었다. 그러다 보니 구부러진 나무일수록 눈을 뒤집어쓰면서 내리누르는 무게를 견디지 못하고 중심을 잃으면서 부러질 수밖에 없었던 것이리라.

반면 올곧게 꼿꼿이 자란 나무는 중심이 잡혀 있기에 눈이 많이 내려도 잔가지는 부러질지언정 기울어지지는 않았으리라. 물론 기울어지지 않은 나무는 오래되었다는 그것으로 쉽게 쓰러지지 않는다. 고사목(枯死木)이 되어도 꼿꼿이 서 있던 지리산 자락의 나무들처럼…….

이내 우리가 사는 세상사의 이치도 그러하다는 깨달음이 뒤따른다. 바르지 못한 비뚤어진 마음으론 오래 버틸 수 없다는 것을. 그러나 꼿꼿이 중심 잡고 산다면 폭설 같은 그 어떠한 난관도 피해 갈 수 있다는 것을. 물론 소나무가 겨울을 맞으며 스스로 잎새의 수를 줄이듯 절제할 줄도 알아야 한다. 그런 탐욕을 덜어내는 지혜를 가질 수 있다면, 세월 따라 다가오는 폭설이나 폭우 그 어떠한 폭풍도 두렵지만은 않으리라.

나는 천천히 상처 진 숲을 빠져 나오며 슬픔 속에서 그런 지혜 하나를 얻어 지녔다.

(2015)

감나무에게서 배우다

어린 시절부터 시골집 뒤뜰에 감나무 몇 그루가 서 있었다. 나는 자연 그를 보며 자라왔다. 때로는 나목으로, 때로는 잎으로, 그런가 하면 열매로 그 모습 바꾸며 나를 맞아 주었던 감나무. 감나무는 그 시절 내 가까운 친구들이었는지도 모른다.

보릿고개와 때를 같이 하여 노란 색으로 피어나던 감꽃. 감꽃이 피는 계절이면 나는 자주 그들 곁에 있었다. 별 모양의 꽃으로 누이들은 가끔 꽃목걸이를 만들기도 했지만, 나는 주워 먹기에 바빴다. 때문에 학교에서 돌아오면 나무를 발로 차 흔들어 대곤 했었다. 갓 떨어진 물기 많은 놈은 떫고 단 것이 꼭 땡감 맛이었지만, 장독 위에 떨어져 시든 놈은 존득거리는 별난 맛이 있었다. 그때는 그런 것에도 맛을 느꼈던 아주 배고픈 시절이었다.

녹음 짙어진 여름날에도 나는 그들 곁에 함께 하는 날이 많았다. 그들은 늘 그늘을 만들어 주었고, 또 나무에 붙어 있는 매미를 잡아 내리기 위해서였다. 그럴 때 꽃잎 떨어진 자리에서 어느새 돋아나 모양새를 갖추어 가던 꽃맺이. 나는 그를 보며 성급히 달고도 맛난 홍시로 익을 날을 그려보기도 했었다. 그러나 그런 날이 쉬이 돌아오는 것은 아니었다. 뜨거운 햇살과 찌는 듯한 무더위, 지루한 장마를 거친 뒤라야 차츰 성숙해지던 열매들이 아닌가?

호기심 어린 마음에 풋감을 따 먹어 볼라치면, 그때마다 정말이지 떫고 써 못 먹을 맛이었던 감. 그때 감이 주던 무언(無言)의 암시, 그것은 '기다려라!'였다. 기다림 속에 빛을 내며 아주 천천히 익어가던 감알들. 땡볕 불볕 받고 비바람 찬이슬을 맞은 뒤라야 차츰 누런빛이 돌기 시작하던 그들이었다. 하여 빛깔만 보고 다시 따 씹어 보면, 역시 입안이 죄어들며 탁탁 목이 막히던 땡감 — 그때의 암시 또한 '기다려라!'였다. 감은 그렇듯 그를 허락하지 않았고, 나는 왜 이리도 떫기만 할까라는 생각을 하며 또다시 기다리는 수밖에 없었다.

그러나 누런빛이 더해지면 더해질수록 더욱 잦아졌던 것이 나의 발길이었다. 그것은 물론 세월 기다려 완숙해지던 감을 맛으로 확인하기 위해서였다. 그 무렵도 그들은 여전히 그냥 내어주지 않았다. 그때껏 남아 있는 떫은맛으로 다시 한 번 '조금만 더 기다려라!'라는 식으로 나를 밀어내었다. 그러면서 나무는 슬며시 나의 인내력(忍耐力)을 키워 갔던 것이다. 이처럼 오랜 완숙기를 거치는 것이 감이었다.

가을 맑은 하늘을 바탕으로 찢어질 듯 열린 황홍색의 감! 그것은 언제 보아도 매혹적인 것이었다. 그런 광경을 바라보는 것처럼 내 마음을 흐뭇하게 하던 것이 있었을까. 그처럼 감나무엔 무엇보다도 풍성함이 있었고, 자못 감격스러움이 있었다. 나는 광택을 내며 익어가는 그런 가을이 어느 때보다도 좋았다. 그것은 오랫동안 기다려 왔던 만큼 더욱 그랬다.

이윽고 서리가 내리고, 반드시 기다림의 긴 과정을 요구한 뒤라야 드디어 자신을 허락했던 감! 그것이 바로 홍시였다. 그것엔 진정 감의 참다운 맛이 있었다. 매혹적인 빛깔과 그 부드럽고도 달콤

한 맛을 무엇에다 비기랴! 참고 기다리는 자만이 비로소 느낄 수 있었던 맛. 그것은 고진감래(苦盡甘來)의 실례였고, 그간의 오랜 기다림을 보상하고도 남음직한 것이었다. 그럴 때면 뒤란으로 뻔질나게 오가던 내 손에는 늘 주머니 달린 장대가 쥐어져 있었다.

더구나 곱게 단풍들었던 가죽질 잎새가 뚝뚝 떨어져 내리면, 가지엔 오직 붉게 익은 감알만이 남는다. 마치 등불처럼 주렁주렁 매달려 울안을 밝히던 감. 그들에게는 분명 한 꿈을 위하여 온 힘을 기울인 어떤 숭엄함이 있었다. 하기야 우리 조상들은 먹감나무를 두고, 많은 열매를 키우느라 속이 그리 검게 탔다 하여 부모의 헌신적 사랑으로 비유하기도 했었다.

감나무는 이렇듯 은연중 내게 기다림이 삶의 참다운 맛을 느끼게 한다는 깨우침을 주었다. 또한 그와 함께 생활의 달콤함도 가르쳐 줬다. 시간을 필요로 하는 것이 깨우침이라면, 지루한 기다림을 주었기에 그만한 가르침도 있었다. 더욱 중요한 것은, 오래간 나의 지구력(持久力)과 인내력을 함께 키워 왔다는 일일 것이다. 말하자면 감나무는 내게 있어 내일에 대한 믿음이었고, 말없는 스승이었고, 그런가 하면 자애로운 어머니였다.

모든 것을 주어 버린 나무. 나는 오늘도 그들 감나무 곁에 서 있다. 잎 진 시커먼 겨울 감나무 앞에서 새로운 기다림을 키운다. 삶의 진정한 의미를 그에게서 배우듯 바라보고 서 있다.

(1998)

다탁 앞에서

가끔 시간을 내 다탁(茶卓) 앞에 앉는다. 시끄럽고 분주한 일상사에서 잠시 벗어나 이 앞에 앉으면 마음부터가 여유로워진다. 그리하여 홀로 내 자신에게로 고요히 다가가 본다거나, 혹은 심오한 사색의 시간을 갖기도 하는 것이 이런 때이다.

그러면서 슬며시 아내나 또는 자식들이 내려오면 그 앞으로 초대를 한다. 그럴 때면 특히 아들 녀석이 '밍밍해 아무 맛도 없는 것을 무슨 맛으로 드시나.' 하는 눈치다. 그러나 그것이 바로 우리 녹차 본래의 담백함이 아니던가. 아무 맛도 없는 것 같지만 자꾸 마시다 보면, 맑고도 향기로움의 미묘한 차이를 느낄 수 있음이 바로 우리 차의 맛이라면 맛일 것이다.

둘러보면 신문의 표현대로 대한민국은 이른바 커피 공화국이 돼 버리고 말았다. 빠르고 간편한 것을 선호하는 요즘 우리나라 사람들의 성향과 맞아 떨어진 결과다. 2011년 말 기준으로 커피 전문점이 1만개, 연매출이 2조원을 넘어섰다는 통계 자료가 보도되기도 했다. 엄청난 양이다. 더구나 커피믹스가 우리나라 기업의 발명품이라는 데에 나는 새삼 놀랐다.

이렇듯 커피는 일상의 필수 음료가 되어 우리의 생활을 지배하고 있다. 본래 커피는 써서 먹지 못했던 열매의 씨다. 이를 설탕과 크림을 가미해 먹게 만든, 이른바 서양 자본주의의 교묘한 상술이 만들어낸 기호식품이다. 그러다 보니 먹을 때는 구수하지만, 먹고 나면 입이 텁텁하여 개운치가 않고 밥맛 또한 없어진다. 뿐만 아니라 중독성이 강하며 자주 마시다 보면 수면 장애나 건강을 해치기까지 한다.

이에 비해 우리의 전통 녹차는 그에 비할 바가 아니다. 우선 달지 않아 입에 남는 것이 없고, 마시고 나면 소화 기능을 도와 속이 편하다. 찻상을 대하다 보면 혼란한 마음이 가라앉고 피로를 풀어줄 뿐 아니라, 찻잎을 우리어 마시는 가운데 저절로 머리를 맑게 하여 근심과 걱정이 사라진다. 따라서 마음이 차분해지니 건강에 좋을 수밖에 없다.

어디 그뿐이랴! 그를 음미하다 보면, 쓰고 떫고 시고 짜고 단 오미(五味)가 느껴진다. 이중에서 가장 먼저 닿는 맛이 쓴맛이고 오래 입안에 남는 맛이 단맛이다. 그야말로 고진감래(苦盡甘來)다. 이렇듯 오미란 곧 삶의 느낌과 같아 흔히 인생에 비유되기도 한다.

우리의 녹차는 캔 커피나 커피믹스처럼 아무데서나 급히 타 마시고 던져 버리는 그런 것이 아니다. 격식과 예법이 있으며 깊이 들어가면 도(道)라고까지 일컫는다. 그렇기에 다기(茶器)를 갖추어 놓고 물을 끓여 붓고 마른 찻잎을 불려 우리면서 기다린다. 이때 비로소 '茶半香初(다반향초)' — 차의 첫 향이 느껴진다. 이런 기다림의 시간에 혼미한 것을 가라앉히고 상대와 소통의 시간을 갖는 것이다.

우선 사람 숫자대로 나란히 찻잔을 놓고 옮겨가며 조금씩 나누어 찻물을 따른다. 이것은 차석(茶席)에서는 모두가 평등하다는 뜻이기도 하다. 이때 상대에게 들기를 권하며 예를 표한다. 이렇게 하여 차는 적어도 세 번 정도는 우려 마셔야 차를 마셨다는 느낌을 받게 한다.

이렇듯 청향(淸香)에 휩싸여 담백한 차를 마시며 이야기를 나누다 보면, 분위기는 저절로 온화해지기 마련이다. 메말랐던 인간관계를 촉촉이 적셔 주는 것이 이런 시간이요, 맑고 따뜻한 기운까지 가져다준다. 마치 따스한 물에 목욕을 하고 난 듯한 개운함이 느껴진다고나 할까.

그러나 아무리 좋아도 차는 수단이지 목적은 아니다. 오랜 역사와 문화 속에서 보듯, 차 생활은 긴 경험을 통해 진실 되고 소박하며 성실한 생활 자세를 자연 익히게도 해준다. 차를 대하면서 얻어지는 침착성이나 정서적 풍요는 그런 생활을 하는 사람에게 얻어지는 덤이다. 차가 물질을 넘어 정신 수단일 때, 그 가치는 더욱 빛날 수 있는 법이다. 따라서 차 생활을 통해 하나의 인격체로 승화시켜 나가는 것이 중요하다 하겠다.

나는 오늘도 나이테가 아름답게 물결쳐 간 다탁 위에 세 개의 잔을 나란히 놓고 아내와 마주앉아 있다. 모처럼 집에 온 아들까지 불러 앉혔다. 이런 시간이야말로 내게 있어 가장 순수하고 따뜻하며 정신적으로 여유가 있는 시간이다. 나는 다시 아들에게 눈빛으로 말한다. 맑고 향기로운 것을 자꾸자꾸 대하다 보면, 맑고 향기로운 생각에 이르게 되고, 그리 되다 보면 어느덧 그러한 인격체가 되어 간다는 것을…….

아들이 기다림과 평등과 베풂의 의미 — 나눔이라는 삶의 방식을 이 다탁 앞에서 배우고 깨닫기까지는 이 같은 더 많은 시간을 필요로 하리라. 움트는 삶의 여러 가지 갈등을 잠재우고 마음 다스려 살기까지는 더더욱 많은 세월을 필요로 할는지도 모를 일이다.

(2012)

3
여행의 장

백두산 꽃은 돌만큼 크다

내가 중국을 처음 간 것은 중국과 수교를 한 지 얼마 되지 않는 1995년 여름이었다. 한중문화교류라는 이름은 붙었어도 주로 관광을 하는 여행이었다. 북경-명13능-만리장성-심양을 거쳐, 연변의 대학, 윤동주에 관한 이곳저곳, 광개토대왕릉을 포함한 고구려 유적지 등이었다. 그리고 백두산으로 이어지는 12일 간의 긴 일정이었는데, 전부가 문인들로 구성돼 있었다. 그때 내 룸메이트가 바로 「풀꽃」으로 유명한 나태주(羅泰柱) 시인이었다. 시인께서는 나의 맏형님뻘이었는데, 내가 그분의 고향 서천에서 사는 관계로 늘 챙겨주는 분이었다.

그 후 나는 몇 번에 걸쳐 중국을 다시 가보았지만, 그때의 기억이 가장 선명하게 남아 있다. 아마 백두산 갈 때의 쾌청했던 날씨의 기억 때문이기도 하나. 백두산 밑 천지 호텔에서 자고 일어나 처음 본 것이 흰 줄기의 만주자작나무 숲이었다. 길가에 죽 늘어서 아침 햇살에 반사돼 오던 빛은 눈이 부실 정도였다. 고개를 드니 멀리 백두산 영봉이 뚜렷하게 들어오고, 그렇게 날씨 좋던 날 백두산에 올라 하늘못 천지(天池)를 바라보던 그 감격은 지금도 잊을 수가 없다.

백두산은 수목 한계선인 해발 2,000m를 넘게 되면 나무는 사라지고 산은 흙빛으로만 보인다. 천지를 보기 위해 정상까지 마음 설레며 오르다 보면 주변에 무엇이 있는지조차 잘 느껴지지 않는다. 그런데 한숨을 돌리고 조금 내려서 보면 돌 뒤에 숨어 핀 꽃들을 여기저기에서 발견할 수 있다. 아래와는 전혀 다른 식생이다. 산등성이는 마치 거대한 융단을 뒤집어쓰고 있는 듯한 모습이다. 그 융단 위에 노란 두메양귀비가 물결을 치고, 한편엔 자잘한 보랏빛의 두메자운, 두메솜다리, 씨곰꼬리 등등이 수(繡)를 놓는다. 이렇듯 각종 이끼류가 황홀하게도 환상적인 풀꽃 바다를 이루어 내고 있는 곳이 바로 정상 부근이다.

이렇듯 주변을 자세히 둘러보고 있노라면, 돌 높이에 키를 맞춘 앉은뱅이 꽃들이 눈에 박히듯 들어온다. 가령 5cm 돌이라면 그를 바람막이 삼아 4~5cm에 키를 맞춘 꽃들이 돌 옆에 숨어 있다. 같은 철쭉이라 해도 정상 부근에서는 5cm를 넘지 않는다. 태풍과도 같은 엄청난 바람을 피해 돌덩이의 높이에 자신의 키를 맞춘 꽃들이다. 말하자면 백두산 꽃들은 절제하여 돌만큼만 큰다. 그것도 풍향의 반대되는 돌 밑 한쪽 방향에만 존재한다. 악조건 하에서 핀 기특하기 이를 데 없는 꽃들이다. 그런 것이 그 광대한 산등성이마다 깔려 있다. 그들이 백두산을 더욱 백두산답고도 신비롭게 하는 요소다. 마치 꽃은 돌에 의지하고 돌은 꽃으로 하여 생명의 숨결을 느끼듯이…….

모든 생물이 환경의 지배를 받아왔듯이, 그들 앉은뱅이 꽃들은 그렇게 살고 있었다. 이렇게 환경에 적응해 가며 사는 것을 일본의 한 학자는 '적소(適所)의 원리'라 표했다. 화분에 담겨진 식물이 그 그릇의 크기에 알맞게 자신의 몸을 줄여 나가는 과정을, 새 연못에 방류된 물고기가 그 삶의 환경에 조금씩 적응해 나가는 확장을 그런 말로 표현해낸 학술적 용어다. 요약하면 모든 생물은 자신이 처한 새로운 환경에 적응해 자신의 몸 크기를 스스로 조절해 나간다는 것이다.

어떻든 그때 나는 그 꽃의 아름다움에 반해 환경 훼손의 오류를 잊고, 기념으로 가져갈 욕심에서 예쁜 꽃송이를 카메라 필름의 빈 곽 속에 따 담았다. 그런 후 시인인 나선생님께 보여준 뒤, 그 반을 선생님께 나누어 드렸다. 선생님께서는 지니고 있던 수첩 갈피에 압화(壓花)를 만들 듯이 바로 끼워 넣었다.

그때 본 나선생님은 대단히 부지런한 분이었다. 아침이면 새벽같이 일어나 주변 지역으로 산책을 나가셨다. 어떤 때는 내가 일어나 보면 이미 그를 마치고 돌아와 무엇인가 적고 있었다. 나선생님의 그 많은 시집들은 그분의 그 같은 노력과 부지런함에 기인된 것이라는 생각이 든다.

그런데 차에 오르고 나니 가이드가 올라와 방송을 했다. 누가 꽃을 딴 사람이 있다고 경비대 쪽에서 연락이 왔다는 것이다. 덜컥 겁을 먹은 나는 내려 조사라도 받으면 어쩔까 싶어, '에라 모르겠다.' 하는 마음으로 그것을 창밖에다 쏟아 버렸다. 그런데 마음을 졸이고 산을 내려와 보니 별다른 얘기가 없었다. 괜히 버렸다 싶은 생각이 들며 아쉽기가 짝이 없었다.

호텔방으로 돌아온 나는 나선생님이 그 압화를 다시 정성스럽게 정리해 넣는 것을 보았다. 그것을 보니 또한 억울하다는 생각이 들면서 다시 갖고 싶은 생각이 들었다. 이제는 위치가 뒤바뀐 상태였다. 그래서 되레 준 사람이 사정사정하여 겨우 몇 개 얻어 챙겼다. 그것도 나선생님이 두 개 이상 가지고 있는 것만으로. 지금 그것이 색은 바랬지만 내 앨범 속에서 희미한 풀꽃 향기로 그때의 기억을 되살려내고 있다.

여행의 또 다른 재미는 남겨진 추억이 있다는 것이다. 추억은 투명한 병 속에 고요히 깃든 정지된 세계와도 같다. 시간도 공간도 멈추어선. 이렇듯 압화를 들여다보고 있노라니, 앉은뱅이 꽃에서 백두산의 바람 소리가 들려오는 듯싶다. 돌 냄새도 묻어나오는 듯하다.

이 글은 그들 꽃들에게 보내는 내 헌사(獻詞)요, 꽃도둑에 대한 참회(懺悔)의 글이다.

(2009)

이발소와 크레믈린

나는 초등학교에서 고등학교까지 거의 삭발을 하고 다녔다. 초등학교 때는 머리에 대한 규제는 없었지만, 무슨 이유에서인지 아버지 뜻에 의해 그렇게 할 수밖에 없었다. 그때의 시골 마을에서는 현금을 주고 머리를 깎는 일이 드물었다. 일 년에 두 번 곡물로 삯을 주고 깎는 머리였다. 보리를 수확하는 봄에는 겉보리로 한 말, 벼를 수확하는 가을에는 나락으로 한 말씩 갚아 주는 식이었다.

그런데 의자에 앉아 상고머리로 해달라고 부탁을 한 뒤 머리를 맡기고 나면, 매번 기른 머리는 간 곳이 없고 어느새 까까중처럼 삭발을 해 버리는 것이었다. 깜짝 놀라 화를 내며 울먹이면 너희 아버지께서 그렇게 부탁을 해놓았다는 얘기였다. 나는 두상이 고구마처럼 울퉁불퉁해 삭발을 하고 나면 내가 봐도 보기가 싫다. 삯을 적게 주기 위해서 그러한 것인지, 위생을 생각해서 그러한 것인지는 잘 알 수 없으나 늘 그랬다. 참으로 야속하고 짜증이 나는 일이었다. 물론 몇 해 후에는 아예 체념을 해 버리고 말았지만…….

그러다가 중학교를 들어가니 일제의 잔재가 아닌가도 싶지만, 학교 규정이 모두가 삭발을 하는 것이었다. 중학생이면 하나 같이 호크를 채운 검은 교복에 삭발을 하고 모자를 썼다. 아마 중고등 학생을 구분하기 위해서 그렇게 했었는지는 모르지만 아무튼 그랬다.

그러다가 이제는 고등학교를 들어가니, 머리만은 3cm의 스포츠 머리를 하게 했다. 그런데 나는 앞머리가 치켜진 곱슬머리라서 같은 3cm 머리를 깎아도 길게 보였다. 그래서인지 툭하면 생활지도 선생님이나 규율부 선배들에게 불려가거나 머리가 길다는 지적을 자주 받곤 하였다. 그것이 귀찮고 짜증이 났다. 솔직히 어느 정도 반항심이 없는 것도 아니었지만, 그래서 3년 내내 삭발을 하고 다녔다. 그런 흔적이 졸업 앨범 속 사진으로 남아 있다. 물론 삭발을 하면 여름에 시원하거나 머리 감을 때 편리한 점도 있기는 했다.

어떻든 초등학교 시절 머리를 깎으러 시골 이발소 의자에 가 앉으면, 마주한 벽에 컬러로 된 그림 한 점이 덜렁 걸려 있었다. 그림 같기도 하고 사진 같기도 한 구분이 잘 되지 않는 액자였다. 그것은 우리나라에는 없는 5개의 양파 모양의 지붕이 황금빛으로 빛나는 궁전 같은 집이었다. 액자 그림을 좀처럼 대할 수 없었던 시골에서는, 저런 건물이 실제로 존재한다면 '가보고 싶다!'는 마음을 절로 들게 하는 그런 그림이었다. 그럴 때마다 나는 가당찮게도 '저곳을 가볼 수 있다면… '이라는 생각을 해보곤 했었다.

그리고 그 액자 안에 씌어 있던 시가 바로 푸시킨의 「삶」이라는 시였다. 나는 머리 깎을 적마다 그 그림을 6년 내내 보아왔다. 그리고 시도 수없이 보고 읽으면서 자연스럽게 외워졌다. 물론 뜻도 모르고 외워 지니게 된 시였다. 그런데 세월이 가고 나이가 들면서 점점 좋아지고 가까워진 그런 시가 되었다. "설움의 날을 참고 견디면, 머지않아 기쁨의 날이 오리니"라는 그 시구는, 나를 고통의 절망 속에서 다시 일으켜 세우는 희망을 갖게 하였다. 그 시는 내 마음 속에 각인이 되어 오랜 세월 동안 나를 가르치고 또 깨우쳐 왔다.

나중에 알고 보니 그 그림 속 건물은 당시 우리 모두가 두려움을 가졌던 공산국 소련의 왕궁이었다. 좀 더 정확히 말하면, 당시 우리는 결코 갈 수 없었던 모스크바 크레믈린 궁 안의 우스펜스키 사원이었던 것이다. 철모르던 어린 시절 내 가슴을 울렁이게 했던 그 그림이 호기심으로 커 나가고, 그 시가 평생의 가르침이 될 줄 누가 알았겠는가? 나는 오랜 세월이 흐른 뒤 직접 그 건물 앞에 가 보았다. 어린 시절 이발소에서 보고 또 보았던 그때를 생각하며, 나는 그 안으로 들어가 그때 그 시절부터 부풀려 왔던 내 호기심의 감정을 잠재웠다. 물론 그것은 황제의 대관식이 치러졌던 크레믈린 최고의 건물로써 고풍 어린 아름다움이 흘러넘치는 곳이었다.

나는 상트페테르부르크를 거쳐 오며, 그 시를 썼던 푸시킨의 동상 앞에도 가보았다. 그리고 내 삶을 위로했던 그 시인 앞에서, 감사하는 마음으로 시 글을 적어 남기기도 했다.

어린 시절
시골 이발소에서 머리 깎을 적마다 보았네.

"생활이 그대를 속일지라도
슬퍼하거나 노하지 말라.
설움의 날을 참고 견디면

머지않아 기쁨의 날이 오리니

현재는 언제나 슬픈 것
마음은 미래에 살고
모든 것은 순간이다.
그리고 지난 것을 그리워하느니라."

어느덧 외워 버린 그 시를
나는 오래도록 가슴에 넣고 살았네.

내 힘든 삶의 위로가 되었던 그 시
인생의 과거와 현재와 미래가 숨어 있었던 그 시
나는 지금 그 시인의 동상 앞에 와 있네.
고마움에 뜰에 핀 철 지난 민들레꽃 한 송이
꺾어 받치며 다시 한 번 읊조려 보네.
나를 이 먼 나라 그의 앞으로 이끌어 왔던 그 시
나는 지금도 그 시를 믿으며 살고 싶네.

우리는 늘 무엇인가를 꿈꾸며 산다. 그것은 호기심일 수도 있고 가슴 뛰는 열망일 수도 있다. 그러나 바로 그것이 우리를 그 먼 세계로 이끌어 간다. 그림 한 점을 보며 호기심에 가득 찼던 그 시절 그 감정이 그립다. 지금에 이르러 보니 그것은 꿈이었고 미래였고 그리고 축복이었다. 모든 것을 알아 버린 노년에는 결코 꿈꿀 수 없는…….

(2016)

나무가 있던 풍경

말없이 어떤 풍경을 고즈넉이 바라보고만 있어도 욕망은 입을 다물어 버리게 된다. 내가 지나온 삶을 돌이켜보면 그것은 다만 저 절묘한 순간에 이르기 위한 노력이었을 뿐이라는 생각이 든다.
— 장 그리니에 『섬』 중에서

지난해 다녀온 캄보디아 여행에서 나는 우연찮게 그런 풍경 하나를 만났다. 당시 중국을 우습게 여겼다던 — 코끼리와 사자 석상이 즐비한 옛 크메르 왕조의 위용이 느껴지는 왕궁 터 코끼리 테라스 앞에서였다. 내려다보던 드넓은 광장 그 한가운데 저녁 햇살을 받고 나무 한 그루가 서 있었다. 마치 풍경화 속 나무 같던 그 정경(情景)을 나는 지금도 잊을 수가 없다.

내가 서 있던 테라스도 붉은빛이요, 광상 선너편에 줄지어 선 보물창고도 붉은빛이요, 광장은 황토색, 그리고 노을 번진 하늘은 오렌지빛이었다. 그 빛이 어우러져 천지가 온통 파스텔풍의 금빛으로 물드는 순간이었다. 테라스와 밀림 사이로 드러난 비어 있는 드넓은 광장은 그 빛처럼 포근했고 넉넉했고 여유로웠다. 그때 내려다보는 광장의 한복판에 자못 우람한 모습으로 그 나무가 돋보였던 것이다. 마치 우리나라의 느티나무와도 같은 모양새로…….

노을빛에 물든 그 나무에 이끌려 나는 나도 모르는 사이에 그리로 내려가 보았다. 그런데 가만히 살펴보니 둘레가 3m는 됨직한 바로 실크트리(Silk Tree)였다. 우리나라에서 자귀나무라고 불리는 — 우리나라의 자귀나무는 기껏해야 팔뚝 굵기 정도로밖에는 자라지가 않는다. 그런데 그 나무는 그런 위엄 있는 모습으로 내 앞에 버티어 서 있었다. 순간 나를 더욱 놀라게 했던 것은 거대한 나무에 피어 있던 수많은 꽃송이들이었다. 마치 덮어 내리듯 보석같이 빛나던 수많은 꽃송이 꽃송이들. 그 눈빛으로 하여금 나는 나무 밑에서 한동안 거역할 수 없는 감동에 빠져들고 말았다.

광장 앞 풍경은 온통 황금빛으로 물들어 있었고, 나는 그 나무에 기대앉아 광장 앞쪽으로 아득히 뻗쳐간 길을 한동안 바라보았다. 그러면서 왕조가 번성했던 그 오랜 세월동안 저 길로 얼마나 많은 사람들이 지나갔을까 생각해 보았다. 얼굴 모를 그들의 모습을 홀로 상상해 보면서……. 그러는 사이 햇살은 줄지어 늘어선 보물창고의 석벽들을 비추는가 싶더니 건물 뒤 울창한 밀림 속으로 차츰차츰 스며들기 시작했다.

그런데 바로 그때였다. 그 안온한 광장의 저녁 풍경 앞에서 문득 내 살아온 날의 모든 잘못을 털어 놓고 싶어졌다. 될 수만 있다면, 그 앞에 엎드려 내 모든 잘못을 용서받고 싶어졌다. 그런 마음에 이르자, 동시에 내 마음에 남겨진 증오스러운 모든 것들에 대해서도 너그러이 용서해 주고 또 떨쳐 버리고 싶은 마음이 생겨났다. 그러자 비로소 천박한 욕망이 사라지고, 내가 가진 시간과 소박한 즐거움에도 만족할 수가 있었다. 그와 같은 생각이 어디에서 갑자기 생겨났는지는 모르지만, 확실한 것은 나무가 서 있던 그 풍경이 내 마음을 그렇게 만들지 않았나 싶었다. 그렇게 정화(淨化)시켰다고 볼 수밖에는 없었다.

나는 그때 아름다운 것을 보는 것이 이리도 중요한 것인가에 대해 다시 한 번 생각해 보았다. 하기야 아름다운 것을 보게 되면 자연 아름다운 것을 생각하게 마련이고, 아름다운 것을 생각하는 사람이 아름다운 행동을 하게 되는 것이기도 하지만…….

마치 떠돌다 고향에 찾아든 듯 평온한 기분에 빠져 나는 한동안 나무 아래 앉아 있었다. 내가 간직해야 할, 내 마음의 본원(本源)으로 되돌려 준 그 나무에게 조용히 경배(敬拜)라도 드려야 했다. 수백 년 동안 그렇게 한 자리에 서서 인내하며 아름다움을 전해 줬을 나무. — 아름다움으로 내 마음 속 그것을 일깨워 준 그 나무야말로 말 없는 나의 스승이었다. 그리하여 그 밑에서 배움 받고 구원 받은 나는 한층 가벼워진 마음으로 한동안 행복해 했다. 마음 같아서는 광장에 별빛이 쏟아져 내릴 때까지 하염없이 그 자리에 그렇게 앉아 있고도 싶었다.

세월 지나 먼 훗날 또다시 그 나라에 가게 된다면, 나는 잊지 않고 배알(拜謁) 하듯 그 나무를 다시 찾을 것이다. 그리하여 꽃잎이 싣처럼 피어난 그 나무에 기대어, 노을빛 저녁을 다시금 바라보고 싶다. 그 풍경이, 그 나무가 내 마음을 또다시 정화시켜 줄 때까지…….

(2011)

풍경 속 길 끝에서

지난여름 독일의 로만틱 가도(街道)를 따라 여행을 한 적이 있었다. '가도'라고는 하지만 사실 2차선 좁은 시골길이 대부분인 길이었다. 그런데 그 길이 아름답기로 소문이 나 있고, 특히 독일의 대문호 괴테가 걸었던 길이라 하여 더욱 유명해진 길이다. 마치 우리의 올래길처럼 낭만적인 이름을 붙여 관광 상품으로 개발한 도로였다. 특히 하절기에 승용차나 자전거로 여행하기에 좋을 듯싶은 지방도로였다. 버스를 타고 가다 보니, 숲이 울창하거나 내가 흐르는 곳곳에 승용차들이 있었다. 그들은 길을 따라가다가 아름다운 곳을 만나면 그렇게 멈추어 가며 목가적인 전원 풍경을 즐기고 있는 듯싶었다. 그런가 하면 가끔씩 배낭을 진 자전거 여행객들이 지나가거나, 그저 맨몸으로 느껴 보고 싶다는 듯 무작정 두 발로 걸어가는 사람도 보였다.

버스를 타고 스쳐 지나가면서 보는 차창 밖 풍경 또한 아름다웠다. 울창한 숲과 어우러진 스쳐가는 파스텔 풍의 몽환적인 전원 풍경이 가면 갈수록 점입가경(漸入佳境)이었다. 기착지인 하이덴하임 소읍(小邑)이 아득히 바라다보이는 곳에 이르자, 푸른 초원에 한 가닥 흰 시골길이 보였다. 동화 속 같은 걸어 보고 싶은 길이었다. 저 길을 따라가면 그 끝에는 어떤 풍경이 숨어 있을까 궁금증을 더하는 길이었다. 저런 풍경 속이라면 여기서 내려 죽을 때까지 이곳에서 산다고 해도 후회스럽지 않을 듯싶었다. 일테면 순간 그 그림 같은 풍경에 홀딱 반해 버렸다고나 할까. 갑자기 그런 기분까지 들게 했다. 버스는 초원을 가르며 내달렸고 얼마 되지 않아 우리는 시골 소읍의 조그마한 호텔에 도착하였다.

피곤하여 저녁에 일찍 잠자리에 들었던 나는 작정을 하고 새벽에 몸을 일으켰다. 그러자 늘 그렇듯 아내도 따라 나섰다. 예의 어제 지나쳐온 그 아름답던 길을 따라 초원의 목장까지 한번 걸어가 볼 요량이었다. 카메라를 둘러메고 소읍의 텅 빈 골목길을 벗어난 우리는 밝아오기 시작하는 아득히 바라다보이는 그 푸른 초원을 향해 발걸음을 옮겼다. 여름철이었지만 아침 기온은 낮과 비교할 수 없을 정도로 쌀랑했다. 아름다움의 끝을 보기 위해 그 아름다운 전원 풍경을 더 가까이에서 감상하고 확인하고 싶어서였다. 우리는 짧지 않은 그 길을 부지런히 걷고 또 걸었다. 그렇게 약 한 시간 정도를 걸어 내가 어제 보았던 그곳쯤에 이르렀다.

그런데 어찌된 일인지 어제는 그렇게 아름답게 보였던 그 길이 왠지 다가가면 갈수록 그렇게 아름답게 다가오지가 않았다. 생각했던 것과는 너무나 다르게 길은 거친 자갈길로 이어져 있었고, 황금빛으로 빛나던 밀밭과 푸른 초원 역시 다가갈수록 기대에 미치지 못하는 실망스런 풍경이었다. 잡초가 섞여 있는 메마른 밀밭은 듬성듬성 빈 공간을 드러내었고, 농사를 지은 건지 그저 사료작물로 뿌려 놓은 것인지 구분이 가지 않았다. 꽃으로 뒤덮여 그렇게 아름답게 보였던 초원 역시도 가까이 다가가 보니 쇠똥 퇴비를 뿌려 놓은 평범한 풀밭을 드러내고 있었다. 거름이 뿌려진 초원은 더 이상 꽃향기로 넘쳐 날 것 같던 그런 광경이 아니었다.

초원 위의 그림 같던 농가 역시도 수풀에 가려졌던 너절한 농기구와 생활도구들을 드러내었다. 외양간 앞의 소와 말 그리고 사과나무 밑의 두엄더미 뭐 그런 것들이 아름다운 뒷면을 구성하고 있었다. 노을 사라진 하늘처럼 그곳은 그저 농가가 있는 평범한 들판일 뿐이었다. 나는 아름다움의 끝이라고 생각했던 그곳에 이르러, 가까이에서 들여다보고 또 둘러보고 더 먼 곳까지도 넘겨다보았다. 거기에는 구릉을 넘는 그만그만한 풍경이 이어져 있을 뿐 특별한 아름다움이란 아무것도 없었다.

그때 갑자기 아름다움이란 다가간다고 해서 잡을 수 있는 것이 아니라는 생각이 스쳐왔다. 아름다움의 끝을 보려고 하는 것은 절제할 줄 모르는 미(美)에 대한 탐욕일 뿐이라는 생각이 들었다. 아름다움이란 그저 멀리 두고 볼 때, 내 눈을 통해 내 마음속에 들어와 앉는 그런 것이란 말인가. 일테면 우리가 풍경을 보다 가까이서 감상하겠다고 그 안으로 들어간다면, 우리는 이미 그 풍경이 되어 버리는 것이라는 깨달음이었다. 풍경이 되어 그 안에서 바라보는 풍경은 부분을 볼 수밖에는 없는 구조다. 아름다움에는 거리가 있다. 아름다움에는 적당한 거리를 필요로 한다는 그 깨달음을 내 또다시 망각한 결과였다.

나와 아내는 그곳에서 실망을 안은 채 돌아섰다. 그리고 걸어온 길을 되짚어 다시 걸었다. 그곳에서 걸어온 소읍을 바라보니, 내가 출발해온 그곳이 보다 더 아름다운 풍경으로 변해 있었다. 푸른 초원에 둘러싸인 소읍의 말끔한 지붕들이 한 폭의 그림이었다.

나는 되돌아 걸어오면서 가끔씩 뒤를 돌아보았다. 멀리서 바라보니 다시 하나의 괜찮은 풍경으로 모여들었다. — 그렇게 흩어졌던 근경은 거리를 둘수록 점차 하나로 모아지고 한눈에 들어오면서 다시 아름다운 풍경을 만들어 내었다. 아름다움이란 본래 멀리 있고 가까이 다가가 확인할 수 있는 것이 아니었다. 그 날 아침 머나먼 산책길을 걸어 돌아오면서 나는 혼잣말로 중얼거렸다. 멀리 보면 나타나고 다가가면 사라져 가는 것들 속에 아름다움은 숨어 있다고…….

(2015)

사회과 부도와 타지마할

이 세상에 인도처럼 인상적인 나라가 또 있을까 싶다. 세계 4대 문명의 발상지. 역사적으로 봐도 중국과 더불어 아시아의 두 축을 형성해 왔던 나라. 그런가 하면 불교 힌두교 이슬람 등 다양한 종교적 세계관을 가지고, 다른 나라와 구별되는 그들만의 독특한 문화를 만들어 왔던 나라…….

지금도 물 위에 산 위에 독특한 모양의 호화로운 궁성(宮城)들이 곳곳에 남아 있는 나라. 최첨단 문명의 뒤편에서는 아직도 거지가 수행자가 그리고 소들이 누추한 거리를 누비고 다니는 나라. 그 다양성에 아직도 얼굴 찾기가 쉽지 않은 나라가 인도가 아닐까 싶다.

내가 사진을 통해 처음 인도를 대한 것은 아마 초등학교 4학년 때였을 것이다. 지금은 교과서를 매해 새로운 것으로 무상 공급하지만, 당시 그런 것은 사우디아라비아와 같은 돈 많은 산유국에서나 가능한 일이었다. 또한 그런 말을 선생님께 전해 들으며 얼마나 부러워했는지 모른다.

그러던 것이 우리나라에서도 실행되고 있으니 격세지감이 있다. 그 날은 5년에 한 번씩 새 책을 받는 날이었다. 새 책을 받던 그날의 기쁨과 충격을 나는 지금도 잊을 수가 없다. 특히 사회과 부도로 나온 지도책을 받고, 나는 한동안 호기심에 휩싸여 있었다. 컬러로 된 책을 대하기 쉽지 않았던 그 시절. 나는 그 책에 나오는 만국기와 대륙별 특징을 나타낸 곳에 큰 우표만한 크기의 사진 한 장에 매료되어 있었다.

그것은 다름 아닌 트레이드마크 격으로 인도를 나타낸 타지마할이었다. 백색 대리석에 빛나는 양파 모양의 돔이 올려진 건물. 그리고 그를 지키듯 4개의 이슬람식 첨탑이 위풍당당하게 서 있는 그 사진을 보고, 이런 건물이 어떻게 존재할 수 있나 싶어 선생님께 그 진위를 여쭈어본 일이 있다. 답변인 즉 그것은 60m 높이의 실재하는 건물이며 옛 인도를 침입해 온 무굴 제국 왕비의 묘궁(墓宮)이라는 얘기였다. 까마득한 기억이지만 산 깊은 시골 학교에서 처음 겪은 그 이질적인 문화로부터의 자극과 앎의 충격은 너무도 컸다. 어떻게 그런 모양새로 지어질 수 있고, 또 실재할 수 있는가에 대해 끝없는 호기심을 품게 하였다.

그 지적 호기심이라는 것은 또한 대단한 것이어서 결국에는 그 길로 이어 닿게 한다. 더구나 선생님께서는 그 나라도 영국의 지배를 받았으며, 가난한 나라지만 기후가 따뜻한 탓에 대개 쌀밥을 먹고, 종교적인 이유로 소떼가 들판과 거리를 누비고 다녀도 잡아먹지도 않는 나라라는 것이었다. 일 년이 가도 흰 쌀밥 몇 번 먹어 보기가 힘들고, 더구나 쇠고기국은 단 한 번도 먹기 어려운 그 시절에 전해들은 말은 신비감 속으로 몰아넣기에 충분했다.

그래서인지 꼭 한번 가보고 싶었던 나라. 또 그렇게 마음먹었던 곳이 인도요 타지마할이었다. 말하자면 외국 여행에 대한 첫 꿈을 꾸었던 곳이다. 그 후 누구처럼 '사랑하는 아내를 위해서'라는 말로, 같이 가보고 싶다는 생각도 덧붙였다. 그때마다 '집 장만'이라는 문제가, 딸의 대학원이, 아들의 등록금이, 노쇠하여 몸져누운 어머니가, 아버지가 그 결심 앞에 서 있었다. 그래 그 먼 길 위에서 멈추고, 기다리고, 돌아서 온 길이 이 길이었다. 초로(初老)의 나이에……

먼저 타지마할이 만들어지게 된 동기는, 전쟁터 천막 안에서 열네 번째 왕자를 낳다 38 세라는 젊은 나이에 죽은 왕비 뭄타지 마할의 유언과 그와의 사랑을 기려 무굴 제국의 대제 샤 자한이 만든 묘궁이다. '타지'는 '뭄타지'의 변형어이니, '타지마할'이란 궁중에서 선택한 여인 즉 왕비의 묘라는 뜻이 된다. 흔히 이슬람 예술의 보석이라 일컬어지는 이 묘궁은, 짓는 데만 22년이 걸린 지금으로부터 약 360년 전에 완공된 건축물이다.

우선 그 묘궁 앞에 서보면, 천상의 세계가 있다면 저런 풍경이 아닐까 하는 생각마저 든다. 이어 그 안에 들어서게 되면 아치의 처마 때문인지, 흰 대리석에 새겨 넣은 보석류의 꽃과 나무 문양 때문인지, 마치 숲 속에 들어선 듯한 묘한 느낌을 받게 된다. 또한 여기저기 들여다보며 미적 체험에 흠뻑 젖어 있다 보면, 절로 탄성이 터져 나오며 감동을 받게 됨을 금할 수가 없다.

샤 자한은 사랑을 넘어 그 절대 권력의 오만함을 여기에서 멈추지 않았다. 그는 타지마할을 짓고 나서 야무나 강 맞은편에 똑같은 크기의 자신의 무덤도 검은 대리석으로 지으려 했다. 뿐만 아니라 타지마할 뒤쪽으로 강줄기를 바꾸어 오고, 그 강 밑으로 터널을 뚫고, 무덤과 무덤 사이인 그 강 위로는 황금 줄다리를 놓으려 계획했었다. 이를 보아온 아들이 아버지를 아그라성에 유폐시키고, 그에 샤 자한은 8년간이나 자신이 지은 강 건너의 이 왕비 무덤만을 바라보다 78 세로 생을 마감했다는 뒷이야기에는 애달픔이 스며 있다.

내가 본 아침 햇살에 비치는 건물의 색감도 신비로웠지만, 강 건너 아그라성에서 달빛에 싸인 전체 모습을 조망해 보는 것 또한 형언할 수 없는 신비감을 자아낸다고 한다. 아쉽지만 그것은 내가 여기에 두고 가는 또 하나의 풍경에 대한 그리움이요, 언젠가는 다시 오게 될 이유 중 하나이기도 하다.

어떻든 타지마할은 오롯이 한 여인에게 바쳐진 집념 어린 한 사나이의 사랑 이야기이다. 이를 두고 인도의 시성(詩聖) 타고르는 '영원의 얼굴 위에 떨어진 눈물 한 방울'이라 표현했다. 이렇듯 타지마할은 사랑의 은유인 동시에, 영원한 사랑을 확인하고 불러일으키는 시학적 공간이기도 했다.

우리가 알지 못하는 것에 대해 꿈꿀 수 없듯이, 출발이 없는 도착 또한 있을 수 없다. 나는 타지마할 그 따뜻한 테라스에 걸터앉아, 한동안 내가 출발한 그 먼 길 끝을 더듬어 보았다. 그러자 그 오랜 열망의 길 끝에서 아직 때 묻지 않은 한 소년의 모습이 되살아나왔다. 호기심 가득한 눈으로 지도책을 뚫어져라 들여다보고 있던…….

(2014)

블레드가 그리워

살아오면서 세계 곳곳을 적잖이 다녀보았지만, 다시 가보고 싶은 곳을 들라면 나는 단연 블레드를 들겠다. 블레드는 동유럽 속 슬로베니아에 위치한 율리안 알프스 호숫가의 작은 소읍이다. '멋지다'라는 것은 지극히 주관적인 판단이어서, 사실 여행을 다니면서 사진에 속고 과장된 수사에 실망했던 적도 적지 않았다. 그러나 사진보다도 더욱 예쁘고 쾌적했던 곳, 그냥 머물고 싶었던 곳이 내겐 블레드였다.

읍도 그렇지만 슬로베니아라는 나라 자체도 유고 연방에서 독립한 아주 작은 나라이다. 우리가 일반적으로 알고 있는 유럽의 작은 나라 스위스나 벨기에보다도 작다. 뿐만 아니라 어느 한 노인의 일생에 국명이 여섯 번이나 바뀌었다는 발칸반도 수난의 역사를 대변하고 있는 나라이기도 하다. 그런 의미에서 본다면 블레드는 국토를 피로 지켜온 그네들의 위로의 선물이 아닐까 싶다.

그러나 겉으로 비춰지는 지금의 분위기는 그들 속내와는 사뭇 다르다. 아름다운 것은 물론 평온하기 그지없다. 알프스 산맥이 북쪽으로 뻗어 있는 이 나라는 흔히 동유럽의 스위스라고 불릴 만큼 빼어난 자연경관을 지니고 있다. 그 중에서도 특히나 아름다운 곳이 바로 블레드라는 호수를 중심으로 한 지역이다.

마치 누군가가 상상으로 빚어 놓은 듯한 풍경이 실재하는 곳. — 호수는 단순히 호수만이 아니다. 호수 안에 섬이 있고 섬 위에 예쁜 성당이 솟아 있는 곳. 물 건너 바위산에선 붉은 지붕의 고성(古城)이 고깔을 쓴 듯 내려다보고 있는 곳. 멀리 바라다보이는 알프스 고봉(高峰)은 눈을 이거나 아니면 구름을 두르고 있는 것이 블레드의 일상적 풍광이다.

그런가 하면 반짝이는 이 호수 주변에는 합스부르크 왕가(王家)와 세계 부호들의 그림 같은 별장들이 숲 속에 숨은 듯 박혀 있다. 예부터 유럽의 귀족들은 알프스에서 흘러내린 이 빙하 호숫가에 별장을 짓고 휴식을 즐겼다. 호숫가 호젓한 오솔길을 산책하다 보면 그곳 호수에서 사람과 더불어서 살아가는 오리와 백조들을 볼 수 있다. 사람이 다가가도 달아나지 않고 오히려 따라다닌다. 그곳에 자전거를 타고 와 낚시를 하는 아이들은 물고기를 잡았다 다시 놓아주며 논다.

호수에서는 기름을 태우는 동력선은 띄울 수가 없다. 무동력선만 가끔씩 오갈 뿐이다. 신비로움으로 가득한 베트남 하롱베이의 '바닷속 바다'를 오가던 나룻배처럼. 그들은 그만큼 환경을 생각하고 자연을 지키며 절제하면서 살아간다. 부다페스트의 야경을 보기 위해 갑자기 떼로 몰려드는 커다란 배들의 매연으로 뒤덮인 도나우 강과는 차원이 다르다. 그것은 멋지기는 하지만 마음 놓고 쉴 수 있는 휴양지에서의 편안함은 될 수 없다. 노 젓는 배만이 통행이 가능하며 배의 수도 한정되어 있다. 여름이 되면 그 맑은 호수에서 사람들은 보트를 타고 수영을 즐긴다. 그곳 호숫가 벤치에 앉아 있노라면 자신도 모르게 그런 평화경(平和境)에 자연스럽게 젖어들게 된다.

마차를 타고 호수를 한 바퀴 도는 것도 좋고, 천천히 돌길을 걸어올라 성을 둘러본 뒤 와인을 마시며 내려다보는 호수는 마치 서양 미인의 푸른 눈동자와도 같다. 푸른 호수와 짙은 숲, 소읍과 멀리 내려다보이는 초원의 작은 마을들, 그리고 눈 덮인 고봉은 마치 동화 속 풍경처럼 청정하고도 아름답다. 절벽 위 고풍스러운 성에 앉아 내려다보는 비경은 숨을 멎게 할 정도다. 그 풍경을 바라보고 있노라면 모든 근심을 잊어버리기에 충분하다. 이렇듯 더할 수 없는 풍경은 내 고향이 아니라도, 내 나라가 아니라도 그냥 눌러 살고 싶다는 충동을 불러일으킨다. 혹 내가 죽을 때까지 이곳에 살아도 괜찮겠다는…….

언젠가 유고 티토 대통령의 초청을 받아 이곳 별장에 온 북한의 김일성 주석이, 그 아름다움에 반해 일정을 넘겨 며칠을 더 머무르다가 갔다는 일화가 전해지기도 한다. 덧붙여진 말인지는 몰라도 그가 그의 아들 김정일에게도 가보라고 하여 다녀갔다는 이야기까지도 떠도는 곳이다. 지금은 별장이 호텔로 사용되고 있지만, 하여튼 아름다움에 감동하는 것은 시대나 이념이나 인물을 초월하는 감정임에는 틀림이 없는 듯싶다.

바다가 없는 이 나라의 유일무이한 섬에서는 주말이면 늘 결혼식이 열린다. 내가 갔을 때도 배를 닿아 99개의 계단을 오르니, 성당에서 막 결혼식을 마쳤는지 화동(花童)이 바구니를 들고 꽃을 뿌리며 신랑 신부 앞을 걸어 나오고 있었다. 언뜻 치마를 입은 남자들이 백파이프를 불며 뒤따르는 것으로 보아, 스코틀랜드에서 와 결혼식을 올리는 것 같았다. 그만큼 천년이 넘은 이 작고 예쁜 성당은 국제적인 결혼식장의 선망의 대상이기도 하다.

나는 그 광경을 보고 또 얼마나 부러워했는지 모른다. 젊음이란 꽃 같이 아름다운 시간이 아니던가. 나는 그 시간을, 그 젊음을, 그들의 사랑스런 미소를, 그 주변 풍경과 맑은 날씨 모두를 부러움의 눈빛으로 바라보았다. 나룻배를 타고 들어와 의미 있는 성모 마리아 승천 성당에서 결혼식을 올리고 소원의 종을 친 뒤, 새 출발을 하는 그들 부부에게 나도 기도 하나를 보태어 주었다. 그들 부부의 수줍은 미소를 떠올릴 때면 아직도 내 마음은 청춘이요 즐거움이 된다.

이제 나이가 들다 보니 먼 곳 가기가 부담스러운 점도 없지 않다. 뿐만 아니라 아직도 못 가본 곳이 많지만, 그곳만은 다시 한 번 가고 싶다. 사계는 아니더라도 그곳 풍경의 압권이라는 겨울 풍경만은 놓치지 않고 보고 싶다. 눈에 뒤덮인 알프스와 낙엽 진 호수 섬과 고성은 또 얼마나 아름다울 것인가. 이렇듯 블레드는 어느덧 내 마음속의 그리운 고향이 되어 버렸다.

가보고 싶은 곳이 남아 있다는 것은 무엇인가. 아름답다는 것은 무엇이며 그곳으로 경도되는 내 마음 또한 무엇인가. 그것은 아직도 내 생의 기쁨에 대한 감각이 남아 있다는 것이요, 그것이 오늘을 살게 하는 원동력임을 나는 안다. 아름다움은 언제나 내 삶을 행복하게 만들어 왔고, 쌓이는 그리움이 또다시 나를 그곳으로 이끌어 간다는 것도…….

(2014)

쌀밥 한 접시

지난해 학생들을 이끌고 영어 연수차 미국에 갔을 때이다. 기숙하고 있던 집 안주인의 친정어머니 초대를 받아 버팔로 시에서 30분 거리에 있는 시골 저택을 방문한 적이 있었다.

나는 평소에도 가보지 못한 곳에 대한 호기심을 많이 가지고 있는 편이다. 그러다 보니 남의 집에 초대받아 가는 것 또한 즐겨 한다. 나와 다른 사람들의 삶의 공간을 들여다보며 '아, 이런 취미와 이런 특징적인 것이 있었네!' 하면서, 때론 부러워하기도 하고 때론 도움 되는 것들을 배워 오기도 한다.

그때 기숙하고 있던 집 안주인의 친정어머니께서 오셔서 내게 호기심을 보이기에, '당신의 웃음 띤 생활을 위해서'라며 넥타이 대용으로 쓸 수 있는 하회탈 목걸이 한 쌍을 선물로 주었다. 그랬더니 그 알마(Alma) 할머니께서 자기 집으로 저녁을 초대해 호스트 가족과 함께 가게 되었다.

이미 쌓여 있던 눈에 눈이 더해지면서 더욱 깊어지는 저녁이었는데, 평지인 너른 들녘에 펼쳐진 하늘을 찌르는 나무숲이 부럽도록 30여분 내내 이어지고 있었다. 가끔씩 다가오는 농가 또는 별장 같은 집들에서 비쳐내는 불빛만이 눈발 속에서 아름답게 반짝였다. 아무도 보지 않는 눈 내리는 들녘의 고요함은 마치 내가 좋아하는 시 – 로버트 프로스트의 「눈 내리는 저녁 숲 속에 서서」

라는 시를 연상케 했다.

눈을 헤치고 도착한 집은 너른 마당 앞에 커다란 성조기가 걸려 있는 대저택이었다. 현관을 들어서니 북슬북슬한 송아지만한 누런 개들이 나타나 짖기에 당황하자, 알마 할머니는 내게 초콜릿 두 개를 손에 쥐어 주면서 무서워하지 말고 직접 입에다 하나씩 넣어 주라고 하였다. 태연한 척 그렇게 해주고 용기를 내 머리를 쓰다듬어 주니, 금세 꼬리를 설레설레 쳤다.

남편인 할아버지께서는 한국전에 참가했다며 나에게 각별한 관심을 가져 주었고, 이어 대형 크리스마스 트리로 장식해 놓은 특별 전시실 같은 곳으로 나를 안내했다. 그곳은 선물을 받거나 외국 여행을 하면서 사온 기념품 등을 전시해 놓은 3면이 유리로 된 방이었는데, 할머니는 옆에서 열심히 설명을 덧붙여 주었다. 내가 영어가 그리 능통하지 못하니 이해해 달라고 하니까, 자신은 한국말을 한마디도 못하니 걱정할 것 없단다. 가옥 안이 온통 티크로 장식된, 그런가 하면 유리창 밖으로 펼쳐진 커다란 나무들 밑으로 사슴이 다가와 노니는 정경은 카드 속 풍경처럼 아름다웠다.

저만치 벽난로의 불꽃이 이글거리고 촛불이 아름답게 켜진 저녁 식탁에 앉았는데, 내 앞에만 유독 하얀 쌀밥 한 접시가 놓여 있었다. 그리고 딸에게 들었는지 내가 좋아하는 새우 요리를 듬뿍 가져다 놓으며 먹으라고 권했다. 상대를 알고 그를 배려하는 할머니의 마음씨에서 어머니 같은 정을 느낄 수 있었다. 인종은 달라도 마음은 대개 비슷하구나 하는 그런 감정을…….

저녁 후 자기 고향은 관광지로 유명한 메인(Maine) 주라면서 사진 안내서를 꺼내놓고 또한 열심히 설명을 하였다. 책이 너무 아름다워 내 가족에게도 보여 주고 싶다고 했더니 두말없이 내주었다.

돌아올 무렵 호스트 가족과 함께 그의 가족도 한국 음식점에 초대를 했다. 그러나 알마 할머니는 선약이 있다며 오지 못해 음식을 좀 싸 보내드렸더니, 내가 귀국하기 전 그는 기념이 될 만한 선물을 가지고 30분 거리의 눈길을 다시 차를 몰고 왔다. 그러면서 음식이 훌륭했다며 특히, 김밥과 잡채에 대해서 많은 칭찬을 해주었다. 후에 선물을 풀어 보니, 그 속엔 서로 소식 전하며 살자는 뜻에서인지, 메인 주의 바닷가 풍경이 그려진 예쁜 편지지와 봉투도 함께 들어 있었다.

떠나기 전 그는 나에게 허깅(Hugging)을 해도 되겠느냐고 하기에 괜찮다고 하니까, 나를 안아 주면서 한국까지 무사히 돌아가기를 기도하겠노라고 속삭여 주었다.

우리의 분단의 역사를 놓고 볼 때, 미국에 대하여 좋은 감정만을 갖게 한 것은 아니었다. 그렇지만 개인을 놓고 볼 때, 알마 할머니에게 받은 남을 배려하는 따뜻한 마음은 지금까지도 내 마음의 온기로 남아 있다.

지금도 할머니와 눈 덮인 숲 속의 대저택을 생각하면, 내 앞에 놓여 있던 그 쌀밥 한 접시가 떠오른다.

(2004)

내 경의의 대상 스위스

경의를 표한다는 것은 무엇인가? 그것은 그 사람의 인물됨 앞에 스스로가 몸을 낮추는 행위이다. 그런가 하면 사람들의 노력과 헌신을 확인하고, 인정하게 되면서 우러르게 되는 존경심의 표시이다. 그런 점에서 아름다운 나라 스위스는 지금도 내 마음속 경의의 대상이다.

초원을 뒤덮은 야생화, 풀밭에서 한가롭게 풀을 뜯는 소떼들. 그런 곳에서라면 가축들도 행복하지 않을까라는 생각이 드는 곳. 민들레꽃이 끝없이 핀 들판을 멍하니 스쳐보다가, 푸른 산 위로 갑자기 떠오른 구름 같은 알프스에 다시 힘을 주는 눈. 초록과 흰색 파란 하늘로 선명히 대비되는 색채! 그 경이로움은 급기야 내 신경 조직의 구석구석을 충동질하며 잠들었던 의식을 깨워 놓는다.

만년설이 뒤덮인 산골짜기 밑으로 장쾌하게 겁도 없이 떨어져 내리는 폭포수를 본다. 경사면에 아슬아슬하게 닦아놓은 도로와 기찻길을 본다. 그리고 짐승도 살아갈 수 없을 것 같은 곳에, 도저히 올라갈 수도 없을 듯한 곳에 지어놓은 집들을 본다. 그러다 그것을 가꾸고 지키며 살아내기 위해 목숨 걸고 길을 냈을 사람들을 생각해 본다.

지금에야 잘 사는 나라지만 본래 그런 것은 아니었다. 그들의 역사를 살펴보면, 유럽에서 제일 척박한 지역들 중 하나였다. '빈사(瀕死)의 사자상' 에서도 볼 수 있듯이, 오죽하면 용병(傭兵)이라는 — 젊은이들의 피를 팔아 가족을 먹여 살려온 나라이었겠는가. 물론 지금도 식량의 많은 부분을 수입해다 먹고살고 있다.

스위스는 우리 남한의 절반도 안 되는 아주 작은 나라이다. 하지만 1,2차 세계대전에서도 자신의 나라를 굳건히 지켜온 나라. 히틀러도 굴복시키지 못했던 나라다. 물론 방어력이 큰 지형적 여건도 있었지만, 열강의 틈바구니에서 영세 중립국을 선언하고 보장받을 수 있었던 것은, 그들 나름의 지혜와 노력의 결과다. 그들에게 있어 알프스는 장애라기보다는, 그들을 지키는 방패였고 성벽이었고 요새였다.

쉴러가 쓴 건국신화 격인 『빌헬름 텔』이라는 작품에서도 볼 수 있듯이, 그들 자유 의지에의 열망과 저항은 기질적인 것이었다. 사실 주인공 텔이 글 속에서 쏘아 맞춘 머리 위의 사과는, 아들의 생명과도 맞바꿀 수 있다는 스위스 독립에의 상징이었다.

지금껏 직접 민주주의가 남아 있는 나라. 그것을 지키고 실천해 오는 나라. 대통령도 각료 중에서 선출해 1년씩 돌아가면서 하는 나라가 아닌가? 집들을 봐도 모양새나 크기가 서로 비슷비슷하다. 물론 개성이 무시된 면이 없지 않으나 언뜻 보아 큰 차이 없이 비교적 고루가 잘 사는 듯한 느낌을 준다. 이렇듯 정치는 민주주의 경제는 공산주의적인 요소를 지니고 있는 나라가 또한 스위스가 아닐까 싶다.

그렇다고 이탈리아 프랑스 오스트리아 독일 등, 이웃 나라들처럼 조상으로부터 물려받은 찬란한 문화유산이 있는 것도 아니다. 받은 것이라곤 그들이 딛고 있는 바위산과 물뿐이었다. 그러나 남을 부러워하기 이전에 자신이 가지고 있는 난관의 장애를 자신들의 자산으로 개발한 나라. 하여 자신이 가지고 있는 것에서 행복을 만들어 낸 사람들. 장애와 난관을 넘어선다는 것을 느끼고 배울 수 있게 하는 나라. 국토를 지키고 가꾼 그들 생각의 높이와 노력 앞에 고개는 저절로 숙여진다.

시계 하나 칼 하나를 만들어도 제대로 만들어 내놓는 나라. 일찍부터 알프스 산기슭에 거미줄 같은 길을 내고, 해발 3,454m 높이까지 기차를 끌어올릴 것을 생각하고 끌어올린 나라. 까마득한 하늘 밑 산꼭대기까지 케이블을 설치하고, 알프스 암산(巖山)을 관통하는 57㎞나 되는 세계 최장의 터널을 뚫어 놓은 나라. 또한 모세혈관처럼 닦아놓은 어마무시한 고갯길인 여러 패스(Pass)들. 특히 고타드 패스나 푸르카 패스를 따라 스위스 일주를 하다 보면, 아름다운 풍광에는 감탄이, 아슬아슬한 길에서는 절로 전율이 느껴짐을 떨칠 수가 없다.

대개의 그들은 산 아래서 눈을 이고 산다. 언제 눈사태나 산사태가 날지 모르는 곳에 달라붙듯 집을 짓고 산다. 가파른 산비탈에 흙을 모아 포도나무를 심고 초지를 조성한 것을 볼라치면 혀를 내두를 정도다. 정돈된 그 내면을 들여다보면 한 줌 흙도 소중히 여기는 그들임을 볼 수 있다. 흙이 귀해서 산사태가 나고 나면 그를 골라내어 농토를 만드는 데 가져다 쓰고, 돌은 비탈진 농지의 기반을 쌓거나 집을 짓는 데 알뜰히 활용한다. 이것이 그들 아름다운 국토의 뒷면이다. 시련이나 고난이 생기면 언제나 극복의 대상으로 삼아온 사람들. 그런 결과로 금방이라고 무너져 내릴 것 같은 아찔한 산비탈에서도 그네들은 별 탈 없이 살아간다.

스위스의 풍경은 신이 주고 자연이 만들고 인간의 노력으로 완성한 풍경이다.

(2018)

모넴바시아

사람에겐 누구나 자신만이 선호하는 장소가 있다. 그것은 객관성과는 상관없는 자기만의 기준이다. 특별한 추억이 깃들어 있는 곳, 왠지 모르게 의지하고 싶은 곳, 삶의 상처까지도 추스를 수 있는 곳이라면 더욱 그렇다.

하나뿐인 문을 닫아걸 듯 내 자신을 유폐시키고, 또다시 훌쩍 마음 옮겨 놓을 머나먼 곳이 그리워질 때, 나는 흔히 날 기다리듯 서 있을 추억의 섬 모넴바시아를 생각한다.

모넴바시아(Monemvasia) - 문자 그대로 '출입문이 하나'뿐인 섬. 그곳은 멀고 먼 지중해에 떠 있는 섬. 그리스 펠로폰네소스 반도의 동남쪽. 숨어 있듯 돌아서 있는 그러나 내게는 숨길 수 없는 마음의 섬. 나를 가두어 들이듯 기다리고 있는 항구가 그곳 섬이다.

그리하여 남 몰래 그곳에 가 기대앉으면, 오롯이 다가오는 바다. 벽에 몸을 기대고 바다를 보고 앉으면 들려오는 파도소리. 그곳은 낯설기도 했지만 이렇듯 늘 그립기도 한 섬이다.

모넴바시아는 육지에서 보면 하나의 커다란 바윗덩어리로 보인다. 마치 『어린왕자』 속에 나오는 그림, 보아뱀이 코끼리를 삼킨 중절모 모양이다. 섬도 성도 집도 길도 황톳빛으로 어우러져 있다. 잠을 자듯 고요히 떠 있는 이 섬은 큰 바다 쪽으로 돌아가야 비로소 성문이 보이고 마을로 들어갈 수 있다.

연륙교를 통해 걸어 들어갈 수도 있는 이 섬은 이제 항구로서의 기능을 잃었다. 4세기 경 지진으로 인해 뭍으로부터 분리되면서 만들어진 이 섬은 6세기부터 도시로 발전하였다. 그 후 비잔틴, 베니치아, 오스만 제국의 지배를 받다가 20세기 초에 해방이 된 그리스의 섬. 산성은 지금도 폐허의 흔적으로 남아 있고, 아래에 위치한 보석 같은 마을만이 온전한 중세 마을의 형태로 관광객을 맞아들이고 있다.

청동기 시대부터 사람이 살아온 이 마을은 이렇듯 긴 세월을 거치면서 수많은 역사를 품어 왔다. 입구 바닷가 기슭에는 자생하는 마늘이 신기하게도 군락을 이루며 바다까지 펼쳐져 있다. 미로 같은 골목을 따라 마을로 들어서면 포도나무 장미나무 한 그루가 그대로 정원이 되는 곳. 아기자기한 찻집과 음식점들 그리고 기념품을 파는 가게들이 옹기종기 모여 있을 뿐이다. 고풍 어린 중세의 모습을 그대로 간직한 채…….

내 마음 그곳에 가 누이면 섬은 이내 나만의 섬이 된다. 항구에 닻을 내린 듯 그렇게 편안할 수가 없다. 큰 것을 좋아하지 않는 나의 성격 탓일까. 넙치 모양의 이 작은 섬에 몸을 디밀면 꼭 맞는다는 느낌이 든다. 무료한 오후에 찻집을 찾아가듯 즐겨 해보는 이 상상은 이내 흐뭇함으로 밀려온다.

지그재그의 돌길을 걸어 올라가면 산 정상 부분에서 폐허가 된 마을과 마주한다. 예전엔 하늘을 찌르는 화려한 건물로 가득했을 흔적이다. 그것은 마치 복원할 수 없는 내 허물어진 꿈처럼 쓰라리기도 한 것이지만, 그에 기대 마음 달래며 하늘과 맞닿은 바다를 언제까지고 바라보아도 좋다.

그런가 하면 아랫마을로 내려와 커피 향 그득한 카페에 앉아, 나나 무스쿠리의 애조를 띤 노래나 「기차는 8시에 떠나네」를 다시 들어 보아도 좋다. 또한 선반에 꽂혀 있는 보다 젊은 날에 내가 읽었던 『그리스인 조르바』의 주인공처럼 자유로운 영혼을 다시금 꿈꾸어 봐도 좋으리라. "나는 아무것도 바라지 않는다. 나는 아무것도 두렵지 않다. 나는 자유다."라는, 니코스 카잔차키스의 묘비명이 떠오른다. 거기서는 내게 주어진 축복의 시간이 그렇게 자유롭게 흘러간다.

여행은 어딘가로 다가가지만 종국에는 나에게로 걸어 닿는 여로이다. 그리움이라는 끈으로 연결돼 있는 나의 섬. 오늘도 나의 그리움은 그 먼 섬에 닿아 있다. 한 잔의 달콤쌉싸름한 와인을 마시며, 나는 오래된 돌집에 앉아 지붕 너머로 보이는 짙푸른 지중해를 바라보고 있다.

그리움 끝 추억은 늘 이래서 좋다.

(2018)

풍경의 그리움

아름다운 풍경은 영원한 그리움을 만든다. 그것은 보고자한 것일 수도 있지만, 때론 우연한 만남일 수도 있다. 그렇게 잊히지 않는 기억의 한 순간 속에 갇혀 버린 풍경. 그것은 내 번잡한 마음의 망명처인 동시에 그리움의 한 고향이기도 하다.

평일 휴가를 맞아 무주에 간 나는 나제통문(羅濟通門)을 거쳐 거창과 해인사로 내려가 보려던 참이었다. 그러던 것이 잘못하여 언덕진 산길로 접어들고 말았다. 어찌 됐던 모처럼 아내와 단 둘이 나선 길이요, 시간도 넉넉하여 쉬엄쉬엄 가는 데까지 가보자는 심사였다. '잘못 든 길도 아름답다.'는 어느 시인의 시구를 떠올리며…….

그렇기는 했지만 길은 자꾸자꾸 산으로만 이어지고 있었다. 물론 처음 가보는 길로써 모르는 것에 대한 약간의 두려움과 호기심이 뒤섞이는 길이었다. 산굽이를 돌고 돌아 얼마쯤 올라가니, 이런 곳에 손님이 올까 싶은 '신풍령'이라는 휴게소가 나왔다. 가만히 들여다보니 운영을 하지 않는지 문이 굳게 닫혀 있었다. 그제야 우리는 여기가 덕유산 어디쯤일 것이라 짐작하였다. 우리는 산등을 내려오다가 너무나도 아름다운 주변 풍경에 매료되었다.

특히 구름 아래 놓인 멀리 내려다보이는 원경(遠境)의 중첩된 산줄기들은 마치 비행기에서 내려다보는 풍경과도 같았다. 그때 이런 곳에 집 한 채 짓고 살고 싶다는 말을 건넸더니, 옆에 있던 아내가 "좋지!"라고 대답해 주었다.

바로 그쯤에서 길가에 있는 'Will'이라는 카페 하나를 발견하게 되었다. 우리는 그 앞에 차를 대고 가을 햇살을 맞으며 주변 풍경을 둘러보았다. 돌로 쌓아 만든 계단에는 군데군데 향기를 머금은 노란 들국화가 피어 있었다. 길가에서 한참을 머물렀지만 차 한 대 지나가지 않는 그런 곳이었다. 이런 데 어찌 장사가 될까 싶은 생각이 들었지만, 조용한 곳에서 차를 마시는 것도 운치 있을 듯 싶어 어쨌든 들어가 보기로 하였다.

카페는 커다란 원통형의 황토방으로 지어져 있었다. 카페 안에는 소파와 탁자가 유리벽을 따라 죽 놓여 있고, 한쪽 무대 위에는 피아노와 그 외 몇 개의 악기 또한 있었다. 이런 산 깊고 인적 드문 곳에서 라이브 콘서트라니 믿어지지가 않았다. 암튼 벽난로까지 갖춰진 분위기가 있는 공간이었다. 특히 유리벽을 통해 내다보이는 주변 풍경이 사람을 끌어 앉히게 만드는 곳이었다.

우리는 좋은 분위기와 더없이 아름다운 주변 풍경에 휩싸여 갑자기 스물한 살 젊은 시절로 돌아간 듯한 느낌을 받았다. 더구나 우리 이외 아무런 손님도 없는 공간에는 나직한 선율을 타고 밝은 햇살만이 탁자 위로 쏟아져 내리고 있었다. 유일하게 그곳 공간을 지키고 있는 아가씨에게 도대체 여기가 행정구역상 어디에 속하느냐고 물어보았더니, 자신도 2주 전에 서울서 내려왔는데 잘 모르겠다는 것이었다. 이거야 자신이 있는 곳도 모르다니 말이 되지 않았다. 그러면서 너무나 고적해서 자신도 사람을 구하는 데로 다시 돌아갈 작정이라는 것이었다. 아무튼 점심도 거른 시간이고 해서 유일했던 토스트와 커피를 시켜 놓고, 유리벽 너머로 펼쳐진 풍경을 바라보았다.

벽 바로 앞으로 둥그스름한 큰 언덕이 흘러내리고 있었다. 마치 독일의 로렐라이 언덕과 같은, 아니면 스위스의 어느 산촌 풍경과도 같은, 우리나라에서는 흔히 볼 수 없는 아주 이국적인 느낌을 주었다. 언덕 아래에는 짙푸른 낙엽송들이 뾰쪽뾰쪽 솟아 있고, 그 아래로 뚝 떨어진 깊은 계곡을 건너뛴 맞은편엔 거대하게 튀어나온 산봉우리 하나가 마치 삼태기를 엎어놓은 듯 쭉 뻗어 나와 있었다. 때마침 웅장한 산의 전면(前面)을 가을 햇살이 환하게 내리비추고 있었다. 나중에 알고 보니 그 산은 덕유산의 줄기인 1,300m의 지봉(池峰)이라는 봉우리였다. '우리나라에도 이렇게 웅장하고 호쾌한 느낌의 산이 있구나!'라는 감탄을 하며, 나는 뜻하지 않게 마주한 풍경에 마냥 행복해 했다. 이른바 광달락(曠達樂)이란 이런 풍경을 두고 하는 말인 것 같았다.

그러면서 또 한편으로, 계절을 변화시켜 그 산의 풍광을 여러 가지로 상상해 보기도 하였다. 산은 진달래나 철쭉이 피어나는 봄이 되어도 좋겠고, 산봉우리 위로 뭉게구름이 피어나는 여름 — 녹음 짙어진 계곡 그 아래로 뿌옇게 비가 내리는 광경을 내려다보는 것도 시원스러울 듯싶었다. 아니면 눈이 부시도록 푸른 하늘 아래 온통 단풍이 든 가을 산이나, 휘영청 달 밝은 가을밤의 고요는 말할 것도 없겠고. 그런가 하면 그 깊은 계곡으로 흰 눈이 날려도, 쭉 뻗어 나온 산줄기에 백설이 뒤덮여 빛나는 광경이란 가히 감동스러울 듯싶었다. 그제야 나는 그 카페가 거기 있게 된 이유를 알게 되었다.

창문을 여니 곱게 눈이 내린 아침이다. 어느새 내 마음의 휴양지가 되어 버린 그곳. 누가 있어 내게 오늘의 소망 하나를 묻는다면, 나는 덕유산 깊은 산자락에 위치한 그 카페 가기를 주저하지 않고 말하리라. 그리하여 잠시 이 번잡한 생활공간을 벗어나 가까운 사람과 차를 마시며 느긋한 휴일의 한때를 보내고 싶다. 지금쯤 그곳을 사랑하는 누가 있어, 벌써 벽난로 등에 지고 흰 눈에 뒤덮인 산봉우리를 감격스레 바라보고 있을지도 모르겠다.

(2003)

신성리

문득 강물이 보고 싶어지면 나는 신성리(新城里)를 그린다.

집에서 멀지 않은 그곳은 끝없이 펼쳐진 갈대밭도 좋거니와, 겨울이면 무엇보다도 수많은 철새들이 있기에 가끔 그곳에 간다. 키를 넘는 갈대밭의 끝없음, 그 한 곳에 몸을 숨기고 바라보는 강! 강은 언제 보아도 푸근함과 넉넉함으로 차 흐른다.

제법 봄볕다운 햇살이 갈대밭으로 스민다. 흙냄새인 듯 물냄새인 듯 코에 익은 냄새가 술렁인다. 벌써 봄기운이 피부에 와 닿는 금강의 강변이다. 철새 도래지(渡來地)인 신성리 앞 강물은 거의 일직선으로 흐를 뿐 아니라, 강 하류의 드넓음이 있어 언제 보아도 시원하다. 느린 유속(流速), 그리고 깃들일 수 있는 갈대밭과 풍부한 먹이들이 철새들을 불러들이는 것이리라.

강 건너로 이어진 송전탑. 철탑은 강을 건너뛰어 탁 트인 들을 지나 산을 넘는다. 그 뒤쪽으로부터 간간이 날개를 저어 오는 새들이 있다. 멋지게 편대를 이루어 오는 놈들도 있다. 강 건너 지평선에 나목으로 서 있는 두어 그루 나무가 뚜렷하고, 누렇게 빛나는 갈대밭이 선을 긋듯 수평선에 맞닿아 있다. 그 뒤로 아스라이 보이는 강마을. 산들 역시도 거의 고른 능선을 이루며 낮게 이어진다. 나는 지금 그런 풍경 앞에 앉아 있다. 시선의 끝닿는 곳에 물결이 반짝이고 그 위로 점점이 떨어져 내리는 새 떼들……

강에는 수많은 물새들이 새까맣게 떠 있다. 희게 얼룩져 있는 부분도 있다. 진정 평화로운 정경이 아닐 수 없다. 그들은 수백수천 마리 아니, 수만 마리는 됨 직한데 온통 물위를 뒤덮고 있다. 어떤 놈들은 뒤늦게 날아와 쑤셔 박히듯 떨어져 내리고, 그런가 하면 수상 스키하듯 물 미끄럼을 타는 놈, 날개 치며 물위를 뛰는 놈, 물속으로 고개를 처박는 놈, 물을 박차고 날아오르는 놈 등 다양하다. 개중에는 기러기, 고니, 또는 물병아리들도 섞여 있지만, 대개 오리 종류인 그들은 '꽥- 꽥-' 소리를 지르는 등 강은 소란스럽기까지 하다. 번득 털색 고운 황오리 한 쌍이 뽐내듯 저만큼 갈대밭 속으로 날아간다.

내가 숨어 있는 줄도 모르고 어느새 청둥오리 한 쌍이 아주 가까이 다가오고 있다. 햇살 따사한 갈대밭에 비스듬히 몸을 숨기고 그들의 노는 모습을 가만히 지켜보고 있노라니, 마음 또한 그들처럼 평화로워진다. 수시로 물속으로 고개를 처박으면서 물결을 밀며 다정스레 다가오는 그들. 유선형의 몸, 긴 목, 동그란 눈은 아무리 보아도 악의가 느껴지지 않는다. 물 가까이 사는 저들처럼 유순한 새들도 없으리라.

멀리서 어부가 노를 저어 다가오자, 일제히 날아오르는 새 떼! 정말이지 장관이다. 철따라 옮겨 다니는 그들. 물에 살며 뭍을 걷고 하늘을 나는 새. 그들의 거동을 지켜보며 저들처럼 살 수 있다면 얼마나 좋을까 하는 생각도 해 본다. 그들은 때때로 날아올라 원반 모양을 이루면서 군무(群舞)를 하거나, 혹은 띠를 이루면서 강 위를 난다.

얼음이 얼면서 얼지 않는 강을 찾아 내려온 그들에겐 국경도 민족도 없이 먹이 찾아 오가는 자유로움만 있을 뿐이다. 풀숲에 내려 날갯죽지에 얼굴을 묻으면, 그곳이 집이 되는 것이리라. 그러다 철따라 훌쩍 떠나면 그뿐. 그들의 하늘은 그만큼 넓고도 자유롭다.

이제 다시 먼 여정을 준비하는 그들. 날이 저물면 갈대밭에 내리고, 다시 일어나 수많은 강마을을 거치면서 오염되지 않은 원시의 강물을 찾아 북만주 아니면 시베리아로 향하리라.

저만치 잔잔한 물결 따라 번져 오던 노을이 갈대밭으로 스민다. 겨울 철새들이 머무는 신성리의 저녁은 언제나 푸근하다.

(1996)

흘러가는 물처럼

나는 아까부터 유유히 흘러가는 물줄기를 바라보고 있다. 칠갑산 계곡이 멀리 바라보이는 금강의 지류인 까치내〔鵲川〕 자갈밭에 앉아, 산 그림자를 담고 흐르는 물줄기를 한가로이 바라보고 있다. 휴일을 맞아 툭툭 떨쳐 버리고 가족과 함께 이리 야외로 나와 소요(逍遙)함이란 자유롭기만 하다.

저만치서 아이들이 논다. 언제부터인가 큰 녀석인 딸내미는 물속에 들어가 물장구를 치고, 아래인 아들 녀석은 물가에 서 있다. 작은 녀석이 칭얼대기 시작한다. 발목까지 차는 물가에서 무서운 듯 더 이상 들어가지를 못하고, 엉덩이를 뒤로 뺀 채 제 누나에게 튜브를 가져오라는 것이다. 그에 맞서 딸내미는 물속으로 들어와 같이 놀자고 불러들이고 있는 모습이 우습게만 느껴진다. 언제 가르쳐 준 적도 없는데, 땅을 짚고 헤엄을 치는 모습이 더욱 그렇다.

고개를 돌려 보니 아내도 제 나름대로의 일에 몰두하고 있다. 바윗돌이 즐비한 여울진 곳에서 아까부터 허리를 굽혀 물속을 끈기 있게 들여다보고 있다. 흐르는 물속에서 무엇인가를 들어내며 또 잡아내고 있다. 아마 올갱이를 잡고 있는 것 같다. 내심 많이만 잡는다면, 모처럼 올갱이국을 맛볼 수도 있겠구나 하는 생각을 해보지만, 그리 될까 믿기지가 않는다.

민물에서 나는 것 중 올갱이국보다 더 맛있는 것이 있을까. 된장을 풀고 삶아 낸 올갱이 알맹이를 바늘로 발라서 밀가루를 묻힌 뒤, 정구지를 넣고 얼큰하게 끓인 국은 정말이지 맛이 있었다. 어린 시절 여름이면 어머니께서 가끔 끓여 주시던 고향 강마을의 맛을, 나는 지금도 잊을 수가 없다.

물가 바윗돌로 옮겨가 반짝이며 흐르는 물결을 바라다본다. 참 맑다. 상류에 처한 내라서 그런지는 몰라도 피라미가 보이고, 모래무지가 보이고, 올갱이가 붙어 있음이 보인다. 아이들과 동떨어져 흘러가는 냇물을 감상하고 있자니, 조금은 어울리지 않는다는 생각도 든다. 옛날 같으면 물에 뛰어들거나 고기를 잡으면서 놀았을 터인데, 이렇게 추억을 더듬으며 아이들 노는 모습을 바라보고 있으니…….

물은 잔잔히 흐르고 있다. 녹음 짙은 산 그림자를 싣고, 푸른 하늘 흰 구름을 싣고 흘러서 간다. 이 물이 어디에서 기원했는지는 모르나, 아마 바위 틈새를 빠져 나온 최초의 물방울이 아니면 빗방울들이 합쳐지면서 실 같은 물줄기를 이루고, 그런 물줄기들이 모이고 모이면서 저 같은 내를 이루었으리라. 물의 흐름을 가만히 바라보고 있노라니, 어느덧 그의 부드러운 응집과 유출의 질서에 동화되고 만다.

물은 다투지를 않는다. 장애물이 있으면 슬며시 돌아가고, 둑이 있으면 조용히 넘치고, 낭떠러지에선 용기도 발하지만 이내 평정을 되찾아 낮은 곳을 향해 흐른다. 그렇기에 흐르는 물은 겸손하며 언제나 물체를 감싸는 부드러움이 있다. 굽으면 굽은 대로 곧으면 곧은 대로 메마른 땅 구석구석을 적시며 간다. 흐르는 물가의 모든 생물을 말없이 키우면서, 그저 순리 따라 오늘도 내일도 묵묵히 바다를 향해 흘러간다.

이 세상 어디에 물처럼 어진 것이 있을까? 그래서인지는 몰라도 대학 다닐 때, 나는 수인(水仁)이라는 여학생에게서 묘한 매력을 느낀 적이 있다. 가까웠던 사이는 아니었지만, 늘 가까이 하고 싶은 마음과 멀리 두고 싶은 신비로움이 있었다. 긴 머리의 그녀는 강물처럼 별로 말이 없는 학생이었다. 가끔 마주칠 때면 부드럽게 미소 짓는 그것뿐이었는데, 이름이 주는 물에 대한 이미지가 있어서인지 은근함을 느낄 수 있었다.

저리 시간과 세월을 초월해 흐르는 물이 우리에게 전해 주려는 메시지는 무엇일까. 마을과 마을을 이어 놓고, 사람과 사람을 이어 놓으면서 흐르는 물은 언제 보아도 청탁(淸濁)을 구별하지 않는다. 맑으면 맑은 대로 흐리면 흐린 대로, 따스하거나 차갑거나 간에 금세 하나 되어 자정(自淨)을 거듭하며 흘러간다. 그렇기에 우리들은 때로 물에서 믿음과 위안을 얻고, 삶에 대한 의욕 또한 얻어 지닐 수 있는 것이 아닐까? 내가 가끔 물 바라보기를 하는 것도 실은 그런 이유에서이다.

흘러오던 물결이 발밑을 스쳐 간다. 새로운 물줄기가 이어 닿고, 또 그러한 물결이 흘러감을 지속한다. 흐르는 이 물은 날 저물면 달빛 싣고 별빛 싣고 굽이굽이 흐르다가 먼 지평 넘어 물안개 자욱한 또 다른 날의 아침 벌판을 맞으리라.

노자 『도덕경』에서 이르기를, 상선약수(上善若水) — '최고의 선이란 물과 같다.'라고 말했다. '물이란 능히 만물을 이롭게 하되 다투지 아니하고, 모든 사람들이 싫어하는 낮은 곳에 처한다. 그러므로 도에 가까운 것이다.'라고……

흐르는 물처럼 살고 싶다. 살아감에 미련을 두지 않고 살고 싶다. 물은 흘러감으로써 썩지 않고, 내려놓기에 더욱 깨끗함을 유지하는 것 아닌가? 저토록 감출 것 없이 드러내 놓는 투명함이여! 될 수만 있다면 나 또한 저런 물빛을 닮아 가고 싶다.

어느덧 물결에 노을빛 잔잔히 번져 오는 고요한 저녁을 맞는다. 살아가면서 상처받거나 마음이 혼란스러울 때, 고향 찾듯 물을 찾았다. 그 언젠가처럼, '산다는 게 무엇이냐?'라는 물음을 물위에 던져 본다. 하지만 흐르는 물은 오늘도 여전히 말이 없다.

흐르는 그것으로 침묵하는 그것으로 조용히 답해 올 뿐…….

(1993)

불빛

산촌에서의 불빛은 더 없는 미더움이 된다.

나는 지금 산 깊은 민박촌 한 외진 방에서, 창 밖 저 멀리서 깜박거리는 불빛 하나를 바라보고 있다. 모든 것이 잠든 듯 외로움 깊어진 밤. 어둠을 뚫고 오는 저 불빛과 홀로 마주한 느낌이다.

어린 시절, 불빛을 무척이나 갈망하며 걷던 적이 있었다. 고향을 떠나 대도시에 나가 공부하던 시절. 두어 달에 한 번씩 토요일이면 밤늦게 집에 오는 일이 있었다. 그런 때면 어둔 밤 산길 시오리를 홀로 걸어 넘어야 했다. 불빛 하나 없는 길! 비로소 고개를 넘으면 멀리 마을이 위치했지만, 전기가 들어오지 않던 시절의 밤은 암흑처럼 깊었다. 여울물 흐르는 소리도 멀어지고 소쩍새도 지쳐 잠든 산길. 흔히 별빛 두어 개가 끔벅이며 하늘을 알려 주고 있었다. 마치 막막한 항로와도 같이…….

그럴 제 혹 제사라도 지내는 집이 있어 불빛이 보일 때면, 더없이 반갑고 또 위안이 되어 주기도 했었다. 그것은 집으로 향하는 내 발걸음의 지향점이요 신뢰, 나아가 밤길의 희망이었다. 나는 그 불빛을 보며 걷고 또 걸었다. 내가 마을에 다가갈 때까지 그대로 빛나 주기를 바라면서…….

가끔 생각에 잠겨 보는 때가 있다. 나는 지금도 그 불빛을 향해 걸어가고 있는지도 모른다고. 쉬 다다를 것 같지 않은 그 불빛을 향해 끝없이 걸어가고 있는지도 모른다고.

다시 불빛을 본다. 밤에 보는 불빛은 언제 보아도 따스하다. 그것은 대개 어둔 밤 미더움으로 다가오는 법인데, 불빛이 있는 곳이면 사람이 사는 곳이요, 꿈과 사랑이 머무는 곳이리라.

불빛은 다시 깜박이며 '나는 밤을 택하여 너에게로 간다.', 이렇게 속삭여 주는 것만 같다. 어둠을 두려워하지 않는 사람을 위해 빛과 따스함을 약속한다고 말해 주는 것 같다.

어둠은 불빛을 필요로 하고, 불빛 또한 어둠 속에 산다.

(1996)

조약돌

좀 유치스러운 일인지는 몰라도 나는 장식장 안에 그래도 상당한 분량의 조약돌을 진열해 놓고 있다. 그것들은 흔히 관상용으로 진열해 놓는 수석(壽石)의 경우처럼 — 그 형상이 기이하다거나 매우 값나가는 것으로 장식을 위한 그런 것은 아니다. 그것들은 내가 다녀온 바닷가나 강가, 아니면 냇가에서 하나 둘씩 주워 왔던 것으로, 남이 보기엔 그리 소중하달 것도 기이하달 것도 없는 것들인지도 모른다.

그러나, 그 녀석들은 내게 있어서만은 더없이 소중한 것들이 되어 있다. 나는 때때로 그것 바라보기를 즐겨 하는데, 말하자면 녀석들은 어느덧 내 생활의 한 부분으로 자리하고 있다. 왜냐하면 내게 정 깊은 추억거리를 제공해 줌과 동시에, 사고의 공간적 영역을 또한 확징시켜 주기 때문이다.

혹 무료한 시간에 장식장 앞으로 다가가 귀여운 모습으로 쌓여 있는 녀석들을 가만히 들여다보고 있노라면, 그것들은 더없이 아기자기한 모습과 다양한 빛깔로 자기 자신을 내비치고 있는 것이다. 물론 그 녀석들은 둥근 것이 대부분이지만 똑같은 것은 하나도 없다. 그만큼 녀석들은 질박한 아름다움이 있을 뿐 아니라, 그 나름대로의 개성을 지니고 있다. 이를테면 약간 작은 녀석이 있는

가 하면 조금은 큰 녀석이 있고, 동근 녀석이 있는가 하면 길쭉한 녀석이 있으며, 통통한 녀석이 있는가 하면 얄팍한 녀석도 있다. 또한 그 빛깔에 있어서도 아주 새하얀 녀석이 있는가 하면 짙검은 녀석이 있고, 붉은 녀석이 있는가 하면 노란 녀석이 있는 것이다. 그리고 특이하게도 자주색 군청색을 띤 녀석까지도 몇 개 놓여져 있다. 이렇게 간혹 넋을 놓고 바라보다 보면, 내 마음은 어느새 방안을 떠나 푸른 파도 넘실대는 눈부신 바닷가의 백사장을 거닐기도 하고, 투명한 옥색 물빛으로 잔잔히 굽이쳐 간 강가의 풀밭을 거닐기도 한다. 확실히 이 조약돌에는 암벽에 부딪치는 파도 소리뿐만 아니라, 여울물 흐르는 소리와 모래톱의 고요, 그리고 그곳의 갈매기와 물새들이 있다.

말하자면 이 조약돌 너머엔 남한강의 설렘이 있고, 섬진강의 고백이 있고, 태종대의 낭만이 있으며, 제주 바다에서의 사랑이 있다. 또한 그것엔 그만한 보길도의 오해와, 거제도의 미움과, 낙산에서의 시련과, 안면도에서의 우정이 무변의 영상으로 스미어 있다. 그뿐만 아니라 십대의 청순한 수줍음과 설렘, 이십대의 불꽃 같던 젊음과 애틋한 사랑, 삼십대의 아쉬운 추억과 그리움까지도 함께 간직되어 있다.

또한 녀석들은 때로 그 모양과 빛깔에 알맞은 지방색 짙은 그곳 사람들의 모습을 떠올리게도 한다. 이를테면 바로 앞에 선 통통한 녀석은 바닷가의 귀로에서 다친 몸을 이끌고 돌아오던 저녁, 내게 후의를 베풀어 주었던 시골 아저씨의 소박한 얼굴이며, 바로 그 뒤에 앉은 납작한 녀석은 갑자기 몰아친 폭풍우 속에서 생각지도 않은 곤경에 처했을 때, 내 다급한 간청을 서슴없이 들어주었던 외딴집에 살던 아주머니의 고마운 얼굴이다. 그런가 하면, 그 옆에 기댄 길쭉한 녀석은 강마을의 나룻배에서 만났던 이름 모를 소녀의 수줍은 얼굴이며, 그 옆에 옆에 드러누운 조그마한 녀석은 어느 여름 강가에서 땅을 짚고 물장구를 치며 놀던 앙증스런 계집아이의 얼굴이기도 하다.

더욱 선명한 것은, 이 조약돌에는 그때 당시 내 곁을 같이 했던 얼굴들이 그려져 있다는 것이다. 그들은 아마 내 곁에 같이 있기를 원했던 얼굴들인지도 모른다. 아니 그들이 내 곁에 있기를 내가 더욱 원했던 얼굴들인지도 모른다. 그러나 세월은 가고 그들은 지금 내 곁을 떠나고 말았다. 이상과 현실과의 괴리, 우정과 애정과의 혼란 속에서 그 날의 갈등과 방황은 마무리되지 못한 채 젊음은 아쉬움과 여운을 남기고 그렇게 지나가고 말았지만, 젊음이 떠난 그 자리엔 무상무념(無想無念)의 조약돌만이 이렇게 남아 내 곁을 지킨다. 그리하여 난 주체할 수 없는 마음에 내 가장 그리운 사람의 이름을 나직한 목소리로 불러도 보면, 주마등처럼 수많은 얼굴들이 소리 없이 명멸해 간다.

진정 저토록 원만한 조약돌이 되기까지는 또한 얼마나 많은 세월과 고통을 필요로 했을까? 굳이 기억할 필요가 있을까마는 기쁨은 늘 슬픔 뒤에 오는 것이 아닌가. 조약돌은 그러나 침묵하고 있다. 침묵한다는 것은 어떤 의미에선 말로는 다 표현할 수 없는, 더없이 많은 말 이전의 의미들을 내포하고 있는 것이리라.

하찮지만 저 조그마한 조약돌에는 수천수만 년 동안 거대한 지층의 밑바닥에서 엄청난 무게에 억눌리고 짓밟혀, 안으로 안으로 딱딱하게 응결된 고통과 인내와 분노가 있을 것이요, 거대한 원형의 모체로부터 지각 변동에 의해 깨어져 분리되던 참지 못할 아픔의 비명과 가슴 떨리는 설움이 있으련만, 더구나 몸이 깎이는 수

난과 닮는 시련 끝에 빛을 내기까지는 무수한 세월의 신고(辛苦)가 깊었으련만, 그 녀석들은 어느 하나 상대에 대해 적의(敵意)를 나타내지 않는다. 그만큼 녀석들은 하나같이 깨어진 아픔과 성난 모서리를 잃고 부드러운 곡선을 그려 내고 있다. 녀석들은 그들의 고향이었을지도 모를 심산유곡(深山幽谷)으로부터 굴러 내리면서 겪어야만 했던 쓰라림의 긴 여로도 잊은 채, 무수한 세월 속에 지쳐 그 아픔을 홀로 삭이고 그리는 애타는 향수가 차라리 호소보다 침묵을 택하고 있는지도 모른다.

이 세상에 고통과 고난을 대가로 지불하지 않고 이룩되는 완성으로의 기쁨이 있을 것인가. 아마 우리 인간도 마찬가지일 것이다. 위대한 신앙이었던 모태로부터 분리되면서 찢겨져 나오는 아픔과 시련 끝에, 잘됐건 못됐건 여기에 이렇게 존재하고 있는 것이리라. 한마디로 이 조그마한 조약돌 속에는 철학이 있고, 예술이 있고, 인생이 있고, 진리와 믿음이 있다. 이 조약돌이야말로 무수한 세월 속에서 자연이 주는 비와 바람, 세월과 물의 그런 집요한 시련과 고통까지도 온몸으로 수용하고, 드디어는 자연 속에서 그 자연에 의해 빚어진 참으로 위대한 창조물 중의 하나라고 하지 않을 수 없겠다.

오늘 내가 이 조약돌 앞에서 배울 것은, 거친 생활 속에서 정돈된 내 마음의 결정체를 갈고 닦는 바로 그것이리라. 내 마음의 모서리! 이는 앞으로도 흐르는 세월 속 거친 세파에 의해 더욱 갈려지고 닦여야 할 것이다. 이 조약돌처럼 원만한 품위와 거기에 알맞은 빛을 내기까지는, 나는 아직도 얼마간의 시간을 필요로 할는지도 모른다.

(1989)

수덕여관 끝 방

이 세상에는 아주 호화로운 곳이 아니라도 마음 닿는 곳이 있다.

지난여름. 나는 글 친구들과 함께 수덕사(修德寺)에 간 일이 있다. 그때 여관을 겸업하는 한 식당에 들어가 점심을 먹은 적이 있는데, 식사 후 우연히 그 후원(後園)으로 들어가 보게 되었다. 그곳 빈방 앞으로 자그마한 마루가 있어, 우리는 후원을 앞에 두고 잠시 그곳에 앉아 보게 되었다. 방은 6 · 70년대 모습이었지만, ㄴ자로 꺾어진 끝 방은 더 없는 구조미(構造美)를 지니고 있었다. 앞 식당 쪽으로는 많은 사람들이 오갔지만, 그 뒤쪽인 그곳만은 소리조차 잘 미치지 않는 별천지 같은 느낌을 주었다.

그때 옆에 있던 한 친구가 말했다. "마치 이상(李箱)이 산촌여정(山村餘情)을 썼음 직한 그러한 공간이다."라고. 정말 그러했다. 그 집은 개화기의 신여성 나혜석(羅蕙錫)이 머물렀던 곳이요, 고암(顧菴) 이응로(李應魯) 화백이 바위에 새겨 그린 문자추상화로 널리 알려져 있기도 한 집이었다. 물론 그것은 집 앞쪽에 있었는데, 이렇게 뒤뜰에 그윽한 아름다움이 숨어 있을 줄이야.

방에 가 미닫이를 닫아 보니, 밖의 빛과 소리가 적당히 차단되는 은은함이 있었다. 다시 문을 여니 마루가 이어지고, 마루 앞에는 수도가 있고, 정원을 가로지르는 빨랫줄이 있었다. 그런가 하면, 밑으로는 둥치를 이룬 수국, 저만치엔 정정하게 선 소나무를 타고 올라간 능소화가 있었다. 그로 보아 비가 오면 늘어진 꽃을 보며 낙숫물 소리를 듣는 것도 또한 좋을 듯싶었다. 더욱 맘에 드는 것은 높지 않은 이끼 낀 돌담이 굽이굽이 돌아가고, 그 너머로 보이는 멋들어진 붉은 줄기의 소나무들이었다. 그 아래쯤 흐를 계곡물이 안개를 피워 올리면 숲은 더욱 그윽함을 자아낼 것 같았다.

모든 것이 그처럼 자연스러웠다. 고요하기조차 한 방과 뜰의 구조미에 우리들은 다시 한 번 감탄했다. 여관 겸 식당이니 밥을 시켜 먹어도 좋을 듯싶었고, 방을 돌아 아래쪽 계단을 밟아 내려가니 외지게 화장실이 있었다. 여관이지만 더없이 편안한 곳이었다. 이것은 편리함보다는 마음의 안정을 주는 그런 편안함이었다. 그때 나는 생각했다. 이런 곳에 머문다면 분명 좋은 글이 써질 것도 같다는…….

마음 훌쩍 옮겨 놓을 그런 곳이 그립다. 아니 그곳에 가 며칠 머물며 깊은 사색 속에 내 자신이 만족하는 단정한 글 하나 쓰고 싶다. 지금쯤 혹 누가 있어 돌담 너머 비에 젖는 숲을 보며, 홀로 낙숫물 소리를 듣고 있는지도 모르겠다.

(1999)

접이의자 두개

얼마 전 낚시점에 들러 알루미늄 틀에 천으로 된 접이의자 두 개를 샀다. 아내는 뭐 하러 짐스럽게끔 그런 것을 사느냐고 타박했다. 낚시를 하는 사람도 아닌데 갑자기 접이의자를 사겠다니, 생각 없는 사람으로 비쳐졌나 보다. 그러나 내 딴에는 갑자기 생겨난 엉뚱한 생각만은 아니었다.

아내의 입장에서 보면 충분히 그럴 만도 했으리라. 차 트렁크엔 이미 비좁을 정도로 등산 도구, 물고기 잡는 도구, 물놀이 기구, 심지어는 과일 따는 도구까지 들어 있는 상태였기 때문이다. 또한 관광지 어디를 가도 벤치가 놓여 있고, 공원이나 가까운 산에만 가도 곳곳에 그것이 설치되어 있는 판에 굳이 접이의자가 필요할까 싶어서 그렇게 말한 것이었으리라. 그런 곳에서 비껴난 자리라 하더라도 간편하게 들거나 가방에 넣을 수 있는 깔개가 있는데, 그것을 어떻게 들고 다니느냐는 것이 그 이유였다.

하지만 내 생각은 조금 달랐다. 사람이 싫어서가 아니라, 소음으로부터의 도피랄까. 그런 시끄러움과 좀 더 거리를 두고 자연 가까이 다가가 그들의 소리에 귀 기울이고 싶어서였다. 이제 퇴직도 멀지 않았으니 건강할 때만이라도 자연을 실컷 즐기며 살겠다는 아주 계산된 생각이었음을, 아내가 미처 몰랐음은 어쩌면 당연한 일인지도 모르겠다.

그렇게 짐이 된다는 의자를 차에 싣고 다니다가, 얼마 전 보령 부사방조제에 이르러 차에서 내렸다. 옳거니 오늘이구나 싶어, 나는 그 의자를 꺼내 들고 방파제 뒤 언덕 위 나무 밑으로 갔다. 그리고 무성하게 자라 오른 띠풀 위에 그 의자를 펼쳐 놓고 아내를 초대했다. 무엇보다도 등받이가 있어 편안했고 천이라 푸근한 느낌이 들었다.

마침 날씨 맑은 휴일 오후였다. 호수는 드넓고 건너편 산은 그림 속 산맥처럼 아득했다. 물새들은 새끼를 쳤는지 자신의 조무래기들과 물장구를 치며 놀고, 또 다른 새들은 호수 위를 유유히 날아가고 있었다. 추한 것조차도 원경 속 내 시선에 아름다움으로 파묻혔다. 인적이라고는 아주 먼 곳에서 낚시하는 사람뿐이었다. 그때 나는 구름, 바람, 물, 새가 내 안으로 들어오는 느낌을 받았다. 그들과의 연대감 같은 것을 느꼈다고나 할까. 풍요로운 시공간 속에서 함께 하는 대상으로써의 존재감 같은 것을 느꼈다. 바람은 호수를 거쳐 시원하게 불어왔고, 깨끗하게 자라 흰 꽃을 피운 띠풀은 그 바람 속에서 부드럽게 물결쳤다.

나는 아내에게 말했다. “이러려고 샀어. 어때?” “좋긴 좋네! 암튼 이런 풍경 보여줘서 고마워.” 했다. 만족해하는 모습에 나는 흐뭇했다. 그 공간에서 그 시간에서 그것만으로도 더없이 행복한 한때였다. 그리하여 지난 세월 속의 즐거웠던 이야기들. 그리고 앞으로 살아갈 날들에 대한 대화로 1시간 이상 이어갔다. 그렇게 한 곳에서 오랫동안 자연을 감상한 일이 없는 아주 긴 시간이었다.

기회가 되고 내가 생각하는 그런 것이 있다면, 아주 간단한 탁자도 하나 준비하고 싶다. 그리하여 바닷가이거나 언덕진 곳에서 자리를 만들어 놓고, 저녁놀을 바라보며 와인을 곁들인 간략한 식사 같은 것도 하고 싶다. 그것은 내가 로맨티스트적인 성격을 지녀서가 아니고, 자연을 사랑하는 사람으로서의 예의 같은 것이리라.

앞으로의 나의 삶은 자연에 보다 가깝게 다가가는 삶 — 자연이 아름다움으로 나를 부를 때면, 나 또한 언제고 그에 응답하는 것으로써 행복을 얻어가는 삶이고 싶다.

(2017)

4
자연의 장

달밤

달이 무척 밝은 밤이었다.

불을 끄고 누웠으나, 달빛이 창문으로 흘러들어 잠이 오질 않았다. 더구나 밖에선 소쩍새 소리가 끊이질 않고 들려왔다.

불현듯 춘장대 해수욕장의 밤 풍경이 떠올랐다. 언젠가 꽃 핀 아까시나무 위로 둥근달이 떠올랐고, 그 아래 친구 몇이 함께 한 적이 있었다.

그 밤이 생각나, 나는 다시 주섬주섬 옷을 챙겨 입고 집을 나섰다.

소나무 숲을 지나 아까시 숲 속으로 들어섰다. 달빛에 싸인 숲은 향기를 흘려내고 있었다. 숲은 베일에 싸인 듯 사랑스러웠고 깊고 그리고 향기로웠다. 잠시 높이 뜬 달을 쳐다보았다. 혼자 보기에는 아까운 달이있다.

그때 저만치서 거닐어 오는 사람이 있었다. 그는 인기척을 했다. 나도 그에 답하였다. 그는 다름 아닌 양봉을 하며 시를 쓰는 친구 G였다. 내가 묻자 그도 역시 달빛이 좋아 나왔다는 것이었다. 우리는 한밤에 약속도 없이 만났다.

그와 나는 향기로운 숲을 빠져나와 탁 트인 바닷가로 들어섰다. 흰 모래톱은 해변을 따라 달빛 아래 아득히 펼쳐져 있었다. 밀려왔다 밀려가는 파도의 물결선이 보였다. 우리는 함께 달빛 속 모래톱을 천천히 걸었다. 가까이서 찰싹대는 낮은 파도소리를 들으며…….

그렇게 한참을 거닐다 우리는 빨간 불빛이 새어나오는 카페로 들어섰다. 그리고 이층 테라스에서 바다 위에 뜬 달을 보며 맥주 몇 잔 마시었다.

다시 해변을 따라 걷다가 헤어졌지만, 달은 돌아오는 내내 나를 따랐다.

(2006)

어느 날 바닷가에서

햇볕 고운 봄날 아내와 함께 바닷가에 갔다. 무슨 계획이 있어 간 일은 아니었고, 어디를 갔다가 시간이 남아 들렀다.

아직 이른 봄이라서 그런지 사람들은 거의 보이지 않았다. 나는 슬며시 아내의 손을 잡고, 낮은 산자락이 멀리 바다로 굽어든 곳을 향해 천천히 걸었다. 무슨 바쁜 일이나 그렇다고 밀린 일이 있는 것도 아니어서 마음의 여유가 있었다. 우리는 짧지 않은 세월을 함께 살아왔고 지금도 이렇듯 같이 걷고 있었다.

얼마큼 걸어가다 우리는 모래 속에 잠겨 드는 구두를 벗으려 잠시 앉아 쉬면서 먼 바다를 바라보았다. 그리고 어제 읽은 책 속의 물음 '행복은 어디에서 오는가?'라는 글을 떠올려보기도 했다. 햇볕은 해안 쪽으로 늘어선 소나무 위에서도 빛났고, 바다의 물결 위에서도 반짝였다. 안정된 자세로 바다 위에 솟아 있는 몇 개의 섬. 그리고 그 앞으로 두어 척 배가 멈춘 듯 떠 있었다. 모든 것이 그저 그렇게 평화롭게만 보였다.

그뿐만이 아니었다. 다시 눈길을 돌려보니 따스한 햇살은 갈매기의 흰 목덜미 위에서도, 아내의 검은 머리칼 위에서도, 아스라이 펼쳐진 모래톱 위에서도 빛났다. 이처럼 모든 것이 따스한 햇살 속에 고요히 빛을 발하고 있었다. 그저 그것뿐이었는데, 그 같은 다정스러움이 나를 만족스럽게 했다. 막연하지만 '이렇게 따스한 것이, 이렇게 부드러운 것이, 이렇게 살아 있는 것이 행복이 아닐까.' 하는 느낌이 들었다.

우리는 벗어 놓은 구두와 양말을 그대로 남겨둔 채, 다시 일어나 걸었다. 발바닥 밑으로부터 느껴지는 부드럽고도 따끈따끈한 촉감이 더없이 좋았다. 발가락 사이로 밀려드는 모래알의 감촉이 왠지 뿌듯한 느낌으로 다가왔다. 맨살을 대지에 대고 그를 느끼면서 걸어가니 그와 하나 되는 기분이었다. 신발을 신지 않고도 살 수 있었던 원시적 삶의 공간을 잠시 떠올려 보기도 했다.

우리는 그렇게 풍경 속 연인처럼 걸었다. 아무도 걸은 자국이 없는 따뜻한 모래톱을 밟는 기분은, 눈 덮인 길을 가듯 새로웠다. 한참을 가다 뒤돌아보니 끝없이 이어진 발자국들이 우리를 따라오고 있었다. 이제 우리가 벗어놓은 구두는 더 이상 보이지 않았다. 나는 생활의 가면을 벗고 완전 자유인이 된 듯 몸도 마음도 가벼웠다.

아득했던 모래톱 끝에 이르니 하얀 조개껍질이 쌓여 있었다. 한쪽에서 파도를 막아 주어서 그런 듯싶었다. 나는 거기서 걸어온 햇살 쏟아지는 모래톱을 다시 한 번 바라봤다. 그리고 그 시간과 공간 속에서 또다시 만족해했다. 만족이 행복일까에 대해서는 좀 더 생각해 봐야겠지만, 더 이상 바랄 것이 없었다. 누군가 행복을 물어 온다면, 그것은 살아 있을 때 느끼는 따뜻한 햇살과 같은 것이라고, 그저 맨발로 모래톱을 거닐어 보는 것이라고, 이렇게 풍경의 합일 속에 하나 되는 것이라고 말해 줄 수도 있을 것 같았다.

지금 뒤돌아보니 그때 우리는 모두 건강했고, 그렇다고 무슨 마음의 부담이 있는 것도 아니었다. 그저 훌훌 벗어 버린 마음, 가식 없는 태도, 외려 적게 지닌 것으로서의 자유로움이 있었다. 따스한 햇살과 부드러운 모래톱, 옆에 있는 아내가 그저 나를 편안하게 했다. 그때, 아내도 '오늘은 참 좋은 날'이라고 했다. 나는 그 부드러운 모래톱에서 맨발로 행복을 느꼈다.

(2005)

노을 보러 가는 길

무더위의 한여름.

어딜 가나 후끈거리는 열기로 몸 둘 곳조차 마땅치 않은 낮을 보내고, 햇살 기우는 저녁을 맞아 가족을 몰아 싣고 휑하니 나설 수 있는 곳. — 내겐 숨겨 놓은 듯 가까이에 그런 곳이 있다. 아파트의 답답한 공간을 떨쳐 버리는 일은 그것부터가 시원함이 될 것인데, 사는 곳으로부터 십여 분이면 가 닿을 수 있는 곳에 바다가 있다.

그래 탈출하듯 읍내를 빠져 나오고, 해변도로를 내달려 이내 바닷가 마을에 이른다. 하면 바다를 마주한 길가에 두어 채 원두막이 서 있고, 그 무렵이면 넘실대는 물결을 내려다보며 물가 사람들이 나와 앉아 있다.

동해가 일출(日出)이라면 서해는 분명 낙조(落照)이다. 또한 노을은 여름이라는 계절을 더욱 필요로 한다. 그런데 그곳의 여름 바다가 더없이 좋다. 하여 이런 저녁이면 흔히 그곳을 찾는다.

마을 앞엔 넓디넓은 갯벌이 펼쳐져 있다. 그래 가끔 조개를 캐러 가기도 하지만, 이 같은 저녁이면 단지 노을을 보러 가기 위하여 집을 나선다. 옛날에는 어귀에 갈대밭이 펼쳐져 있어 갈목[蘆項]이라는 이름을 얻었지만, 마을 뒤편으로 숨겨진 그리 크지 않은 해변은 마치 고요한 섬과도 같다. 굽어 돌아간 고운 모래의 흰 해변은 한적함마저 느끼게 한다. 거기에 파도가 밀려들고 또 저녁이면 곱게 노을이 번진다.

그 앞에 설 때면 누구보다도 아이들이 즐거워한다. 그냥 좋아라 소리치며 해변을 내닫고, 돌 던져 바다를 불러보다 모래밭에 그들 동심의 세계를 그려 나간다. 하면 나도 덩달아 잔잔한 수면 위로 물수제비를 띄우거나, 아내의 손을 잡고 서로 이야기를 나누며 걸어보기도 하는 것이 이런 저녁이다.

아름다움이 온통 우리를 둘러싸고 있다. 아이들은 걱정 없이 어리고, 우리는 아직 늙지 않고, 이런 고요한 저녁 시간은 우리 가족의 더 없는 행복의 순간이다. 이 바쁜 세상에 언제든 가볼 수 있는 바다를 가까이 두고 산다는 것은 사실 흔한 일이 아니다.

해변이 끝나는 지점에 널찍널찍한 반석(盤石)이 쌓여 있다. 그곳에 앉아 바라보는 바다는 시원스럽기 그지없다. 하물며 노을 속 구름들이 갖가지 모양을 만들어내며 하늘을 장식한다. 이런 장면을 대할 때면, 구름밖에 없는 하늘이 어찌 저리도 아름다울 수 있을까 하는 생각이 든다. 그런 발견의 새삼스러움 속에 내 살아 존재함이 신기하다. 그래서 "아름다움이 무엇인지 알면 진리가 무엇인지도 알게 된다."고 미학자 크로체는 말했는지도 모른다.

일상의 아름다운 순간 속에 삶의 행복이 숨어 있다. '아름다움을 아름답게 보고 살자.', 나는 이런 생각 속에 노을을 본다. 아마 저런 노을이 더욱 노을답게 보이는 것은 그것이 순간적으로 변해간다는 데 있을 것이다.

아름다움도 짧고 인생도 짧다. 하지만 내 생의 석양이 저리 아름다울 수 있다면, 나는 미련 없이 노을 속으로 사라져 가리라.

(1997)

가을과 겨울 사이

대지를 풍성하게 장식했던 들판의 곡식들이 자리를 비웠다. 풀들이 마르고, 나뭇잎들이 지고, 가을의 꽃 국화까지 시들어 버리고 나면, 드디어 계절도 자리 내어줄 준비를 한다.

그런 쓸쓸함 속에 우선 마주하는 것이 남청색(藍青色) 하늘이다. 코발트색이다. 노란 은행나무 잎이 거짓말처럼 삽시간에 떨어져 내리고, 꼿꼿한 줄기와 앙상한 가지만이 푸른 하늘에 가시처럼 박혀 있다.

저 같은 텅 빈 들판에 꽉 차오는 공허를 나는 싫어하지 않는다. 금이 갈 듯 팽팽한 푸른 하늘, 낙엽 진 고목 사이로 들어난 하늘, 피부에 와 닿는 싸늘한 바람이 폐부 깊숙이 들어와 꽂히는 이런 날이면 더욱 그렇다.

이 텅 비움. 그 명징(明澄)을 느끼며 나는 들길을 지나 산길을 오른다. 쾌청하다 못해 찢어질 듯 푸른 그 하늘과 마주한다. 진청(眞靑)이다. 이 하늘 바라보기를 나는 얼마나 즐겨했던가. 나는 지금 가을과 겨울 사이에 서 있다. 입동(立冬)을 앞둔 때이다.

산을 봐도 그렇다. 줄기만 남은 나무가 비로소 흙빛 속살을 드러낸다. 이런 때의 시냇물은 바닥까지 드러내며 투명하게 흐른다. 말 그대로 추수(秋水)다. 나는 그런 가을 물과 팽창된 하늘빛의 긴

장을 좋아한다. 산뜻한 하늘 아래 날은 차가워지고 정신은 하늘 닮아 더없이 고양된다.

깨끗한 마음 하나에만 의지한 채 겨울의 고독에 들 수 있을까? 나는 지금 가을 끝 겨울 앞을 걸어 언덕 위에 와 섰다. 뒷동산 작은 산정에 올라 주변을 내려다보고 있다. 마주한 산이며 들이며 마을이 골짜기마다 제자리를 차지하고 앉았다.

숲 속에 남은 것은 나목뿐! 마치 날아올 철새들을 생각해 하늘을 비워둔 느낌이다. 모든 가식과 가을의 잔재를 훌훌 벗어 버린 나무. 벌거숭이의 본 모습으로 그도 맑고 찬 가을 앞에 서 있다. 영국의 시인 알프레드 테니슨이 쓴 「참나무 (The Oak)」처럼 나력[裸力]이 느껴진다. 때는 바로 가을의 끝에 당도해 있는 것이다.

이런 투명한 가을은 상실의 아픔을 겪은 후에야 비로소 찾아온다. 나는 스산한 가을이 지나갈 때면 정해진 듯 한차례 몸살을 겪는다. 차갑게 느껴지는 바람이 옷깃을 스치거나 가로수의 마른 잎들이 길 위를 굴러다닐 때면, 나도 마음을 가누지 못하고 방황했었다.

그런가 하면, 낙엽을 쓸어 가는 바람소리에 잠 못 이루고, 구르는 낙엽을 잠재우듯 귓가를 차갑게 적셔오는 가을비 소리에 눈물 흘렸다. 그런 후에야 비로소 축복 같은 이런 가을 끝의 가벼움을 맛보곤 한다.

이 마지막 가는 가을과 더불어 음울한 다음 계절이 이어져 오리라. 이제 태양은 자주 잿빛 하늘 속에 잠기고 밤은 더욱 길어질 것이다. 아, 철을 앞당겨 꽃잎 같은 눈발이 저 들판을 점령해 온다 해도, 나는 이제 그를 허락하리라.

(2014)

벚나무 아래서

나는 오늘도 벚나무 아래 앉아 있다.

교정(校庭) 한 켠으로 비켜서 있는 이 나무를 나는 은근히 사랑하고 있다. 그래 여유가 생기면, 혼자 또는 슬며시 다가온 동료와 함께 나무 아래 가 앉기를 즐겨한다. 그럴 때면 푸른 하늘이거나 흘러가는 구름에 눈길을 주며, 잠시 한유한 시간을 가져 보기도 한다.

하루 한 번쯤 나와 앉는 이 자리 — 그 시간 속에서 이런저런 생각에 잠겨 보는 여유를 나는 더없이 즐겨 하고 있다.

바람이 부드럽고 햇볕이 따사롭던 어느 봄날이었다. 푸른 하늘을 바탕으로 꽃들이 화려하게 핀 그 날 — 꽃무늬 양산 같은 벚꽃나무 아래서 황홀히 꽃가지를 올려다보던 그때, 나는 언제부터인가 벌들의 날개 치는 소리를 듣고 있었다. 그것은 너무도 신비로운 것이어서, 나는 옆자리의 동료 직원에게 한번 가 들어 보자는 말까지 던졌었다.

인근에 양봉가(養蜂家)가 있는 듯싶었다. 다음날부터는 수백 수천 마리의 꿀벌들이 날아와 온종일 북 치고 장구 치며, 꿀을 찾아 환호하는 그 날갯소리를 흘렸다. 그것은 가장 확실한 살아 있음의 환희요, 현악 합주의 완전한 하모니였다. 만개한 벚꽃나무 아래서 듣는 그 소리는 어떠한 음악보다도 감미로웠다.

그런 때의 그놈들은 꽃송이 속에 들어가 꽃가루를 온통 뒤집어 쓰고 꿀을 따는 녀석들이 있는가 하면, 잠자듯 안겨 있는 놈, 여기저기 분주히 들락날락하는 놈 등 다양하다. 하늘거리는 그 꽃의 잔잔한 울림 속에 잠겨들 때면, 먼 마을에서 들려오는 농악(農樂)과도 같이 하나의 흐름을 이루며 리듬처럼 귓가로 흘러든다. 그러는 속에서 꽃들의 가루받이는 자연스럽게 이루어지는 것이리라.

돌아보면 정말 따스한 마음으로 숨결 듣듯 가까이 했던 봄날들이 있었다. 나뭇가지마다 갓 벌어진 꽃송이들이 주위를 밝히고, 그 곁에 앉아 추억에 잠긴 것이 엊그제 같은데 벌써 열매 맺는 시기에 당도해 있는 것이다. 생각해 보면 꽃 피는 시절은 매우 짧고, 그와의 이별은 상대적으로 너무도 긴 것이기에 차라리 슬픔일 수밖에 없다.

시인 김영랑(金永郎)도 그 같은 이별의 아쉬움과 기다림을「모란이 피기까지는」이라는 시에서 꽃 피는 '오륙일'을 제외한 '삼백 예순 날'이라는 구체적인 숫자로 나타낸 바 있다. 꽃 피는 봄은 아름답지만 오는 듯 가 버리는 것이 봄이다. 이를 두고 미국의 시인 월트 휘트먼은, "쉰 해를 산다는 것은 그래도 길다. 그러나 벚꽃의 핌을 쉰 번밖에 보지 못한다는 것은 너무도 짧다."라 하여, 꽃 피는 봄날의 아쉬움을 간명히 설파(說破)한 바 있다.

꽃이 지면 잎이 핀다. 잎이 피면 벌레들이 생긴다. 드디어 먹이들이 마련된 셈이기에 서서히 벌레들이 나오게 된다. 이것 또한 묘한 질서다. 잎이 피기 전에 벌레들이 나온다면, 아마 먹을 것을 마련치 못한 그들은 굶어죽게 될 것이다. 우리가 알지 못하는 사이에 자연은 먼 시간을 두고 이처럼 놀라운 질서 속에 철칙과도 같은 순행(順行)을 지속해 가고 있다.

며칠 전, 수업을 하다가 우연히 대여섯 마리의 산비둘기들이 벚나무 사이로 날아드는 것을 보았다. 그것을 이상히 여겨 오던 차에, 나는 오늘에야 그 의문을 풀며 다시 한 번 자연 생태계의 놀라운 질서를 체험하고 있다.

점심을 먹은 후 내게 버릇된 장소인 이 벚나무 아래 잠시 앉아 있자니, 어디선가 날아오며 나뭇잎을 헤치는 새들의 소리가 들려왔다. 놀라움에 나뭇가지를 올려다보니 바로 며칠 전의 그 녀석들이었다. 그때보다도 더 많은 것 같았다. 가만히 살펴보니, 녀석들은 기쁨에 찬 눈동자를 굴리며 도대체 어떻게 알아냈는지 무르익은 버찌를 앞다투어 신바람 나게 따먹고 있었다. 그것은 따스한 어느 봄날 벌들에 의해 자연스레 가루받이가 되고, 그렇게 하여 커온 열매들이었다. 잠시 후, 그들은 다시 산 속으로 한꺼번에 푸르르 날아가 버리는 것이었다.

그들이 사라진 산등성이 그 쪽을 나는 한동안 멀거니 바라보았다. 구름이 흘러갔다. 열매를 먹은 녀석들은 얼마 아니 하여 뒤를 보게 될 것이고, 그 변(便)으로 하여 산 속에 자연스레 씨를 뿌릴 것이다. 구름이 비 되어 내리고, 그 자리엔 그들 후세들을 위한 산벚나무가 생겨나게 될는지도 모른다. 나는 그들로 하여 이처럼 묘한 자연의 질서를 보았다.

자연은 받은 대로 주고 간다. 자연의 순환과 질서는 물 흐르듯 자연스럽다. 다람쥐들이 나무 열매를 먹기도 하고 흙 속에 묻어 저장도 하는 과정에서, 잊혀진 열매로 싹을 틔우듯 알게 모르게 그런 것들이 숲의 조화를 이루어 간다. 가만히 살펴보면, 자연은 무엇 하나 불필요한 탄생과 죽음을 내지 않는 것 같다. 다만, 그 순환의 질서를 깨뜨리는 것이 다름 아닌 우리 인간들일 경우가 많아서이지…….

벚나무 아래서, 나는 그런 것들로 하여 삶의 질서와 조화된 자연의 큰 수레바퀴를 본다.

(1995)

무인도에서 띄우는 편지

내 마음의 항구에 돛대 가득 그리움이 쌓일 때, 나는 섬을 생각한다. 멀리 떠나 스스로 고립과 단절을 느껴 보고 싶어질 때 섬을 찾는다. 고향 찾듯 다가가는 섬! 문명의 사막에서 원시의 오아시스를 찾듯 즐거이 그곳에 간다. 섬에 오면 모든 것이 내가 부여하는 질서에 따라 새로이 이름 붙여지고, 그에 의해 새로운 의미를 지니는 섬. 나는 지금 그 섬에 와 있다.

음력 17~19일이 되면 연륙도(連陸島)가 되는 섬. 그 간조(干潮)에 맞추어 걸어 들어갈 수도 있는 이 섬에 와 조개를 캐고, 게를 잡고, 해삼을 건져 올리며 하루를 보낸다. 때로 폭풍과 거센 파도에 휩싸일 때도 있지만, 그러면 그럴수록 더욱 정결해지는 섬. 섬은 태고연한 자연 그대로의 모래톱을 펼쳐 보이고, 울창한 소나무 숲 속에 물을 고이게 했다. 이렇듯 별장 찾듯 섬에 오는 것은 바다 가까이 사는 내 생활의 한 복인지도 모른다.

섬에 와 떠나온 뭍을 바라본다. 멀리 바라보이는 해안선이 물이 빠지면서 흰 띠를 이뤘다. 그 뒤로 보이는 소나무의 짙푸른 방풍림이 맑은 하늘 아래 푸르다. 멀리 두고 보니 모든 것이 아름다운 것을 나는 지금에서야 깨닫는다. 들을 건너는 송전탑. 멀리 산을 넘어 가마아득히 사라져간다. 띠섬. 나는 이 섬에 이르러 또다시 편지를 쓴다. '이 섬에 띳집[茅屋]을 짓는 것은 내 생의 꿈이다.'라고…….

섬은 너무나 적요하여 괴괴할 정도이다. 그저 들리는 소리라곤 밀려왔다 밀려가는 해조음(海潮音)과 이따금씩 들려오는 갈매기 소리뿐. 그러나 너는 알 것이다. 이 자연이 주는 소리가 너의 소음에 찌든 귀를 씻어 주리라는 것을…….

나는 그 흔한 휴대폰도 지니지 않았다. 지니지 않고 산다. 답답하게 그런 것도 없이 사느냐고 주위 사람들로부터 핀잔도 듣지만, 좀 더 원시적이고 자연적이고 싶어 그렇게 산다. 서서히 만조가 되면서 물은 섬의 둘레를 감싼다. 이내 나는 완전한 고립의 상태가 된다. 이렇듯 바다를 해자(垓字)처럼 두르고 앉은 내 마음은, 어느 것에도 함락되지 않는 내 순수의 영혼을 지킨다. 섬에는 누구 하나 없다. 이럴 때의 기분은 정말 묘하여, 이 섬에 내가 늘 꿈꾸어 오던 수국(水國)을 건설해 보고픈 생각이 든다.

섬 곳곳에 고운 모래톱을 숨겨 놓기도 했지만, 높다란 이랑을 만든 듯 검은 돌 줄기가 멀리 바닷속까지 뻗쳐간 곳이 이 섬이다. 여기저기 솟은 해암(海巖)과 괴석(怪石), 그 사이사이에 각종 해초를 자라게 해 어찌 보면 수석 전시장 같기도 하고, 어찌 보면 자연 수족관 같기도 하다. 그 돌 줄기 끝으로 나와 나는 지금 대양(大洋)과 마주보며 앉았다. 그리고 바다를 보며 묻는다. 바다는 얼마나 넓고 나는 얼마나 미소(微小)한가에 대하여. 바다 끝 수평선 위로 떠오르는 구름 — 그 뭉게구름을 보며 로빈슨 크루소의 고독을 맛보기도 하고, 엘바섬에서 탈출한 나폴레옹의 어리석음을 탓하기도 한다. 그런가 하면 내 마음의 영원한 유토피아인 '이니스프리의 호도(湖島)'를 꿈꾸어 보기도 한다.

오늘 이 섬에 와 모처럼 잃어버린 나의 고독을 찾는다. 도시의 시끄러움 속에 매몰돼 버린 내 육성(肉聲), 나의 발자국 소리를 듣는다. 이 섬의 고독을 깨치는 날, 나는 고독과 함께 있어 외롭지 않음도 배우리라. 이것은 또한 내 순결한 영혼의 부활을 뜻하는 것이 되리라. 이렇듯 섬에 오는 것은 내 본성으로의 회귀를 의미한다.

섬, 네가 있음으로 해서 나는 나답게 존재함을 느낀다. 여기는 누구도 침범할 수 없는 내 오롯한 사유의 왕국이다. 섬이 해수면 위에 떠 있는 한 그것은 다시 돌아와야 할 나의 목표다. 나는 이 섬에로의 초대가 깃든 편지를 또다시 쓴다. 그리고 종이배로 접어 뭍을 향해 띄운다. 종이배는 이 섬의 한적함을 싣고 해변으로 밀려가 또 다른 날의 나를 부르리라. 안개 속에 묻히거나 흰 눈에 뒤덮일 때도 나는 너를 생각하리라.

오늘도 내 왕국은 잔잔한 노을빛에 젖어 한 점 섬으로 남는다.

(2000)

계룡산 가을비

단풍이 든 계절 몇 해만에 학생들을 이끌고 계룡산에 올랐다. 동학사(東鶴寺) 입구에서 출발하여 남매탑을 거쳐 갑사(甲寺)로 내려오는 종주였다. 충남 사람들에게 가장 친숙한 산은 그래도 계룡산이다.

남매탑에 이르러 보니 벌써 낙엽이 져 앙상한 잔가지를 드러내놓고 있는 나무도 있었다. 우리는 그런 홀가분한 나무를 내려다보며 점심을 먹었다.

정상을 내려서자 비가 내리기 시작했다. 만추(晩秋)의 가을비였다. 햇살이 사라지자 숲 속은 어두컴컴해졌다. 그런데 부슬부슬 가을비가 이어지자, 무슨 조화인지 단풍 빛이 더욱 선명히 드러났다. 이끼도 금세 새파랗게 되살아났다. 바위는 더욱 검고 내리흐르는 물은 희게 보였다. 이렇듯 비에 젖은 가을산은 마치 목욕하고 나온 여인처럼 싱그러웠다. 햇살 속에 있을 때보다도 더욱 짙은 빛깔로…….

그 신비로움에 사로잡혀 한동안 나무들을 바라보며 감탄하지 않을 수가 없었다. 산 중턱의 단풍은 그야말로 절정에 이르러 있었다. 나무로 보이는 것뿐만 아니라, 떨어져 날리는 것도 단풍이요, 밟히는 것도 단풍이었다. 작은 폭포들로 이어지는 계곡물에 떠내려가는 것 또한 단풍이었다. 보이는 것 모두가 붉고 노란빛이었다. 그 속에서 나는 한동안 울렁증을 느꼈다. 아니 혼란스럽고 어지러웠다. 그렇게 가을산을 걸어 내려오면서 나는 단풍에 완전히 취해 있었다.

갑사를 거쳐 마을로 내려오는 길에 이르자 차츰 붉은빛이 사라지고 초록빛이 온 천지를 장식해 왔다. 여름의 녹음이 다시 연둣빛을 띤 초록빛으로 탈색돼 있었다. 갑자기 색이 변한 초록빛 숲 터널은 울렁거렸던 나의 마음까지를 진정시켜 주었다. 드문드문 단풍나무가 섞여는 있었지만, 전체적으로는 초록빛 터널을 이루고 있었다. 아마 거기는 지대가 낮고 물 가까운 곳이라서 그랬는지도 모른다. 표고(標高) 차도 있었으리라.

이렇듯 산 정상에는 단풍이 지고, 중턱에는 한창이고, 아래 자락은 아직도 푸른빛이었다. 나는 단풍이 채 들지 않은 나무들을 보고 "초록도 아름다워!, 초록이 이렇게 아름다운 줄은 몰랐네!" 하고 소리를 쳤다. 남아 있는 그 초록빛 이파리에 완전히 매료되어서. 그것을 옆에서 들으며 걸어가던 중년의 여인들이 빙그레 웃으며 고개를 끄덕여 주었다.

초록은 사람을 흥분시키지 않는다. 가는 가을이 아쉬워서 나는 그 초록빛 숲 터널을 다시 '올라갔다 내려갔다.'를 반복했다. 그러자 단풍으로 어지러웠던 마음이 안정되고 더없이 평안해졌다. 그러면서 느낀 것이, 이 세상에서 가장 아름답고 안정감을 주는 색은 역시 초록이라는 생각을 했다. 이처럼 우리는 우리 주변의 평범한 것의 아름다움이나 가치를 잊고 사는지도 모른다.

갑사 앞 단풍 끝 초록길은 가을 계룡산의 백미(白眉)이다. 더구나 비가 올 때 제대로 만들어지는 길이다. 단풍 아래서 다시 신록의 이미지를 담고 있는 그 탈색된 연초록은, 마치 인간의 무거운 고뇌를 털어낸 해탈한 고승의 모습과도 같이 가벼웠다. 이렇듯 차분한 마음으로 되돌려 주는 풍경이 그곳 길이다. 아니 그것을 만나는 것은 일생일대의 행운일 수 있다.

비에 젖은 산이 선명한 빛을 드러내듯, 우리네 인생도 땀이나 눈물 젖음 속에서 더욱 짙게 느껴져 오는 것은 아닐까?

(2016)

아름다움의 거리

아내는 말하였다. 돌아가는 길에 안면도(安眠島)에 가보자고. 아이들이 아주 어렸을 때 우리는 그들의 손을 잡고 그 섬엘 갔었다. 돌아보면 젊었다는 그것만으로도 아름다운 시절이었다. 그러나 그들은 이제 우리 품을 떠나 공부하러 먼 도시에 가 있다.

듣고 보니 나 역시 가보고 싶어졌다. 그리하여 서울서 내려오는 고속도로를 빠져나와 그곳으로 향했다. 곳곳에 아름다운 집들이 지어져 섬은 이국처럼 느껴졌다. 우리는 길가 어느 외진 바닷가로 들어갔다. 해수욕 철이 아니어서 그런지 사람들은 거의 보이지 않았다. 썰물 때문인지 바다 쪽으로 부는 바람 때문인지는 알 수 없으나, 고요한 정적만이 해변 가득 쌓여 있었다. 바닷가 그 풍경 속에 우리는 섰고 그리고 긴 해변을 따라 걸었다.

구두를 벗고 맨발의 자유로움을 즐기며 천천히 걸었다. 모래 바닥이 공기 방울을 머금은 듯 푹신거렸다. 부드럽고 시원스러운 느낌이 좋았다. 하얀 해안 쪽으로 돋은 풀들은 싱그럽게 돋보였고, 이따금씩 불어오는 바람이 풀잎을 흔들었다. 살갗에 와 닿는 바람의 부드러움을 느끼며 우리는 멀리까지 걸어갔다. 그리고 모래가 깨끗한 곳을 찾아 앉았다. 부드럽고 서늘한 모래 속에 발을 묻고 앞으로 펼쳐진 드넓은 바다를 바라보았다.

바라보이는 하늘 또한 높고 푸르렀다. 하늘 한 부분에 옅은 새털구름이 떠 있기는 했지만, 한참을 바라보고 있자니 그 구름마저 하나둘씩 사라지고 마침내 푸른 하늘만이 남았다. 푸른색 바탕에 흰 구름들이 흡수돼 버리는 깨끗한 소멸이 짧은 시간 안에 이루어졌고, 그것은 내 마음까지도 한없이 드높였다.

그런 하늘 밑에 흰 새들이 보였다. 먼 거리였는데 모래톱이 섬처럼 물 위에 떠 있었다. 새들은 그 텅 빈 공간을 날거나 흰 모래톱에 떼 지어 앉아 있었다. 하늘과 새 그리고 모래톱의 조화는 한 폭의 그림이었다. 마치 그들은 풍경화 속을 한가롭게 날고 있는 모습이었다. 순간 나는 그 아름다움에 절로 매료되었다.

그리고 불현듯 그곳으로 가보고 싶은 충동을 느꼈다. 걸어가기에는 꽤 먼 거리였지만 다시 일어나 걷기로 하였다. 한참을 걸어다가가 보니, 뭍에서 내려오는 물길이 그 앞에서 갈라지면서 바다로 흘러들고 있었다. 모래톱은 일종의 삼각주였다. 모래톱 앞을 흐르는 물은 생각보다 깊었다. 나는 아내를 저만치 남겨 두고 바지를 걷고 건넜다. 물은 점점 깊어져 바지를 거의 적시고 말았다. 가까스로 갈매기들이 떼 지어 있는 모래톱에 도착하였다. 내가 모래톱에 오르자 갈매기들은 일제히 날아올라 사방으로 흩어졌다. 그토록 아름답게 보였던 그곳은 갈매기들의 배설물과 뽑힌 깃털과 발자국으로 어지러웠다. 그곳이야말로 가장 아름답지 못한 장소였다. 그곳은 그들 새의 삶의 현장이었고 안전지대에 불과했다.

거기서 나는 다시 아내가 있는 해변 쪽을 바라보았다. 그리고 아내에게 오지 말라고 손짓하였다. 여기는 볼 게 없다고. 그런데 이상한 일이었다. 거기서 바라보니 이제는 아내가 있는 해변 쪽이 더 아름답게 보였다. 해변을 따라 찰랑이는 물결, 긴 모래톱, 방풍림을 이룬 소나무 숲과 조화된 맑고 푸른 하늘 역시 한 폭의 그림이었다. 나는 방향을 달리해 거기서 아까는 보지 못한 새로운 아름다움을 발견하고 다시 한 번 감탄했다.

나는 다시 물길을 건너고 아내가 있는 해변을 향해 걸었다. 그리고 우리가 앉았던 그 자리로 돌아와 다시 모래톱 쪽을 바라보았다. 때마침 드넓은 바다와 하늘이 온통 금빛으로 물들어 가고 있었다. 그를 배경으로 한 모래톱은 내가 그곳으로 가기 전보다도 훨씬 더 아름답게 보였다. 나는 그를 보며 또다시 감탄했다. 그리고 깨달았다. 아름다움은 그림 보듯 아주 적당한 관조적인 거리를 필요로 한다는 것을…….

이렇듯, 아름다움이라는 것은 늘 거리와 시간 속에 존재한다. 안이거나 곁에서는 좀처럼 느껴지지 않는다. 그에서 조금 벗어나거나 비켜선 자리, 소유(所有)가 아닌 향유(享有)의 거리에서 아름다움은 오롯이 탄생을 하고 또 보존돼 가는 것이리라. 누군가가 '인생은 멀리서 보면 희극이고 가까이서 보면 비극이다.' 말했듯이, 아름다움 또한 그럴 것이다. 그래서 우리는 신기루 보듯 늘 삶에 속게 되는지도 모른다. 아름다움을 이미 지나쳐 온 것도 모르면서…….

(2005)

가을날

간밤까지만 해도 창문을 두들기는 빗소리가 오락가락 하더니 아침에 이르러서야 잠잠해졌다. 휴일의 늦은 아침밥을 먹고 나니, 해가 구름을 벗어나면서 급기야 햇살이 베란다로 찾아들었다.

문득 이런 날이면 좋을 만수산 태조암(太祖庵) 가는 길을 떠올렸다. 그 길은 꽃이 피어도, 단풍이 들어도, 달이 뜨거나 눈이 날려도 좋은 길이다. 오늘 같은 날이면 그 너른 골짜기에 가을빛이 가득할 듯싶었다.

파란 하늘빛이 보고 싶어, 단풍든 가을 숲이 보고 싶어 아내와 같이 집을 나섰다. 만수산은 집에서 30분이면 가 닿을 수 있는 거리다.

이 길은 넓고 평탄하기에 손잡고 함께 걸을 수 있어 좋다. 차가 안 다니기에 먼지도 없고, 한적하기에 그지 여유롭게 걸을 수 있다. 걷다가 산 능선의 나무들을 바라보는 것도 좋고, 숲 속에 고요히 잠긴 무량사 지붕을 건너다보는 것도 좋다. 파란 하늘을 바탕으로 계곡 가득 꽃처럼 달려 있는 감들을 올려다보는 것 또한 좋다. 걷다가 우리는 길가에 늘어선 흰 자작나무에 기대어 한동안 단풍든 산을 바라다본다. 참으로 붉고도 맑다. 문득 학창시절에 배웠던, 내가 무척이나 즐겨 읽던 두목(杜牧)의 「산행(山行)」이라는 시가 떠오른다.

> 遠上寒山石徑斜 : 멀리 가을산 위로 돌길은 비껴 있고
> 白雲生處有人家 : 흰 구름 이는 곳에 인가가 보이네.
> 停車坐愛楓林晩 : 수레 멈추고 앉아 늦은 단풍 숲 바라보니
> 霜葉紅於二月花 : 서리 맞은 잎새 이월 꽃보다도 붉네.

산소리인 듯 한줄기 산곡풍(山谷風)이 불자, 우수수 날리는 낙엽이 마치 이별의 손짓인 양 계곡으로 색종이 뿌리듯 흩날린다. 저런 장면 앞에 마음을 빼앗기지 않을 사람이 있을 건가. 낙엽은 때로 파란 하늘로 떠올랐다가 다시 깊은 계곡으로 점점이 내려앉는다.

고즈넉하기 이를 데 없는 길을 걸어 골짜기 끝 작은 암자에 이르니, 바람 멎은 마당엔 노란 햇살만이 가득하다. 노승(老僧)은 집을 비운 채 한적한 공간만이 우리를 맞는다. 담장 위로 쏟아질 듯 열린 감들이 풍성하고, 저만큼 비켜 옹기종기 모여 앉은 장독들이 정겹다. 우린 이런 태조암의 정경(情景)이 좋아 가끔 이곳에 온다.

마루에 앉아 볕을 쬐며 앞을 본다. 골짜기로 쏟아져 내리는 햇살 속에 온통 열매를 달고 있는 감나무가 볼수록 넉넉하다. 산까치가 날아와 고목된 감나무 위 홍시를 쪼아 먹다 날아간다. 고개를 들어 다시 하늘을 올려다본다. 매 한 마리가 높이 떠서 맴을 돈다. 짙푸른 하늘이 마치 물처럼 구석진 골짜기를 타고 쭈르르 흘러내릴 것만 같다.

햇살 속에 온몸을 드러낸 샘, 그 옆으로 다가가 흘러나오는 물소리를 듣는다. 하루 종일 들어도 싫증나지 않을 소리다. 바위틈

에서 졸졸졸 흘러나오는 물소리가 하 정겨워 나는 바가지로 물을 받아 마신다. 물맛의 상쾌함이 뱃속 깊이 스며든다. 골짜기를 포근히 덮어 버린 듯한 가을볕이 좋아, 우리는 이리 오후 내내 암자에 머물러 있다. 햇살에 스민 향기는 풀 마르는 냄새인 듯, 낙엽 지는 냄새인 듯 우리 주변을 떠돈다. 우리는 이렇게 앉아 오늘을 보내며 함께 살아 있음에 그저 행복해 한다. 이제 우리가 가고 나면, 스님은 바람같이 왔다간 우리의 존재를 알지 못하리라.

비낀 햇살을 남겨 두고 얼마만큼 내려오다 나는 아쉬움에 골짜기를 다시 한 번 돌아본다. 파란 하늘이 계곡 위를 지붕처럼 덮고 있다. 저렇듯 날씨가 맑으니, 오늘 밤은 열나흘 달빛 또한 고울 것이다.

아깝게도…….

(2009)

산 속에서의 합창

제자 중에 중학교 2학년 나이에 대학에 가 천재성을 발휘한 녀석이 있는데, 그의 아버지에게서 전화가 왔다. 그들은 이곳 서천에 집을 놔두고 더 깊은 산골에 가 살고 싶다며 부여 만수산 가까이에 가 살고 있는 분들이다. 어떻든 자유롭고 멋스럽게 사는 이들이, 기억에 남는 아들의 초등학교 때 선생님 한분과 중학교 때 선생님 한분을 모시고 같이 식사라도 하고 싶은데 오실 수 있느냐는 것이었다. 초등학교 때 여선생님도 익히 알고 있는 터라 그러마 하고 허락을 했다.

즐겁게 점심을 마친 우리는 산책이나 하자며 만수산 태조암 가는 길을 걸었다. 늦가을 빛이 더없이 맑은 오후였다. 단풍이 든 산도 아름답거니와 흰 자작나무 숲 또한 시원스레 보기 좋았다. 그런가 하면 길가에 끝없이 늘어선 감나무의 붉은 알들이 푸른 하늘을 더욱 아름답게 장식해 주었다.

비어 있는 암자를 거쳐 산책길을 내려오던 중에 제자가 선생님인 나를 업어주겠다고 했다. 어엿한 청년으로 성장한 녀석이 대견스러웠지만, 부모님이 계신데 업혀 가는 것도 뭣하고 해서 사양을 했다. 그랬더니 주변 풍경에 흥이 났던지 두 부자(父子)가 그러면 함께 선생님을 위해서 노래를 불러 드리겠다는 것이었다. 그들은 음악에 소양이 깊고, 특히 첼로 연주에 특별한 재능을 가지고 있는 사람들이었다.

이수인이 작시·작곡한 신작 가곡 「내 마음의 강물」이 어떻겠냐는 것이었다. 잘은 모르지만 'KBS 열린 음악회' 때 한두 번 들려본 노래인 것도 같았다. 좋다고 했더니, '강물'의 정확한 의미는 잘 모르지만, 좋아서 자주 부르는 노래라고 하였다. 그러면서, "수많은 날은 떠나갔어도~ 내 맘의 강물 끝없이 흐르네~ 그날 그땐 지금은 없어도~ 내 맘의 강물 끝없이 흐르네~" 하며, 갑자기 두 부자가 목청껏 노래를 부르기 시작했다. 목소리가 너무 커 약간은 당황도 했지만, 가을 정취에 젖어 대자연 속에서 부르는 노래는 그야말로 육성(肉聲)의 신선함이 느껴졌다. 그 노래는 계곡을 차오르며 하늘 높이 솟아오르는 듯싶었다. 그리고,

새파란 하늘 저 멀리 구름은 두둥실 떠나고~
비바람 모진 된서리 지나간 자국마다 맘 아파도~
알알이 맺힌 고운 진주알 아롱아롱 더욱 빛나네~
그날 그땐 지금은 없어도 내 맘의 강물 끝없이 흐르네~

하고, 1절이 끝났다 싶을 바로 그때였다. 갑자기 왼쪽 산봉우리 숲 속에서 우렁차면서도 아주 선명한 노랫가락이 이곳 감들이 꽃처럼 달려 있는 계곡을 향해 흘러내려 왔다. 사람은 보이지 않았으나 단풍나무 숲 사이로 움직임이 느껴졌다. 아마 산마루까지 오른 산나그네인 듯싶었다. 목소리가 어찌나 컸던지 그 깊은 계곡에 가득 차오르는 느낌이었다. 목소리뿐만 아니라 음색(音色) 또한 선명했다. 1절을 듣고 흥이 났던지 바로 2절을 이어 불렀던 것이다.

아마 잘은 모르지만 흥(興)이란 노래란 바로 저런 것이 아닌가도 싶었다. 그들은 풍류인(風流人)일 것이 분명했다. 그때 두 부자는 갑자기 흘러온 노래에 이건 또 무언가 싶어 잠시 노래를 멈추고 있다가, 아하 오늘 뭔가 통하는 사람들을 만났다 싶었던지 더욱 큰 소리로 산봉우리를 향해 2절을 함께 불러 제꼈다. 그야말로 단풍든 온 산을 가득 메우는 생판 얼굴도 모르는 사람들끼리의 합창이었다.

양쪽 산봉우리 사이 푸른 하늘로 마침 흰 구름덩이 하나가 흘러갔다. 더없이 맑은 하늘 밑으로 단풍이 흐드러진 가을날이었다. 그때 계곡과 산봉우리에서 마주 부르는 노랫소리는 그 어떠한 음악보다도 더한 감동을 불러일으켰다. 붉게 물든 산을 배경 삼은 그 노래는 마치 자연과 인간이 하나 되는 대자연의 합창과도 같았다. 가을 숲 속에서 내게 바쳐진 노래라 생각하니, 더욱 잊지 못할 진한 감동으로 밀려왔다.

이처럼 노래라는 것은 우리 마음을 대변해 줄뿐 아니라, 사람 마음을 한층 더 고양시켜 준다. 뿐만 아니라 동질감 속에 함께 어울리게도 하는 등 참으로 폭 넓은 공감대를 형성시켜 준다. 노래는 나그네의 길동무요, 분위기에 동화된 감정의 유로(流露)다. 나아가 아름다운 그 장소에 대한 친근감과 찬미의 표현임이 분명하다.

우리는 지난 세월을 그리워하며 그렇게 천천히 산길을 걸어 내려왔다. 그리고 헤어져 돌아오면서 나는 제자에게 책을 선물하였고, 그분들은 또다시 내게 직접 가꾸어 캔 것이라며 고구마를 차에 실어 주었다.

산 계곡을 빠져나와 점점 멀어져 왔으나, 메아리 된 그 노래는 그때껏 내 가슴에 남아 흘렀다.

(2009)

5
추억의 장

다시 끌려간 검둥이

식물에 기울이는 끈끈한 애정과는 달리 나는 동물에게는 별 관심을 나타내지 않는다. 그것은 본래부터 내가 동물을 싫어해서가 아니다. 특히 개에게는 더욱 냉정하다시피 구는데 거기에는 의도적인 것이 숨어 있다. 바로 정을 붙이고 싶지 않아서가 그 이유이다.

초등학교 4,5학년 때쯤으로 기억하고 있는데, 고향 집에서 토종개 한 마리를 키웠던 적이 있다. 검둥이라 이름 붙여진 그 녀석은 정이 많고, 훈련을 받은 것도 아닌데 영리하기가 짝이 없는 녀석이었다. 학교에 갈 때면 동구 밖까지 배웅했고 학교에서 돌아올 때쯤이면 어떻게 알고 동네 앞에 나와 나를 맞이하곤 했다. 그런가 하면 들에 갈 때는 앞장을 섰고, 개울을 가로질러 건널 때면 주저 없이 물로 뛰어들어 헤엄을 쳐 따라왔다. 그뿐만이 아니었다. 밭에서 가족이 함께 일하고 있을 때면, 지키고 앉아 있다기 제 몫의 일을 하듯 들쥐를 잡아내기도 했던 녀석이다.

더욱 정 깊고 충성스러웠던 것은, 밤에 남의 집에 놀러 갈 때면 그 집 문 앞에서 신발을 지키며 내가 나올 때까지 기다려 주곤 하였다. 그런가 하면 몰래 집을 나갔다가 밤늦게 돌아와도, 주인의 냄새를 맡았음인지 아니면 발걸음 소리로 구분을 하는 것인지 보이지 않는 울안에서도 절대 짖지를 않았다. 다만 들어서는 나에게 곧장 다가와 반갑게 꼬리를 흔들어 줄 뿐이었다. 나는 그런 녀석을 쓰다듬어 주었고 안아도 주면서 먹을 것이 있으면 조금이라도 꼭 나누어 주었다. 물론 그 녀석은 다른 사람이 주인에게 해코지라도 할라치면, 으르렁거리며 곧장 달려들어 나를 지켜 주었다. 더욱 놀라운 것은 녀석이 집 밖에 나가 있을 때, 집 안에서 내가 부르면 대문까지 가지 않고 부르는 방향의 담장을 곧장 뛰어넘어 와 내 앞에 다가와 서는 녀석이었다.

그러던 어느 썰렁해진 가을 무렵이었다. 무슨 연유인지는 잘 모르지만, 갑자기 어머니가 몸져누워 나도 덩달아 시무룩해진 어느 날 오후였다. 나뭇잎이 뚝뚝 떨어져 내리는 동구 밖을 걸어 학교에서 돌아온 나는 집안에 들어서자마자 심상찮은 분위기에 휩싸이고 말았다. 집 앞에서 철망을 실은 큰 자전거 한 대를 보고 들어온 터였기에 그 낌새를 금방 알아차릴 수 있었다. 그것은 개장수 것이었고, 낯모르는 사람이 마루 밑에 들어가 저항하는 우리 집 개 검둥이를 끌어내고 있는 참이었다. 나는 마루 끝에서 담배를 피워 물고 있는 아버지에게로 달려가 개를 팔았느냐고 따지듯 물었다. 아버지는 내가 학교에서 돌아오기 전에 팔아 버리려 했던 것이, 공교롭게도 이런 꼴을 보이게 되었다는 식으로 그렇다고 무겁게 말씀하셨다. 나는 팔지 말라고 애원하듯 말했다. 그러나 아버지는 이미 팔았고 어쩔 수 없는 일이라고 다시 말했다. 이유는 두 가지였다. 하나는 어머니가 아파 돌볼 사람이 없다는 것과 또 하나는 그것을 팔아 어머니의 약을 지어온다는 것이 그것이었다. 나는 더는 토를 달 수 없었다. 방안에 누워 있는 병색이 완연한 어머니 얼굴이 떠올랐기 때문이었다. 내게는 검둥이보다 어머니의 존재가 더 소중한 것이기에 입을 다문 채 그 광경을 지켜보는 수밖에 없었다.

마루 밑으로 기어든 검둥이는 이를 드러내 놓은 채 으르렁거리며 결사적으로 저항했다. 누구에 의해서인지 평소와는 달리 목줄에 쇠사슬이 걸려 있던 검둥이는 발톱을 흙 속에 찔러 넣고 끌려나오지 않으려고 안간힘을 쓰며 버티었다. 마루 밑을 들여다보던 나는 그때 검둥이의 눈과 마주쳤다. 공포에 질린 검둥이의 눈은 눈물이 번져 있었다. 개도 눈물을 흘린다는 것을 나는 그때 처음 알았다. 필사적으로 저항하던 검둥이는 개장수가 휘두르는 지겟작대기를 얻어맞은 뒤, 무자비하게 낚아채는 그 억센 힘으로 결국 끌려나오고 말았다. 그렇게 끌려나온 검둥이는 몇 대를 더 얻어맞은 뒤, 꼬리를 내리고 자전거 위 철망 안으로 밀어 넣어졌다. 나는 아버지를 야속하게 생각했다. 다른 방법도 있을 텐데 굳이 그렇게까지 하느냐는 식으로 속으로 한편 아버지를 미워했다.

그때 다시 한 번 마주친 그 애원의 눈빛은 각인된 듯 오래도록 내 기억 속에서 지워지지를 않았다. 철망에 갇혀 끌려가던 우리 집 개 검둥이. 주인을 믿고 충직하게 절대 복종했던 그 녀석은 자신을 배신해 버린 매정한 주인을 망연히 바라만 보는 신세가 되었다. 다시 눈물을 흘리던 그 절망스런 원망의 눈빛과 마주하는 순간 나 또한 눈물을 떨어뜨리지 않을 수가 없었다. 하지만 어머니를 생각하며 눈물을 훔치고 나는 다시 그 슬픔을 삼켜야만 했다. 그때 그렇게 끌려가며 내게서 끝까지 눈길을 놓지 않았던 검둥이를 생각하며 나는 밥맛을 잃었고, 허전함에 밤잠을 제대로 이루지 못했다. 정 붙여 살아온 날들이 쌓여 있는데 하루아침의 슬픔으로 지워질 수 있는 일이 아니었다.

그런 일이 있었던 후 이틀이 지난 오후였다. 학교에서 돌아온 나는 화들짝 놀라지 않을 수가 없었다. 그렇게 팔려간 우리 집 개 검둥이가 거지꼴이 되어 집으로 돌아온 것이었다. 토실토실 윤기가 흐르던 털빛은 온데간데없고 굶었는지 약간 여윈 듯 짝 달라붙은 배에 털에는 오물까지 묻어 있었다. 집에서 충주 시내까지는 삼십 리 길인데, 그래도 그놈은 주인을 못 잊어 탈출해 그 먼 길을 더듬어온 듯싶었다. 실려만 가봤을 그 길을 어떻게 찾아올 수 있었는지에 대해 나는 또 한 번 놀라지 않을 수가 없었다. 나는 급히 물과 먹을 것을 가져다주고 오물과 젖은 몸을 닦아 주고 안아 주었다. 녀석은 꼬리를 치는 것을 넘어 안겨서 엉덩이까지 마구 흔들어 댔다. 나는 아버지에게 검둥이를 다시 키우자고 애원했다. 그러나 아버지는 묵묵부답이었다.

그 다음 날 학교에서 돌아와 검둥이를 쓰다듬어 주고 있는데, 대문 앞에 철망을 실은 자전거 한 대가 다가와 섰다. 바로 며칠 전의 그 개장수의 자전거였다. 그가 다시 찾아온 것이었다. 순간 나의 가슴은 다시 한 번 철렁 내려앉았다. 그는 곧장 집안으로 들어서자마자 "여기 개 돌아왔죠?"라고 확신하듯 물었다. 그러면서 다시 지겟작대기를 집어 들고 검둥이에게로 다가갔다. 검둥이는 예전과는 달리 겁에 질린 듯 꼬리를 내리고 오줌을 질질 싸며 그를 피해 내 뒤로 숨어들었다. 개장수는 단숨에 달려들어 개목걸이를 낚아챈 뒤 순식간에 번쩍 들어 철망 안으로 쑤셔 넣었다. 팔려간 그 개를 우리 개라고 주장할 수는 없는 노릇이었다. 내 가슴은 다시 찢어졌고 그것은 상처가 되어 깊이 파고들었다. 개장수는 뒤도 안 돌아본 채 줄곧 내달렸고, 철망에 넣어진 검둥이는 우리 집을 응시한 채 또다시 멀어져 갔다.

나는 철망에 갇혀 멀어져 가는 그 녀석을 바라보며 울고 또 울었다. 아주 어렸던 시절 정 떼기가 쉽지 않다는 것과 이별이 슬픔임을 나는 그 개를 통해 처음으로 느꼈다. 그렇게 다시 끌려간 우리 집 개 검둥이는 그 후 영영 돌아오지 않았다. 홀로 남겨진 듯한 나는 툇마루 끝에 앉아 대문 밖 동구 쪽을 바라보는 새로운 버릇이 생겼다. 어머니가 오래간 몸져누우면서 집안은 고요해졌고, 더욱이 검둥이마저 떠난 집은 적막감만이 감돌았다.

(2014)

뻐꾸기의 단식 투쟁

이즘까지도 뻐꾸기 소리를 들으면 잊히지 않고 생각나는 것이 있다. 산길을 거닐다 만난 뻐꾸기 소리에 귀를 기울이다 보면, 어느덧 아주 어린 시절에 겪었던 추억의 한 장면이 아련히 떠오르곤 한다.

아마 초등학교 3,4학년 때쯤으로 기억한다. 햇살이 온 천지에 부챗살처럼 퍼져 내리는 오월의 어느 오후였다. 학교에서 집으로 돌아온 나는 배고픔에 먹을 것을 찾다가 어머니가 일을 하고 있을 오리골을 향해 걸어 올라가는 중이었다. 그런데 길가 숲 속에서 뻐꾸기 소리가 아주 명징하게 들려오고 있었다. 너무도 명확하게 아주 가까이서 들려왔기에 그 소리에 이끌려 호기심에 숲으로 살살 기어들었다. 꽤 굵직한 뻐꾸기 한 마리가 밤나무 가지 위에서 울고 있었다. 나는 생각 없이 주변에 있는 돌멩이 하나를 주워 뻐꾸기를 향해 냅다 던져 올렸다. 그런데 그 다음 순간 기대를 넘어 나도 놀랄 일이 벌어지고 말았다. 그냥 던져 본 것이라면 그렇다고 할 수 있는 일이었는데, 딱 한 방에 맞아 알밤 빠지듯 떨어져 내린 것이었다. 내 돌팔매의 실력에 스스로 놀란 나는 순간 그곳으로 달려갔고, 그놈을 잡아들자 잠시 기절했던지 바로 눈을 떴다. 그야말로 순식간에 벌어진 일로 내 자신도 믿기 어려움에 마냥 신기해했다.

환희에 휩싸인 나는 어머니에게로 곧장 달려갔고, 잡은 뻐꾸기에 대해 흥분된 어조로 자랑을 늘어놓았다. 어머니 역시도 믿기지 않는다는 듯 신기해하며 들여다보았다. 나는 놓칠까 주의를 하면서 그놈을 집으로 가져온 뒤, 곧장 새장에 집어넣었다. 마침 취직한 누나가 사온 잉꼬 새장이 한 마리는 죽고 한 마리는 도망을 쳐 비어 있었다. 거기다가 밀어넣은 뒤 키워볼 요량으로 바로 먹이도 주고 물도 주며 지켜보았다. 만약 '집안에서 뻐꾸기 노랫소리를 들을 수 있다면 얼마나 환상적일까?'라는 생각을 하며, 그 주변에 지켜 서서 정성스레 그 녀석을 돌보았다. 그러나 녀석은 좀체 먹이를 먹으려고도 노래를 부르려고도 들지 않았다.

다음날 학교에서 돌아오자마자 곧장 달려가 살펴보았으나 물 한 방울 콩알 하나 축내지 않고 버티고 앉아 있었다. 단식 투쟁이었다. 아버지께서 "다 큰 어미 새를 잡아와 길들이기는 쉽지 않은 일"이라고 말하였다. 그러자 어머니께서 "놓아 주면 어떻겠느냐?"는 것이었다. 그러나 이 믿을 수 없는 행운을 버릴 수는 없는 일이었다. 뻐꾸기를 산 채로 잡았다고 친구들에게도 잔뜩 자랑을 해 놓은 상태였다.

이틀날 아침이 되어도 녀석은 먹이를 먹으려 들지 않았다. 묵비권을 행사하듯 '뻐꾹- 뻐꾹-' 하는 그 아름다운 소리도 전혀 내지 않고 기나긴 단식 투쟁에 돌입한 상태였다. 먹을 것을 이것저것 더 넣어 준 뒤, 걱정 속에 학교를 다녀왔으나 역시 마찬가지였다. 아예 구석에 죽은 듯이 기대 있었다. 기진역진(氣盡力盡)하여 축 늘어져 있는 꼴을 보니 이러다 저놈을 죽이는 것은 아닌가 하는 두려운 생각마저 들게 했다. 그때 어머니께서 "저렇게 죽이면 죄

받는다. 놓아 주거라."라며 또다시 말씀하였다. 그 말을 듣고 보니 마음이 약해지며 점점 갈등에 휩싸였다. 이렇게 하다가 어차피 죽을 거라면 놓아주자는 것이었다. 그러나 저놈이 꾀를 쓰고 있는지도 모른다는 생각이 들었다. 하여 갈등을 억누르며 네 놈이 굶어 죽을 지경이 되면 먹지 않을 수 없을 것이라는 생각에 아침까지 두고 보기로 했다. 학교 가기 전 다시 새장 앞으로 다가가 보니, 쓰러진 듯 추레해진 모습으로 구석에 처박혀 있었다. 나는 거기서 결심했다. 끝내 죽게 될 바에야 놓아주리라고. 눈을 감고 거의 죽은 듯 축 늘어져 있는 뻐꾸기를 꺼내 손아귀에서 풀어놓자, 이게 어찌된 일인지 푸르르 허공을 향해 날아올랐다. 나는 그놈의 시늉에 완전히 속은 느낌이었다. 하늘로 날아오른 녀석은 재빠르게 들을 건너 숲이 있는 산을 향해 날아갔다. 또다시 순식간에 이루어진 꿈같은 일이었다. 그렇게 죽은 듯 늘어져 있던 놈이 어떻게 그토록 힘 있게 날아오를 수 있단 말인가. 나는 괘씸한 생각과 함께 다시 한 번 놀라지 않을 수가 없었다.

뻐꾸기는 생래(生來)로 길들여질 수 없는 것일까? 야생적 자유에 길들여진 성조(成鳥)가 하루아침에 새장에 갇혀 인간의 먹이를 딸꾹딸꾹 받아먹을 리는 없겠지만, 그래도 이틀을 넘게 굶고도 그 굶주림의 생리적 본성을 속일 수 있었다는 것은 놀라운 인내력이 아닐 수 없었다. 속여 버틸 수 있는 한계가 대체 어디까지인지 의심스러웠다. 탁란(托卵)으로 깨어나는 뻐꾸기의 기만성은 DNA로 전이돼, 그 못된 버르장머리를 조상 대대로 뼛속 깊이 유전시켜 왔던 것은 아닐까…….

내가 알아본 바에 의하면, 뻐꾸기란 놈은 둥지를 틀거나 새끼를 기르는 법 없이 여기저기 몰래 알만 내지르고 다니는 뻔뻔하기

짝이 없는 놈이다. 한 마리의 암컷 뻐꾸기는 수컷 두세 마리와 바꾸어 가며 교미를 하는 아주 특이한 새이다. 그러면서 어두워 오는 저녁을 틈타 뱁새 둥지에다 열 내지는 스무 개의 알을 여기저기 흘리듯 낳아 놓고 난 몰라라 도망쳐 버리는 천하에 몹쓸 어미새이다. 그런 절개 없고 무책임한 놈이 바로 뻐꾸기 암컷으로, 이 같은 놈이 세상에 다시 있을까 싶다. 그 사실을 알고 난 후 나는 더욱 경악했다. 맹수로 이름 높은 사자나 호랑이도 모성애로 지극정성 제 새끼를 거두는데, 이런 무책임 몰염치에 거듭 놀라지 않을 수가 없었다. 그렇듯 그 어미에 그 새끼라고나 할까. 새끼 또한 부화와 동시에 주객이 전도된 격으로 둥지의 적자(嫡子)인 뱁새의 알과 새끼를 밀어내는 횡포스럽기 짝이 없는 놈이 아닌가. 그런 후 매혹의 붉은 입으로 숙주(宿主) 새를 유인해 먹이를 받아먹고 자기 몸을 키우는 것이다.

우리가 흔히 뱁새라고 부르는 이 숙주가 되는 '붉은머리 오목눈이'라는 새 또한 재미있다. 이 새는 한 종(種)이 특이하게 암컷의 유전자에 따라 흰색과 푸른색 두 빛깔의 알을 낳는다. 이 멍청한 자그마한 양모(養母)인 어미 새는 자기보다 덩치가 열 배 스무 배 이상 큰 괴물 같은 뻐꾸기를 죽을 둥 살 둥 거두어 먹인다. 그 큰 새끼 등에 올라타 먹이를 입속으로 밀어넣어 주는 것을 볼라치면, 마법에 걸리지 않고서야 어찌 저렇게 할 수 있을까 싶은 생각이 들 정도다. 이렇듯 숨어들어온 자식이 급기야는 양어머니를 시녀를 넘어 한낱 노예로 만들어 버린다.

리처드 도킨스의 학설에 의하면, 푸른색의 매혹적인 알을 낳는 이 숙주 새는 새끼 뻐꾸기의 그 붉은 입에 마법에 걸린 듯 먹이를 넣어주지 않고는 배겨내지를 못 하게끔 진화돼 왔다고 한다.

이를 그는 『이기적 유전자』라는 저서에서 '불가항력설'에 따른 '마약 중독자'로 비유하기도 했다.

어쨌든 어린 시절에 겪었던 놓아준 그 뻐꾸기를 떠올릴 때면, "자유가 아니면 죽음을 달라."고 했던 미국의 독립운동가 패트릭 헨리의 말이 떠오른다. 그 뻐꾸기에게 있어서도 자유는 목숨보다도 중요한 것이었는지도 모른다.

나는 지금도 자유 의지를 생각할 때, 그렇듯 능청스럽던 그 뻐꾸기란 놈을 생각한다. 목숨을 내놓고 단식 투쟁을 벌이던 그 녀석은 급기야 내 소유 의지를 꺾고 새장을 벗어났다. 내 소중한 자유를 먹이와 바꾸지 않겠다던 그 목숨을 건 의지와 인내 앞에 나는 스스로 굴복하고 말았다. 아니 지금에 이르러 그의 의지와 인내에 외려 격려와 찬사를 보낸다. 자유가 빵보다도 고귀한 가치임을 나는 뻐꾸기 그 놈으로 하여금 다시금 깨닫고 배웠기 때문이다. 역사적으로 보더라도 목숨을 담보로 한 약자의 단식 투쟁은 늘 문제 해결의 진전을 이루고, 민주화를 이루고, 자유를 얻어내었다.

하기야, '羈鳥戀舊林 池魚思故淵(기조연구림 지어사고연) — 새장의 새는 옛 숲을 그리워하고, 못의 물고기는 옛 호수를 생각한다.'는 도연명의 시구(詩句)도 있어 왔었다.

자유는 인간을 초월해 모든 동물의 원초적 본능임을 나는 오늘의 산책길에서 다시금 새기어 본다.

(2014)

집으로 가는 길

타처에 가 사는 사람들에게 있어 어머니가 계신 고향집보다 더 큰 그리움을 갖게 하는 것이 있을까. 그것은 지극히 본능적인 것으로 귀소성(歸巢性)과도 같은 강력한 이끌림을 갖는다. 따라서 고향집은 내 거친 삶의 출발점이자, 내가 겪은 모든 잘못을 다시금 되돌려 놓는 원점(原點)이기도 했다.

나는 충주 근방의 시골 깊은 지역에서 태어나 도청 소재지가 있는 청주에서 중학교를 다녔다. 돈이 있어 대처(大處)로 간 것이 아니라, 못 갈 형편이었는데 운동 특기자이었기에 선생님이 보내줘서 갔다. 지금은 자동차로 한두 시간, 대중교통 수단을 이용하면 서너 시간이면 가 닿을 수 있는 거리지만, 그때 당시는 토요일 수업이 끝난 오후에 출발하면 자정 무렵이나 되어서야 도착할 수 있는 까마득한 거리였다. 흔히 내가 집에 갈 즈음이면 돈이 다 떨어지고 더 이상 버틸 수 없는 한계치에 이른 상태였다. 거의 고학이나 다름없이 학교에 다니다 보니 고향 가는 길은 더욱더 멀고도 두렵게만 느껴지는 길이었다.

그날도 토요일이었다. 그리움에 지친 나는 단지 고향집이 그리워서 엄마가 보고 싶어서 무작정 고향을 향해 출발했다. 내 주머니 속에는 동전 몇 개만 잘랑거렸다. 그것은 한 번의 시내버스만 탈 수 있는 돈이었다. 나는 기차역을 향해 걸으면서 그 돈이 충주역에서 홈실까지 가는 없어서는 안 될 중요한 돈임을 다시금 인식했다. 보다 큰 액수인 기차 차비는 물론 없었다. 내 용기와 인내와 지혜만이 나를 기차에 태울 수 있는 유일한 수단이었다.

기차는 오후에 두 번 정도가 있었다. 그러나 수업을 마치고 기차역까지 걸어가야 하는 학생이 탈 수 있는 시간의 기차는 저녁 무렵의 기차밖에는 없었다. 또한 그것이어야만이 내가 탈 수 있는 차이기도 했다. 차비가 없는 나는 이른바 쌔비 차를 타야했다. 그러기 위해서는 미리 기차역을 빙 돌아 석탄을 실어 나르는 역사(驛舍) 맞은편에 머물고 있는 화물차에 들어가 있어야 했다. 차표가 없는 나는 검표를 하는 개찰구(改札口)를 빠져 나갈 수 없으니, 그렇게라도 해야 차에 오를 수 있었기 때문이다.

그 지루하고도 답답한 시간이 흘러 기차가 다가오면 반대쪽에서 여러 겹의 철로를 건너 차에 오르고, 그때부터는 맨 앞 칸으로 가 뒤쪽에서 차장의 눈치를 살펴야 했다. 언제 차표를 검사할지 모르기 때문이다. 맨 앞 칸에서부터 차표를 검사하기 시작하면 차장의 눈치를 보며 다음 칸으로 또 다음 칸으로 앞질러 가다가 기차가 서게 되면 내려 다시 맨 앞 칸으로 가는 수법이었다. 기차가 많은 차량을 달았거나 손님이 많으면 통할 수 있는 방법이었다. 그렇지 않을 땐 차표 있는 친구를 만나 화장실에 들어가 있다가 한 명이 나오면서 차표를 내미는 식이었다. 그러나 그 시간에 그럴만한 친구를 만나기란 쉽지 않은 일이었다.

그 날도 나는 어렵게 차장의 눈을 피해 기차를 한 바퀴 돌아 앞으로 가 있었다. 그런데 이제는 내리는 게 또한 문제였다. 차표도 없는 사람이 버젓이 개찰구를 빠져나갈 수는 없는 노릇이다. 방법은 하나 뛰어내리는 수밖에 없었다. 달리는 기차에서 몸을 날리는 것은 두렵고도 위험천만한 일이다. 그러나 검표를 할 때 걸려서 역 앞의 파출소에 넘겨지기라도 하면, 집에 가는 일은 고사하고 또 다른 난관에 부딪칠지도 모를 일이기에 선택의 여지가 없었다. 기차의 속도가 지금 것보다는 훨씬 느리지만, 그래도 사람이 뛰어내릴 수 있는 정도는 아니었다. 기차가 역에 도착하기 전에 1,2차에 걸쳐 브레이크를 넣는다. 1차 브레이크를 넣고 속도가 어느 정도 죽으면, 그때 선배가 가르쳐준 대로 몸을 날려 쓰러지지 않으면서 기차가 가는 방향으로 같이 내달려야 한다. 바람의 저항을 피하면서…….

물론 그곳은 논바닥이어야만 하고 나는 그곳을 어느 정도 알고 있었다. 중요한 것은 타이밍이다. 그런 곳에 이르러 가장 적절한 시간에 뛰어내려야만 했다. 기차가 플랫폼으로 들어서기 전에 가방을 던지고 용기 있게 몸을 날려야 한다. 몸을 세우면 기차가 일으키는 바람에 쓰러지면서 크게 다칠 수 있다. 아니 죽을 수도 있다. 따라서 쓰러지지 않고 첫발을 내디디면서 곧바로 앞으로 달려나가야 한다. 그런데 비틀거리다가 땅을 짚으면서 나는 손목에 상처를 입고 말았다. 지금도 그 흉터를 볼 때면 어머니에 대한 그리움이 솟구치곤 한다.

몸을 추스르고 가방을 찾아들고 나는 논둑길로 빙 돌아 역 앞으로 가 수안보 가는 버스를 기다린다. 역시 열시 반 정도에 있는 막차밖에 없다. 그것도 제시간에 와야 오는 것이다. 몸은 지치고 배가 쓰리도록 고프다. 역사로 들어가 수돗물을 마신다. 이제는 시내버스에 누가 타느냐가 또한 문제다. 그 차는 수안보에 가 자고 첫차가 되어 되돌아 나오는 차이기에 손님이 많을 리 없다. 어떨 때는 두세 명이 앉아 가는 정도다.

그 날 역시도 그랬다. 간절히 바랐건만 홈실에서 내리는 사람은 없다. 나의 집은 신작로가 지나는 홈실에서 내려 다시 30~40분의 산길을 걸어 넘는 곳에 있었다. 산은 높고 나무가 우거져 하늘만 빠끔한 윤갈미 고개라는 좁은 돌길이었다. 공비가 나타났다는 둥, 큰짐승이 나타났다는 둥 소문이 분분해 늦은 시간이면 어른들도 꺼리는 그런 길이다. 물론 전기가 들어오지 않던 시절이었다. 우뚝 솟은 검은 산봉우리가 나를 위압하듯 내리눌렀다. 분명한 것은 산 너머에 나의 집이 있고 그곳에 엄마가 있다는 것이다.

어쨌든 나는 가야만 했다. 무서움을 억누르며 오르막길은 걷고 내리막길은 뛰면서 땀에 흠뻑 젖어 그리도 그리던 집 앞에 도착한다. 그리고 대문을 박차고 들어서면서 부르는 말은 언제나 "엄마!"였다. 내가 그리움에 지쳐 가장 부르고 싶었던 말 "엄마!". 지금도 신기한 것은 자정 무렵의 그 깊은 시간에 내 첫마디에 어머니는 맨발로 뛰어나오셨다. 농사일과 집안일로 피곤도 하였으련만 아들의 목소리를 단번에 알아듣고 뛰어나온 것이다.

다시 생각해 보면 어머니에 대한 내 그리움처럼 어머니도 아들 생각에 잠 못 이루고 계셨는지도 모른다. 그때 어머니께서는 나를 맞아들이며, "어두운데 어떻게 왔어." 하며 꼭 안아주셨다. 나는 울지 않았다. 어머니가 마음 아파하실까봐. 나는 엄마의 그 목소리를 들었다는 그것으로 모든 것을 잊을 수 있었다. 어머니는 이어 그 늦은 시간에 배고플 것이라며 호롱불을 밝히고 이것저것 먹을 것을 챙겨 주셨다. 뒷동산 밑 고향집에서의 그 짧디 짧은 하룻밤은 어머니의 품속과도 같이 아늑하고, 최고의 안도감을 주는 그런 시간이기도 했다.

날이 밝고 아침이 오면 이제는 또다시 집을 떠나야만 하는 걱정이었다. 그렇게 어렵사리 와서 잠을 자고 나면 집에 머무는 시간은 기껏해야 서너 시간이었다. 어머니는 구정에 오지 못한 아들 몫으로 남겨놓았을 가래떡을 건져 떡국을 끓이셨다. 냉장고가 없던 시절 그것을 단지에 넣어 뚜껑을 덮고 샘물에 담가 아들이 오기까지 두어 달을 보관하셨던 것이다.

아침을 먹은 나는 또다시 갈 채비를 서두르곤 했다. 필요한 돈을 요구하면 아버지는 그것을 깎아 절반만 주셨다. 그러면서 아껴 쓰라고만 했다. 그러다 보니 가면서부터 또다시 돈 걱정이 시작된다. 어쩔 수 없이 무거운 발걸음으로 집을 나서면, 어머니가 동구 밖까지 따라 나오시며 고쟁이에서 꼬깃꼬깃 접어 챙겨 놓았던 돈을 꺼내 아들의 손에 쥐여 줬다.

그때 어머니는 내 손목에 말라붙은 상처를 보고 왜 그랬느냐고 물었다. 나는 어머니가 걱정할까봐 아무것도 아니라고 했다. 그러면서 "어떠한 상황에 처하더라도 못된 짓 하지 말고 바르게 살아야 한다!"라고 말씀해 주셨다. 나는 어머니를 남겨 두고 무거운 반찬 보따리를 들고, 어제 넘어온 그 고갯길을 다시 걸어 넘으면서 그제야 맘 놓고 울었다. 홀로 어머니의 얼굴을 떠올리며 무엇인가 다짐하고 또 다짐하면서…….

어머니는 3년 전에 돌아가셨다. 내가 집 가까이로 모시고 와 매일처럼 보살피며 임종까지 지켜보았다. 기력이 쇠하신 어머니는 아무 말도 하지 않으셨다. 다만 부드러운 눈빛을 지어주셨을 뿐이었다. 돌아보면 이때까지의 내 삶은 어린 시절 그 어머니와의 약속을 지키는 삶이었다. 물론 그런 과정에서 고지식하다든가 융통

성이 없다는 말도 들었다. 아니 그것을 지켜내느라 내 삶이 부단히도 고달팠다. 그러나 나는 결코 후회는 하지 않는다. 그것으로 말미암아 내 그리 부끄럽지 않은 삶을 살았음으로…….

(2016)

시계가 걸려 있던 집

아주 오래 전 청주에서 고등학교를 다닐 때이다. 언덕 쪽에 있는 학교로 오르는 길 옆에 그리 크지 않은 집 한 채가 서 있었다. 지금은 아주 유명해진 초창기의 한국도자기 공장을 마주하고 있는 집이었다. 그리 좋은 집은 아니었지만, 뜰엔 다양한 종류의 나무들이 심어져 있었다. 그런 정원에 봄과 가을이면 꽃들로 그득차 지나다니는 사람들을 즐겁게 했다. 바라보는 그것만으로도 위안이 되고 푸근한 느낌을 받아 지닐 수 있었다. 특히 봄이면 노란 꽃매화 생울타리가 매력적인 집이었다.

그 집 울안에는 길가 쪽으로 흰 줄기의 플라타너스 나무 한 그루가 서 있었다. 가지를 적당히 잘라낸 뭉툭한 모양의 나무였다. 그런데 그 나무에는 별스럽게도 둥근 모양의 벽시계 하나가 걸려 있었다. 특이한 것은 그 시계의 방향이 남향인 그 집에서는 볼 수 없는 길가로 향해 있었다는 점이다. 그것은 분명 지나다니는 학생들을 위한 시계였다.

그때 나는 서문동에서 후에는 율량동에서 걸어서 학교를 다녔다. 약 40분 정도가 걸리는 거리였다. 그때만 해도 그 정도는 대개가 걸어 다녔던 시절이다. 특히 아침 등교 시간은 왠지 늘 쪼들리기 마련이었다. 그 시절은 시계마저 귀하게 여겨지던 그런 때였다. 물론 나도 시계 없이 학교에 다녔다. 때문에 그 시계는 특히 길을 걸어 오르는 학생들에게 요긴하게 활용되었다. 시계는 말끔했고 시간 또한 정확했다. 그 시계를 보며 뛰거나 여유를 부리며 걸어 올라갔다. 혹 늦어진 날이면 생활지도 선생님에게 붙잡혀 벌로 가방을 들고 토끼뜀을 뛰거나 땀을 뻘뻘 흘리며 오리걸음으로 운동장을 돌곤 했다.

그 집 생울타리 사이로 가끔씩 피아노 소리가 흘러나왔다. 얼굴을 직접 마주 본 것은 아니었지만, 그 소리를 들을 때면 마음이 설레곤 했다. 흰 블라우스에 남색 치마를 입은 같은 또래의 여고생이 이따금씩 그 집으로 걸어 들어가곤 했다. 아마 그 아저씨의 딸인 듯싶었다.

아저씨는 정원 가꾸기에 아주 부지런한 분이었다. 우선 봄이면 우리들의 마음을 풀어 주듯 매화, 벚꽃, 살구꽃, 복숭아꽃이 앞다투어 피어났다. 또한 땅에선 난초와 함박꽃이 피어나는가 하면 모란과 수국이 풍성하게 그 뒤를 이었다. 그를 보며 길을 걸어 다니는 우리 학생들은 어느새 기분이 좋아지곤 했다. 아저씨는 틈만 나면 그 속에서 즐거움을 선사하듯 나무들을 다듬고 꽃을 가꾸었다.

나는 그 집 옆을 지나다닐 때면 늘 그 정원으로 시선을 주곤 했다. 그것은 고향을 떠나 사는 나에게 더없는 위로가 되곤 했다. 시계를 내걸고 꽃을 가꾸던 그 아저씨는, 바로 그 행동으로써 아름다움이 무엇이라는 것을 보여 주었다. 더욱 중요한 것은 시계가 때와 방향을 가리켜 주었듯이, 그 아저씨는 가르치지 않으면서 적잖은 가르침을 나에게 보여 주고 또 깨우쳐 주었다. 그것은 비단 나뿐만 아니라, 그곳을 지나다닌 많은 학생들에게도 또한 그러한 영향을 끼치게 했을 것이다.

지금 생각해 보면 내가 조금이라도 남을 생각하고 배려하는 마음이 있다면, 그것은 바로 그 아저씨의 덕분이 아니었을까 하는 생각이 든다. 왜냐하면 그것은 그 집 가를 지나다니며 내가 알게 모르게 배운 또 다른 가르침의 하나이었기 때문이다. 그렇게 본다면 그 아저씨는 적지만 적지 않은 가르침을 이미 내 가슴속에 씨앗으로 남겨 준 셈이다. 그것이 먼 가르침이 되어, 내가 적으나마 남을 돕고 산길의 쓰레기 하나라도 주워 나르는 것으로 꽃피고 있는지도 모를 일이니까…….

(2014)

향촌 사계

고향 마을에는 내 귀를 씻는 맑은 소리들이 있다. 그 정담(情談)처럼 들려오던 소리. 그러나 이제는 점점 멀어져 가는 소리들. 그렇기에 더욱 애틋이 귀 기울여 보는 소리들이 있다.

봄

소리는 버들개지 피어나는 시냇가 두터운 얼음장 밑으로부터 물방울을 튀기면서 온다. 물방울은 실로폰 소리, 물줄기는 피아노 소리를 낸다. 그것은 겨울이 한동안 묶어 두었던 구속으로부터 해방되는 자유의 외침과도 같이 약동하는 환희에 차 있다.

따사한 봄날. 봄볕을 받으며 밖으로 나와 잠시 뜰에라도 서 보면 들려오는 소리. 담장 가까운 매화나무 가지 위에서 집안을 기웃거리며 물 흐르듯 '쪼로롱- 쪼로롱-' 흘러오는 소리가 있다. 방울새 소리다. 소리는 그처럼 더욱 가까이 다가오며 봄을 알린다.

벌써 풀내음이 바람에 묻어온다. 뒷산을 스쳐 오는 솔바람이 향긋하고, 한낮의 뻐꾸기 소리가 내 마음을 따스하게 풀어헤친다. 둥지 속 같은 시골 마을, 그 아늑한 공간을 따뜻한 울림으로 채워 넣는다. 어디 그뿐이랴! 이따금 밭둑이나 풀숲에서 일어나 건너

산으로 날아가며 한가로이 울어 대는 꿩, 꿩 소리를 듣는다. 요즘은 좀체 들어 볼 수가 없지만, 이런 봄날 보리밭 맑은 하늘로 떠오르며 자지러지게 우짖던 종달새 소리가 있었다. 정말 다시 듣고 싶은 소리다.

봄비 내린 뒤 밤이면 무논에서 일제히 퍼부어 대는 개구리 소리를 듣는다. 깊어가는 밤 끊어질 듯 이어지며 들려오는 그 애절한 소쩍새 소리가 외롭다. 봄밤은 그렇게 한없이 깊어가고 봄날 또한 깊어간다.

바람 줄기가 스쳐 갈 적마다 처마 끝에서 이따금씩 울려오는 풍경 소리를 듣는다. 뒷문을 통해 흘러드는 대바람 소리. 또는 외양간에서 잊힐 듯 들려오는 그 느릿한 몸짓의 일소가 내는 워낭소리를 듣는다. 그런 소리들은 때로 나를 권태롭게도 하지만, 나는 또한 그런 소리 듣기를 즐겨한다.

여름

여름 한낮 저만치 나무 밑에 놓여 있는 평상 위에 누워 보면, 자연스레 들려오는 소리. 주위는 풀밭, 어디선가 들릴 듯 말 듯 다가오는 소리들. 하나인 듯하지만 하나가 아닌, 둘인 듯 셋인 듯하지만 하나로 들리는 소리. 마치 가위질하듯 경쾌한 베짱이의 노랫소리가 들린다. 그런가 하면 어느덧 모래톱을 쓸어 오는 밀물처럼 시원스런 쓰르라미 소리가 끼어들고, 청아한 여치 소리가 섞여온다. 이 소리 저 소리로 구분 짓다 보면, 어느덧 한줄기 하모니를 이루어 오는 풀벌레들의 합주(合奏). 이 기막힌 선율에 빠져 들고 보면, 나 또한 풀잎 되어 그 가운데 함께 있는 듯하다.

한여름의 문턱을 넘어 길고 긴 장마철이 다가온다. 질척거리는 길바닥은 잠시 밖으로의 외출을 차단시키고, 자연스럽게 방안에 틀어박혀 공상을 즐기며 홀로 누운 어느 오후. 눅눅해진 방에 불을 지피고 학창 시절에 읽었던 색 바랜 책을 다시 꺼내 읽는다. 옛정을 느끼면서…….

열려 있는 문밖. 담장의 호박잎을 때리며 후드득거리던 빗방울도 잠시 멎은 어느쯤, 추녀 끝에서 끊어질 듯 이어지는 낙숫물 소리가 들려온다. 이 소리처럼 운치 있는 소리가 또 있을까? '똑- 똑-', 또는 '퐁- 퐁-' 하면서 떨어져 내리는 청량한 물방울 소리는 언제 들어도 내 가슴을 친다. 그리 심취하다 보면, 나 또한 나를 잊고 물방울 되어 물속에 하나로 잠기는 듯하다. 그것은 엄청난 거리의 대양(大洋)과 대륙을 건너온 구름의 언어이며, 대자연의 언어로서 하늘과 땅이 이어 닿으면서 내는 생명의 소리이다.

이렇듯 끊어질 듯 이어지며 내 가슴속으로 떨어져 내리는 소리. 그 소리는 들을 때마다 내 마음을 빼앗는다. 장마철 방안 생활의 답답함과 지루함을 깨친다. 맑고 깨끗한 소리 — 그런 소리를 듣지 않은 사람을 어찌 한국인이라 이를까? 마음 한 자락 촉촉이 물기 머금는 이런 날. 나는 어머니가 해주시던 호박부침개라든가 또는 손국수인 뜨뜻한 누른국 따위를 그리워한다.

아, 이제 무거운 빗방울에 누웠던 풀잎들이 다시 일어난다. 이어 고운 무지개라도 뜨는 때면, 들판의 풀잎은 더욱 푸르고 청명한 하늘은 어느덧 가을을 예고한다. 그러면 나는 마루에 걸터앉아 앞 개울을 흘러내리는 물소리를 다시 듣거나, 그 해맑은 가을을 꿈꾸어도 본다.

가을

가을의 소리는 무엇보다도 적막을 바탕으로 해서 좋다. 그렇기에 가을 맑은 한낮, 텃밭에서 정적 속에 콩깍지 터지는 소리까지도 어렴풋이 들을 수 있는지도 모른다.

가을 고요 속에 마당을 건너 마루로 올라서는 달빛! 달빛이 지창(紙窓)을 통해 슬금슬금 문지방을 넘어든다. 뜰인 듯 마루인 듯 방안인 듯 가까이 들려오는 귀뚜라미의 애달픈 소리가 귓속으로 파고든다. 이 밤을 새워 울어대는 귀뚜라미 소리처럼 내 마음속 가을을 무르익게 하는 것이 있을까? 어디선가 다듬이질하는 소리가 들려올 것만 같은 밤. 결국 세상사의 모든 것들을 잊고 깊디깊은 정적의 세계로 빠져 든다. 이는 가을이 내게 가져온 청복(淸福)이다.

밤은 깊어지고 가끔 뒤뜰에서 '툭-' 하며 알밤 떨어지는 소리가 들린다. 그 소리에 나는 아득한 추억의 세계로 빠져든다. 어린 시절, 이런 계절이면 새벽같이 일어나 종다래끼를 들고 쿵쿵쿵 소리를 내며 밤나무 숲으로 달려가곤 했었다. 어둠이 채 가시기도 전, 숲 속에서 이슬 차며 줍던 붉게 여문 알밤들이 생각난다.

가을의 끝. 다육질의 감나무 잎새들이 마지막 가을 햇살 속에 살랑 내 가슴께로 떨어져 내린다. 가슴이 저리도록 지친 소리. 그 소리를 들을 때 — 이 말을 나는 중시하여 말하지 않을 수 없다. 자신의 목소리나 몸가짐을 낮게 드리울 때만이 가능해지는 소리기에. 머지않아 낙엽을 밟고 가는 고양이의 발소리가 들리리라.

바람이 추수한 가을 벌판을 달려와 문풍지를 흔든다. 엷푸른 서녘 하늘에서 끼-륵 끼-륵 쇠기러기 날아가는 소리가 들려온다. 겨울을 실어 오는 소리다.

겨울

해 밝은 아침에 까치 소리를 듣는다. 언제 들어도 반가운 소리다. 저야말로 살아 마을을 지켜 온 고향의 소리다.

나는 뒷산 가까운 곳에서 가랑잎에 싸락눈 떨어지는 소리를 듣는다. 아니 귀를 기울인다. 정겹기 그지없는 알갱이 눈송이가 오목한 가랑잎 속을 채운다. 군불을 넣은 사랑방 아궁이에서 타닥타닥 장작불 타는 소리도 따습다.

아침나절부터 내리기 시작한 눈은 저녁이 가까워 오도록 그칠 줄을 모른다. 이런 때 저녁은 보다 일찍 다가오는 법인데, 약간 어둑한 방안에 배를 깔고 누워 밖의 소리를 듣는다. 따뜻이 전해져 오는 온돌의 온기를 느끼며, 문 쪽으로 책을 놓고 느긋하게 책장을 넘긴다. 이것은 여유다. 또한 휴가 받은 시골집에서만이 느낄 수 있는 즐거움이다.

문창호지에 날아와 부딪치는 눈, 눈 소리를 듣는다. 그것은 최고의 정적 속에서만이 느낄 수 있는 소리다. 또한 마루 밑에서 맞고 온 눈을 터는 강아지의 방울 소리를 듣는다. 어디선가 '찌- 찌-' 하며 들려오는 동물체의 소리도 있다. 다름 아닌 새소리다. 그들은 눈을 피해 또는 먹이를 찾아 여물간이나 헛간으로 날아든 산에서 내려온 멧새들이다.

뽀드득 뽀드득 눈을 밟고 다가오는 발자국 소리를 듣는다. 낯모르는 소리에 반갑고, 지나쳐 아득히 멀어지는 소리에 또다시 기다림을 키운다. 먼 곳에 떨어져 있는 아내에게, 비로소 '사랑하는 아내여!'라고 불러보고 싶은 밤. 끊기지 않고 사륵사륵 문살에 날아와 앉는 눈 소리를 듣는다. 고요한 향촌(鄕村)의 겨울밤은 이렇게 한없이 깊어간다.

이렇듯 사계(四季)를 두고 고요한 적막을 기다려 들려오는 소리들. 적막 속에 고요히 살아나는 소리들. 낮게 숨죽여 갈 때 비로소 들을 수 있는 소리들처럼 내 마음의 고향인 것도 없다. 그들 머무르는 곳으로 가고 싶다. 그들 머무르는 곳에 나 또한 그들처럼 머무르고 싶다.

(1992)

구물삼제(舊物三題)

편리한 생활 속에 묻혀 버린 옛 물건들을 더듬어 보면, 문득 그리워지는 것들이 있다. 이제는 생활 저편으로 밀려나 구물(舊物)이 되어 버린 물건들. 고향 집 구석진 자리에서 먼지 속에 뒹구는 그러나 돌로 되어 있기에 쉽사리 없어지지 않고 남겨져 온 물건들. 이러한 물건들이 때로 옛정을 불러일으키며 아련한 추억 속을 걸어오는 것은 무엇일까…….

돌확

고향 집 돌확은 항상 부엌 앞 우물가 옆에 있었다. 예전에도 그랬고 지금도 변함이 없다. 아마 무게가 있어 그렇기도 했겠지만, 그곳이 쓰기에 용이하고 또 씻기에도 편리한 점이 있었을 것이다.

어린 시절 나는 그 앞에서 절구질하는 어머니의 모습을 자주 볼 수 있었다. 내가 생활 속에서 어머니의 그런 모습을 대한다는 것은, 어머니에 대한 두터운 신뢰와도 같았다.

그런데 언제부터인가 뒷전으로 밀려난 그 구물에게서 받는 나의 느낌은 좀 남다른 데가 있었다. 그것은 비가 온 뒤, 맑게 고인 빗물에 선명히 투영된 푸른 하늘과 흰 구름을 보는 것이었다. 물

그림자의 감탄은 거기에서 끝나지 않는다. 달 밝은 밤, 밤 깊어 물속처럼 고요해진 밤. 나는 가끔 물그림자로 나타난 달을 볼 수 있었다. 밤 깊은 달밤에 돌확 속을 헤엄쳐 가고 있는 달! 그 속엔 인공과 자연이 빚어내는 절묘함이 있었다. 때로 그 구물에 대한 이런 멋스러움을 사랑해, 비 온 뒤끝이면 나는 으레 그 앞에 서 보는 버릇까지 생겼다. 얼굴까지 비추어 보며 마음의 여유와 운치를 즐겼다. 아름다움이란 이렇듯 실용 가치와 미적 가치의 일원화에서 더욱 완벽해 지는 것은 아닐까…….

뜰이 있는 집이라면 그것을 내 곁으로 옮겨 오고도 싶다. 그리하여 연(蓮)을 띄워 놓거나 물그림자 고요한 세계를 바라보고도 싶지만, 아파트라 아쉬움이 남는다.

이제 늙으신 부모님만이 남아 있는 고향 집. 적막한 한밤에 혹 물 받은 돌확이, 저 홀로 달을 담고 고요히 잠들어 있는지도 모르겠다.

다듬잇돌

사내에게 어울리는 물건은 아닐 것이나, 어머니가 쓰시던 다듬잇돌을 내 집으로 옮겨다 놓았다. 방망이는 어디로 사라졌는지 찾을 길이 없었으나, 돌인지라 이것도 여태껏 남아 있지 않았나 싶다.

이제는 어머니 곁에서 멀어진 듯한 이 구물. 그래도 가져옴이 왠지 미안한 마음이 들었지만, 곁에 두고 보니 어머니의 모습처럼 정을 느낄 수 있다.

대대로 전해 왔고 또 오랫동안 어머니의 손길이 머문 이 구물. 그 앞에 앉으신 어머니의 모습을 떠올린다는 것은, 내게 더없는 행복이 아닐 수 없다. 특히 깊어지는 가을밤. 다듬이질하는 또렷한 소리처럼 우리의 가슴을 울려오는 소리가 있을까? 그런 밤이면 흔히 달이 밝고 서녘으론 기러기가 날아갔다.

우리 집의 이것은 좀 색다르게 아주 단단한 오석(烏石)으로 되어 있다. 또 아녀자들이 들어 옮기기 쉽게 가로로 반을 나누어 놓았는데, 기술적으로 갈라놓아서인지 일단 맞춰 놓고 보면 전혀 흔들리지가 않는다. 이것에도 이처럼 조상님네의 섬세한 배려가 스며 있다.

어떻든, 내게 있어 이 구물이 가져다주는 고향에 대한 환기는 자못 크다. 가을밤이면 어머니는 종종 그 앞에 머무르곤 하셨다. 하얀 이불잇이든가, 베갯잇 또는 옷감 등을 개켜 놓고 다듬이질하는 어머니의 정갈한 모습이 있었다. 밤늦도록 혼자 앉아 다듬듯 다지듯 두드리는 소리야말로 한국적 정취를 자아내는 독특한 소리였다. 더구나 호롱불로 인해 지창(紙窓)에 비쳐지는 모습엔, 그 위치와 환경이 빚어내는 절묘한 아름다움이 있었다.

맷돌

시골에서 맷돌처럼 요긴했던 물건이 있었을까? 곡식을 부수거나 가는 데에 필수적이었던 맷돌. 그렇지만 이제는 생활 저편으로 밀려난 구물. 그러나 나는 아직까지도 그것에 대한 남다른 애정을 가지고 있다.

손위로 누이가 하나 있기는 했지만 일찍 직장을 잡아 집을 떠나 있는 상태였고 보니, 일이 있을 때면 내가 손을 맞춰 어머니를 도와야만 했다. 디딜방아를 찧는다거나 맷돌을 돌리는 것 등. 두부콩이나 녹두를 갈 때면, 나는 어머니와 이마를 맞대고 그것을 돌렸다. 그럴 때의 어머니의 표정은 늘 흡족한 면이 있었다. 하지만 놋숟가락으로 몇 알씩 떠 넣는 일이란 사내아이에게는 여간 갑갑하고 지루한 일이 아니었다. 더구나 밖에서 아이들의 노는 소리가 들려올 때면, 좀이 쑤셔 나는 급히 돌리려 하였고 어머니는 그렇게 하면 못쓴다며 억제시키곤 했다. 지금 생각해 보면, 그것이 무슨 일이든 중도에서 포기하지 않는 내 생활 태도로 길러지지 않았나 싶다.

지금도 맷돌을 볼 때면, 어머니와 마주 앉아 도란도란 이야기하며 먹을 것을 준비하던 그 시절이 되살아나곤 한다. 옛날에는 음식을 만드는 과정에서 늘 그 같은 노고를 필요로 했지만, 그런 끝에 맛보는 음식 맛은 지금과는 사뭇 다른 것이었다. 맷돌을 바라보노라면, 녹두부침개를 떼어 먹던 또는 따끈따끈한 두부를 양념장에 찍어 먹던 흐뭇한 기억들이 떠오른다.

얼마 전 고향 집 한 구석을 차지하고 있던 그 구물을, 다듬잇돌에 이어 집으로 가지고 왔다. 그래 화분 밑받침으로 사용하고 있는데 장식품과도 같이 잘 어울린다. 마치 나와 단란했던 고향 집 사이를 이어 주는 징검다리와도 같이…….

이제는 본 주인을 떠나 내 곁에 와 있는 구물들. 민속 박물관이나 가야 볼 수 있는 물건들. 하지만 이러한 구물들이 내게 가져다 주는 옛정은 따사롭기 그지없다. 옛정이란 그것이 무엇이고 간에, 함께 해온 시간과 그에 대한 애정과 추억일 것이다.

(1994)

풍뎅이가 보여 준 것들

시골집 사랑방에 홀로 누워 있는 한낮이었다. 휴가를 맞아 느긋해진 무료한 시간. 나는 일정하게 그려진 천장 도배지의 꽃무늬를 멍하니 바라보고 있었다.

그때 삐죽이 열려 있는 문틈으로 뜻하지 않게 정적을 깨치듯 풍뎅이 한 마리가 날아들어 왔다. 이내 그놈은 잘못되었음을 알아차렸던지 다시 빠져나가려고 날갯소리를 내며 이리저리 날아다녔다. 그러다가 창호지문에 부딪치면서 운수 사납게도 미끄러운 비닐 장판 위에 나동그라지고 말았다. 뜻밖의 곤경에 처한 그놈은 뒤로 자빠진 상태에서 여섯 개의 다리를 쉴 새 없이 저어 댔다. 그것은 심심하던 차에 나의 시선을 끄는 흥미 거리가 아닐 수 없었다.

그놈은 어떻게든 일어나려고 안간힘을 썼다. 그러나 그러면 그럴수록 각질로 된 매끄러운 등판 날개가 미끄럼 타듯 장판 위를 미끄러져 나가며 맴을 돌았다. '뒤로 자빠져도 코가 깨진다더니, 이놈은 뒤로 자빠지니 일어서지를 못하는구나!' 하는 웃음 섞인 말이 절로 나왔다. 하는 꼴로 봐서는 제아무리 해도 스스로는 몸을 뒤칠 재간이 없는 듯이 보였다. 그러나 그놈은 계속하여 풍풍 소리를 내며 날갯짓을 해 댔다. 마치 절실한 도움이라도 요청하는 듯……. 그러나 그를 도와 줄 자 그 누구이겠는가? 그놈에게 있어서 이 방 안은 절해고도(絶海孤島)의 감옥과도 같은 곳이었다.

날개가 있으나 제 몸에 짓눌려 발로 허우적대는 꼴이란, 자기 몸도 뒤집지 못하는 갓난아이가 장판 위에 누워 악을 쓰며 비비적대며 밀려나가는 것만 같았다. 어떤 곤욕감 내지는 낭패감 같은 것이 밀려왔다. 우리 세상도 저 같은 빙판의 영역이 존재할지도 모른다는 생각 — 사람도 저 같은 불행한 꼴을 당하지 말라는 법이 어디 있을까라는 생각에…….

허공에 대고 십여 분 이상을 허우적대던 풍뎅이는 이제 지쳤는지 휴식을 취하는 듯했다. 그러나 잠잠하던 시간도 잠시, 얼마 되지 않아 그놈은 기력을 되찾았는지 또다시 그 같은 날갯짓이다. 날갯짓을 계속 해대며 비상을 시도해 보지만, 문에서 점점 더 미끄러져 나갈 뿐 결과는 역시 마찬가지다. 뒤로 나자빠져 있는 풍뎅이의 날개! 그것은 한낱 거추장스러운 몸뚱어리에 불과했다. 있어도 써먹지 못하는 무용지물. 오히려 제 몸의 무게에 짓눌려 깔려 있는 등판의 날개라니. 이런 경우 조물주의 세심한 배려가 무색해지는 한계를 드러내고 있었다. 참을성 있게 가만히 지켜보던 나는 이제 흥미를 넘어 괜스레 애타는 심정으로 돌아서고 말았다. 손에 땀을 쥐며 초조해지는 마음에 꼴깍 침까지 삼키면서 그놈에게 마음속으로 포기하지 말고 끝까지 해보라는 격려를 보냈다. 그것이 마치 내게 관계된 일이라도 되는 양…….

실패에 실패를 거듭하는 그놈을 보며 답답함에 당장이라도 바로 세워 주고 싶은 마음이 생겼지만, 좀 더 참고 기다려 보기로 했다. 그놈 스스로 난국을 극복하는 의지로운 모습을 보고 싶었기 때문이다. 다시 날기를 시도하며 풍풍 소리를 내었으나 역시 순조롭게 될 것 같지가 않았다. 나는 일단 안방으로 가 점심을 먹고 오기로 했다. 그때까지도 일어서지를 못한다면, 어떻게든 도와주리라고 생각하면서…….

약 반시간쯤 지나서 나는 다시 사랑방으로 돌아왔다. 그때까지도 그놈은 여전히 뒤로 자빠진 상태였다. 그것은 풀지 못할 문제의 답답함과도 같은 것이었다. 그러나 상황이 조금은 나아진 것도 같았다. 무수한 발버둥과 떠오르지 않는 지난한 날갯짓 끝에 어떻게 해서 장판이 꺾여 올라간 데까지 몸을 밀어갔던 것이다. 그곳은 약간의 경사가 있는 곳이었다. 그곳 경사는 그 놈에게는 확실히 어떤 전기(轉機)가 마련될 수 있는 기대할 만한 언덕이었다. 그 정도에 이르는 것도 제 딴에는 너무도 힘들고 고통스런 일이었을 것이다.

뒤로 나동그라진 비행 물체와도 같던 그놈은 무의인지 자의인지는 몰라도 발버둥의 각고 끝에 경사진 장판에 몸을 기대게까지 되었다. 그리고 좌우로 몸을 틀면서 드디어 그 반동으로 가까스로 바로 서는 데 성공했다. 그때 내 입에서는 '와!' 하는 탄성이 터져 나왔다. 나는 녀석의 포기하지 않는 몇 시간의 끈질긴 노력에 더 없는 환호와 갈채를 보냈다. 그제야 몸을 일으킨 녀석은 살았다는 듯 방바닥을 박차고 창문을 향해 날아올랐다.

그러나 이것이 또한 웬일이란 말인가! 녀석은 지창(紙窓)이 허공인 줄 알았던지, 환한 창에 부딪치면서 미끄러운 방바닥에 또다시 나가떨어지고 말았다. 순간 내게는 아득한 절망감 같은 것이 다시 밀려왔다. 그래도 이번에는 상황이 조금은 순조로워 보였다. 불행 중 다행이랄까. 그놈은 떨어지면서 어떻게 바로 서게 되었던 것이다. 잠시 후 정신을 되찾은 그놈은 아까와는 달리 이제는 빛이 새어 들어오는 출구가 될 만한 문틈을 향해 필사적으로 기어가기 시작하였다. 그것은 경험이 가르쳐 준 시행착오의 결과였다. 여하튼 뒤뚱거리며 경사진 곳을 조심조심 기어올랐다. 물론 한두 번 기우뚱하며 자칫 위험한 고비를 맞기도 했지만, 기어이 통로인 문틈에 이르렀던 것이다. 그렇게 되기까지는 정말이지 나로 하여금 손에 땀을 쥐게 했다.

그놈은 드디어 햇빛이 눈부신 문틈을 통과했다. 그리고 분명 하늘을 보았으리라. 이내 '푸웅' 하고 날개 치는 소리가 들려왔다. 하늘을 향해 비상하는 소리가 분명했다. 나는 무엇보다도 후련한 기분을 맛보았다. 이제 그놈은 산과 짙푸른 숲을 보며 마음껏 날개 치고 있을 것이라는 생각에……. 그놈은 그렇게 내게 불행에서 탈출하는 어떤 의지로운 모습을 보여 주고 떠났다.

그 일이 있고 며칠이 지난 뒤였다. 그에서 힘을 얻은 나는 무엇이고 의욕에 찬 일을 해보겠다고 집 안팎을 돌아다녔다. 그러다 좀처럼 가지 않는 뒤꼍으로 발길을 옮기게 되었다. 뒤란에는 손바닥만한 부추밭과 딸기밭이 있고 목단과 국화, 그리고 살구나무와 은행나무가 서 있는 앞에 장독대가 있었다.

장독대 앞에는 내가 어린 시절에 강가에서 주어다 놓았을 조약돌들이 푸르른 이끼를 뒤집어쓰고 아직까지도 고스란히 놓여 있었다. 정말이지 오랜만에 들어와 본 뒤란이었다.

나는 담과 포도 덩굴 샛길을 빠져 나가면서 '앗!' 하는 충격에 사로잡히게 되었다. 그것은 끈적이는 거미줄이 내 살갗에 닿아서만은 아니었다. 거미줄에 닿음과 동시에 순간적으로 내 시야와 살갗을 스쳐 간 황갈색의 커다란 왕거미의 흉측함 때문이었다. 담과 포도 덩굴 사이 수레바퀴 모양으로 넓게 처져 있는 거미줄 위에,

내가 다시 눈길을 주었을 때는 이미 거미는 보이지 않았다. 그 엉큼한 거미는 내 몸의 출현을 느꼈던지 재빠르게 자취를 감추고, 다만 금록색의 풍뎅이 한 마리가 거미줄에 꽁꽁 옭매인 채 그 위에 매달려 있었다.

나는 신이 자비로운 구원의 손길을 내리듯 살며시 손을 뻗쳐 거미줄로부터 그 풍뎅이를 떼어냈다. 그러자 그놈은 내 손끝에 지펴지면서 몸체가 아래로 바삭 부서져 내리고 말았다. 손끝에 힘을 별로 주지 않았는데도 그랬다. 그 순간 나는 나도 모르게 전율하며, 전신에 소름이 돋치는 것을 느꼈다. 순간적으로 그 미물에 의한 충격은 나를 한동안 그 자리로부터 꼼짝 못하게 만들었다. 나는 정신을 수습하여 몸속을 파 먹혀 껍질만 남은 몸체가 힘없이 부서져 내린 땅바닥을 훑어보았다. 부서진 몸체는 그 형체도 분간할 수가 없었다. 다만 몸체에서 분리된 두 개의 반질반질한 날개만이 바람을 타고 땅바닥에 쓸릴 뿐이었다.

나는 양손을 들어 내 몸에 달린 양팔을 만져 보았다. 내 팔은 이상이 없었다. '풍뎅이란 놈은 한두 놈이 아니다. 그놈이 그놈이었을 것이라는 것은 누구도 몰라.'라는 자위적 생각을 하였다. 나는 차라리 모르는 데 희망을 묻고 싶었다.

하지만, 그런 불행이 어디 곤충의 세계에만 존재할 것인가 싶어 심란한 생각이 스쳤다. 사실 불행을 유발케 하는 것은 이 세상 곳곳에 산재해 있고, 보이지 않는 그물 또한 일상으로 우리의 앞길을 막는다. 나는 마당비로 거미줄을 걷어 내리며 '무섭고 알 수 없는 것이 세상이지.'라는 생각을 했다. 그런 생각에 미치자, 떼어 놓는 발걸음조차 조심스러워졌다.

(1998)

못 생긴 홍두깨 하나

내 서재엔 분위기에 어울리지 않게 잘 생기지도 못한 홍두깨 하나가 있다. 아주 튼튼하고 긴 도자기에 박아 넣듯 세워 놓은 홍두깨는 언제나 그 자리에 비스듬히 서 있다. 그것은 내가 늘 가까이에 두고 보는 물건인데, 무료해질 때면 쓱 다가가 그저 어머니 손목 잡듯 잡아도 본다. 하면 추억의 실타래가 풀리듯 다가오는 얼굴이 있다. 어머니이다.

그것은 살아생전에 아버지가 국수를 만들 때 쓰라며 어머니에게 만들어 주었던 밀개다. 충청도에서는 흔히 밀대라고도 부르는 용구(用具)다. 그런데 그와 짝을 같이 했던 국수 안반은 어디로 사라져 갔는지 보이지 않고, 그것만이 고향집에서 홀로 뒹굴던 것을 내가 가지고 왔다.

물푸레나무인 듯한 이 손목 굵기의 나무 도막은 1미터 남짓한 크기이다. 아버지가 톱으로 자르고, 낫으로 다듬고, 사포질을 하여 어머니에게 건넸을 것이 분명하다. 반듯하게 기계로 다듬지 않아 어설픈 듯 투박한 모양새이기는 하지만…….

그렇게 어머니 것이 되어 버린 이 생활 용구는 오랜 기간을 두고 사용해 왔음인지 매끄럽게 닳아 있고 손때가 먹어 있다. 소박하기 짝이 없는 이 홍두깨는 이처럼 부모님과 연관된 원시성 짙은 용구였기에 함부로 버릴 수가 없었던 것이다. 한평생 어머니의 손길 닿게 한 물건이기에 더욱 애착이 간다.

더구나 이 물건을 만질 때면 돌아가실 무렵의 깡말랐던 어머니의 팔목이 느껴지곤 한다. 그럴 때면 먹먹해지는 그리움을 가눌 길이 없다. 하지만 어머니가 그러했던 것처럼 느낌이 부드럽고 따사함에 변함이 없다. 아마 목질(木質)이 주는 부드러움과 차지 않은 질감 때문이기도 하겠지만…….

어머니가 보다 젊었던 날. 저녁이면 그것으로 흔히 저녁거리를 준비하곤 하였다. 밀가루 반죽을 한 뒤, 이겨대고 치대고 쓱쓱 밀어서 국수를 만들었다. 그런 과정이 시간을 필요로 하는 노동이었으련만, 익숙한 손놀림 때문인지 그냥 뚝딱 만들어 내는 느낌이 들었다. 돌아보면 부모님이 있었기에 가난은 했지만 그래도 걱정 없고 즐거웠던 시절이기도 했다.

여름이면 시간을 줄이기 위해서인지 아들에게 담장 위의 애호박을 찾아 미리 따오라고 시키었다. 그런 뒤 끓어오르는 무쇠솥에 썬 국수와 호박을 집어넣고 한소끔 끓여내었다. 그리고 큰 대접에 퍼 담아 식구가 빙 둘러앉아 땀을 뻘뻘 흘리면서 먹었다. 그것이 내게 남겨진 이 홍두깨 너머의 '그때 그 맛'이다.

아무리 바빠도 아버지는 기계로 뽑아 올린 일본식 소면은 드시지를 않았다. 특히 밀가루에 콩가루를 섞어 구수한 맛을 더해 내는 것을 즐겨하였기 때문이다. 그러다 보니 어머니의 노고가 적지 않았으리라. 하지만 어머니는 식구들이 먹는 것에 대한 노고는 노고로 생각지 않으셨다. 외려 그 모든 것을 즐거움으로 여기었다.

하기야 만드는 노고를 제외한다면, 국수만큼 소박하고 간편한 음식도 없으리라. 그 상차림을 보면 더 없이 단순하다. 국수 한 그릇에 양념간장 한 종지면 끝이 아니던가. 서운하다면 시큼한 무청김치를 덧놓으면 그것으로 족하다. 그 상차림이 그립다. 그것은 다시 돌아올 수 없는 어머니의 손맛을 필요로 하는 것이기에 더욱 그런 것인지도 모르겠다.

갓 끓여내어 대접에 담아 넣은 어머니의 내 국수 그릇을 떠올려 본다. 양념장으로 간을 치고 골고루 섞여들게 뒤적이는 국수. 그런 다음 그 잘 익어 난작난작한 국숫발을 한 저분 집어 올려 입 안으로 가져간다. 부드러워 별로 씹을 것도 없이 목구멍을 타고 넘어가던 그 흐뭇함이란……. 그 구수하고 시원했던 국물 맛은 또 어떻고…….

그런 그리움에 젖어들다 보면, 가난도 그리움이 되고 국수는 바로 어머니였다는 생각에 이른다. 아버지와 함께 하천 부지를 일구어 손수 밀농사를 짓고, 손국수를 만들어 먹이던 내 어머니. 그 국수를 다시 먹을 수 없는 것은 그 어머니의 부재(不在)요, 어머니의 부재는 국숫발 같은 내 그리움의 끝이다.

그런 까닭에, 나는 오늘도 이 못 생긴 홍두깨 하나를 내 어머니의 소중한 유품(遺品)으로 간직해 오고 있다.

(2018)

학교 다니던 길

내 고향은 행정 구역 개편으로 지금은 충주시에 속해 있지만, 본래는 중원군 상모면 문강리였다. 지도에도 잘 나타나 있지 않는 작은 마을에서, 학교를 가자면 들길 산길 냇길을 따라 약 3km를 가야 수회(水回) 국민학교라는 시골 학교에 다다를 수가 있었다.

어린 시절 학교 길은 내게 멀고도 험난한 길이었다. 동네 입구를 벗어나 좁은 논둑길을 따라가다 윗동네 길과 만나는 지점에서 고갯길인 산길이 시작되었다. 그런데 그 산기슭 길 가까운 곳에 상엿집이 있었다. 그곳은 같은 시간대에 모여 가는 아침 등굣길에는 별 두려움을 느끼지 않지만, 홀로 돌아오는 하굣길이나 어둑어둑해지는 저녁 무렵이면 종종 공포의 대상이 되기도 했다. 왜냐하면 가끔 문둥이들이 그 집 처마 밑에서 기거를 했기 때문인데, 그럴 때면 학교로 되돌아와 남아 있는 친구들과 같이 먼 냇길로 돌아서 늦게야 집으로 돌아오곤 했다.

돌이 많아 돌고개라 이름 붙여진 고개. 작은 산굽이를 몇 개나 굽이돌아 오르는 고갯길 정상엔 서낭단이 있었다. 굵다란 소나무에 금줄이 쳐지고, 나무 아랜 주먹만한 돌들이 무덤처럼 쌓여 있었다. 그곳 역시 혼자 넘자면 좀 무서운 마음이 앞섰다. 고개를 넘어서면 양지바른 완만한 내리막길이 죽 이어지고, 다시 소달구지가 다닐 만한 농로가 개울까지 이어졌다. 거기에 이르러 여남은 개의 돌다리가 있는데, 그 징검다리가 또한 문제였다. 장마가 져 큰물이 지날 때면, 돌다리가 물속에 잠겨 결국은 학교를 가지 못하게 하는 다리였기 때문이다.

어떻든, 그렇게 하여 신작로와 맞닿은 마을에 이르면 약방도 있고, 눈깔사탕을 파는 가게도 있고, 그리고 석유를 파는 곳도 있었다. 나는 가끔 아버지께서 쥐여 주시는 한 되들이 됫병을 가지고가 등잔에 쓸 석유를 조심스레 받아오기도 했다. 그렇게 오가는 길은 어린아이에겐 꽤나 머나먼 느낌이었다. 그래서인지 늘 학교 가까이 사는 아이들을 부러워하곤 했다. 멀고도 지루했지만, 생각해 보면 그 길로 인해 나는 지금까지 튼튼한 다리를 유지하는지도 모른다.

학교 길의 추억들은 대개 집으로 돌아오는 길에서 이루어졌다. 하굣길엔 시간적 여유에서 오는 느긋함이 있었을 것이다. 그때의 오후 귀갓길은 늘 배가 고팠다. 가끔 미국의 잉여 농산물로 만들어 줬던 옥수수죽을 학교 숙직실 앞에서 얻어먹기도 했고, 며칠 만에야 돌아오던 누런 옥수수빵을 타 먹기도 했었다.

그도 저도 없는 때면, 나는 아이들과 함께 산으로 들로 또는 냇가를 거쳐 오며 먹을 것을 찾았다. 봄이 되면 참꽃을 따 먹고, 찔레순을 꺾어 먹고, 새앙을 뜯어 먹고, 삘기를 뽑아 씹고, 잔대 더덕을 캐고, 아까시꽃을 따 먹었다. 날이 풀리면 도랑 웅덩이진 곳으로 내려가 미꾸라지, 붕어, 메기, 물방개 등을 잡아 불에 구워 먹거나 논바닥에선 우렁이를 주웠다. 그런가 하면 산 밑 계곡을 따라 올라가며 돌을 들춰 가재를 잡고, 큰 내에서는 피라미, 모래무지, 꾸구리, 쏘가리, 징거미를 잡아 기다란 풀줄기에 꿰어 묵직하게 들고 오는 재미 또한 누렸다. 구워 먹는 것으로는 잡기가 수월한 개구리도 있었다.

따 먹는 열매도 여러 가지가 있었다. 버찌가 있는가 하면 오디, 들딸기, 산딸기, 돌배, 개복숭아 그리고 머루, 다래, 으름 등이 있었다. 어디 그뿐이랴! 좀 극성스럽다 싶게도 고구마, 무를 뽑아 먹거나 밀 서리 콩 서리도 해먹었는데, 그런 때면 시꺼멓게 된 서로의 입 언저리를 보며 웃어 댔다. 몰래 오이나 토마토 또는 참외를 따 먹을 때면 스릴이 넘쳤다.

잡아먹는 곤충으로는 대표적인 것이 메뚜기가 있었다. 추수할 무렵 됫병이나 주전자를 가지고 나와 논둑에서 가득히 잡아넣던 메뚜기는, 볶아 놓고 겨울까지 반찬으로도 먹었다. 심지어는 방아깨비, 잠자리, 그리고 땅강아지를 구워 먹는 아이들도 있었다. 그렇게 산천을 헤매고 다니다 보면 가끔 눈에 띄던 새 둥지들. 품었다 갓 날아간 알들을 만져 보던 그 따뜻한 감촉! 이 또한 그 길가에 스며 있는 추억이다. 가을 깊어진 날이면, 산밤을 주우러 산속을 헤치고 다니다 주머니가 불룩해진 뒤에야 돌아오곤 했는데, 그럴 때면 늦었다고 어머니께 꾸중을 듣기가 일쑤였다.

이렇게 볼진대, 어지간하면 다 먹는 것이 우리나라 산천의 생물이다. 지금 생각해 보면, 어릴 적 배고파 먹었던 그 모든 것들이 건강식품이었음이 틀림없다. 몸을 위해 특별히 무엇을 먹어 본 것도 없는데, 그래도 아직까지 건강하게 사니 아마 그런 것들의 덕택을 입지 않았나 싶다.

멀고도 험하던 시골길. 그 길은 때로 서정 어린 낭만과 재미난 사건들이 이루어지는 길이기도 했다. 뒤에서 소달구지를 따라가다 슬쩍 올라타기도 하고, 길가에서 엿장수를 만나기도 했다. 시골에서 매력적인 주전부리가 바로 엿이었는데, 길에서 만났으니 고무신이나 쇠붙이를 찾아들고 나갈 수도 없는 노릇이라, 엿장수를 놀려서 가끔은 훔쳐 먹기도 했었다.

그러나 그런 먼 길을 걸어 다니면서 나는 늘 도시를 동경했고, 도시에 살지 못함이 무척이나 손해를 보면서 사는 것처럼 느꼈었다. 공연히 아버지가 무능해서 그런 것이 아닌가라는 쪽으로 생각을 몰아가기도 하면서. 그러나 지금 생각해 보면 여간 다행스러운 것이 아니다. 시골에 살지 않았다면 원시적이고 아름다운 추억을 간직할 수 없었을 터이니까. 내게 지금 그런 추억이 없다면, 얼마나 싱거운 어린 시절이 되었을까 하는 생각이 든다.

그런데, 그 길이 얼마 전 2차선 도로로 반듯하게 뚫렸다. 순간 내 고이 간직했던 추억의 구도(構圖)가 한꺼번에 무너져 내림을 느꼈다. 그 옛정이 도타웠던 고불고불한 길은 너무도 사랑스러웠던 길이었다. 나는 남모르게 슬펐다. 그래 한동안 멍하니 서서 홀로 내 잃어버린 오솔길을 더듬었다.

(1994)

조기를 먹을 때면

어린 자식들과 함께 밥을 먹는다. 찬은 그저 그런 된장찌개와 김치 등. 그리고 조금 별난 것이라곤 기름에 튀긴 새끼 조기 몇 마리다. 아이들은 새끼 조기를 좋아한다. 나는 녀석들이 먹기 전에 버릇처럼 서둘러서 등 쪽 가시 부분부터 떼어 먹는다. 어린것들이 혹 그것을 먹다 가시에 찔리지나 않을까 하는 마음에서다.

그럴 때면 아이들은 아빠가 맛있는 부분을 먼저 먹는 것이 아닌가 하여 바라본다. 어떻든 그리고 나서 나는 머리를 떼어 낸다. 그러면 아이들은 서투른 젓가락질로 살점을 맛있게 떼어다 먹는다.

자식들이 음식을 맛있게 먹는 모습처럼 부모 마음을 흐뭇하게 하는 것이 있을까. 내가 생선을 먹을 때 이렇게 하는 것은, 사실 부모님한테서 배웠다. 본 그대로 할 뿐이다.

내 어릴 적 부모님! 부모님께서도 늘 그렇게 하셨다. 새끼 조기뿐만 아니라 다른 생선을 잡수실 때도, 가시 있는 부분부터 먼저 잡수시거나 가시를 발라내었던 것이다. 그렇게 함으로써 우리가 쉽게 먹을 수 있도록…….

조금 커 어머니께 물었다. "어머니는 왜 그런 쪽만 잡수셔요?" 하면, "이런 쪽이 더욱 맛이 있단다." 하시는 것이었다. 나는 그 시절 어머니의 깊은 뜻을 잘 헤아리지 못했다. 그것은 어머니가 자식들을 안심시켜 놓고, 또 안전하게 먹을 수 있도록 베풀었던 배려다. 충분치 못한 별난 반찬 한 가지라도 자식들에게 좀 더 먹이기 위하여 그렇게 말씀하셨던 것이리라. 나는 그것을 자식을 둔 뒤에야 비로소 알았다.

새끼 조기를 먹을 때면 부모님 생각이 난다. 자그마한 그것으로 아주 자그마한 그것에까지, 당신들은 자식 사랑을 아끼시지 않았던 것이다.

자식 사랑하는 마음이 어찌 내게 베푼 부모 마음 이상일 수 있으랴!

(1995)

내 마음을 슬프게 하는 것들

바닷가에서 홀로 스러지는 노을을 보면 왠지 슬프다. 너무 아름다워 슬프고, 보아 주는 이 없어 슬프고, 너무 빨리 사라지기에 슬프고, 또한 어둠 속으로 사라져 가기에 슬프다.

늦가을. 모든 것을 주어 버린 텅 빈 벌판, 농가의 저녁연기, 아침부터 내리는 가을비, 힘없이 떨어져 비에 젖는 낙엽, 저물녘 하늘 끝으로 떠나는 철새, 그를 보며 여행지에서 아직 저녁 잠자리를 정하지 못하게 되었을 때 나는 슬프다.

늦은 밤 기륵-기륵- 소리를 내며 강 건너로 날아가는 기러기들의 긴 행렬. 그를 보며 잠시 고향 생각에 젖게 될 때, 일만하다 늙으신 내 어머니를 생각할 때, 아직도 가난한 마음 착한 내 누이를 생각하게 될 때 나는 슬프다.

낯선 마을에 내리는 비! 그것을 하염없이 바라보고 있노라면 왠지 슬픈 생각이 든다. 그런 비애적 정서가 어디에서 오는지는 모르지만, 여하튼 비에 젖어 슬프고, 고적해 져서 슬프고, 무언지 모를 외로운 생각이 들어서 슬프다. 천지간(天地間)에 하얗게 날리는 눈 — 눈송이들이 검푸른 겨울 강물 속으로 끝없이 침몰하는 모습을 바라보게 될 때 나는 또한 슬프다.

오랜만에 찾은 고향. 시골집에서 다시 보게 되는 낡은 자전거,

공부하던 내 앉은뱅이책상, 조각난 어린 시절의 꿈, 곰팡내 나는 옛 교과서, 마루 밑에서 녹슬어 버린 내 소중했던 썰매. 그런가 하면 저만치 밀려나 이제는 쓰지 않는 낡은 멍석 — 그 자리에 함께 했던 다정스런 가족들, 동네 사람들, 그들은 지금 어디에 가 있는가? 아득히 흘러간 세월이 나를 또한 슬픔으로 이끌어 간다.

허물어진 성터, 내가 다니던 잡초 가득한 학교, 성당의 녹슨 종탑, 고향 마을에서 다시 보게 되는 폐가(廢家), 무너진 담장, 쓰지 않아 더러워진 우물. 아, 그 집은 어린 시절 자주 들르던 집 — 딸만 많았던 그 집, 나와 같이 학교에 다니기도 했던 넷째 딸 분이의 까만 눈망울. 그런가 하면 고향 뒷산에서 젊은 나이에 죽은 친구의 무덤을 다시 보게 될 때 — 그는 어릴 때 수재(秀才) 소리를 듣던 아이. 그리고 아까 본 그의 유일한 자식의 외롭고 추한 모습을 떠올리게 될 때, 나는 또한 슬프지 않을 수가 없다.

어디선가 밤새 울어대는 소쩍새 소리, 주말 늦은 시간에 추적추적 밤비 내리는 소리, 여행지에서 듣는 창문을 두들기는 빗소리. 기인 뱃고동, 혹은 깊은 밤 홀로 달려갈 화물 열차의 기적 소리, 이 또한 나를 막막한 비애의 세계로 이끌어 간다.

시장에 나와 앉은 주름 많은 할머니의 얼굴, 그 앞에서 말라 가는 생선, 어느 미망인의 외로운 눈길, 어둑한 지하도의 계단에서 엎드려 구걸하고 있는 거지, 역사(驛舍) 안에 쓰러져 누운 노숙자, 삶을 비관하는 옛 제자의 편지, 늘어뜨린 노처녀의 머리채에 섞여 있는 흰 머리칼이 또한 내 마음을 우울하게 한다.

재앙으로 뼈만 남은 아이들의 모습, 전쟁고아의 눈물, 사람들에게 잡혀든 추레해진 새의 모습, 철망에 갇혀 오직 먹고 알만 낳아줘야 하는 닭들, 양어장 안에서 갈 곳 없어 언제나 빙빙 원만 그리고 있는 송어, 그물에 걸려든 작은 물고기, 이 모든 것들이 또한 내 마음을 슬프게 한다.

무덤가에 핀 진달래 꽃. 시든 백합, 얼어 죽은 선인장, 화분에서 말라죽은 화초, 피어난 지 3일 만에 떨어져 날리는 벚꽃! 그런가 하면 길가에 피어 발길에 짓밟히는 들꽃, 넓히는 길을 위해 쓰러져 누운 나무, 상처처럼 벌겋게 잘려 나간 산줄기, 갑자기 사라진 정든 수풀, 그 속으로 나 있던 오솔길이 내 마음을 또한 슬프게 한다.

사원에서 들려오는 저녁 북소리, 굿하는 집에서 밤새 들려오는 징소리, 판소리의 한 대목, 거문고의 긴 울림, 시골 공연장의 텅 빈자리들, 저녁 늦은 시간의 첼로 연주곡, 슬픈 영화의 한 장면, 어느 무기수(無期囚)의 수기, 혹은 소월(素月)이나 백석(白石)의 시 — 이 모든 것들이 또한 내 마음을 슬프게 한다.

슬픔은 꾸밀 줄을 모른다. 순수해서. 그렇기에 눈물이 되고 그리움이 된다. 그들 머무르는 곳으로 가고 싶다. 그들 곁에 그들처럼 서서 그들과 같이 살아가고 싶다.

(1999)

흙빛 항아리

사람이 나이를 먹어가다 보면 취향도 조금은 바뀌어 가는 듯싶다. 꾸며 화려한 것보다는 수수함이 좋고, 좋아한다는 것 역시 완벽(完璧)함에만 있지 않다는 생각이 그것이다. 흠이 있으면 흠이 있는 대로 꾸밈없음이 외려 가치 있게 보일 때가 있으니 말이다.

나는 그래도 꽤 많은 양의 도자기를 가지고 있는데, 그 중에 유약이 칠해지지 않은 초벌구이 상태의 항아리형 토기(土器) 한 점을 소중히 간직하고 있다. 그것은 미적 감각이 있는 내 친구가 도자기로 유명한 이천에 갔다가, 어느 가마 앞에서 버려진 것을 얻어온 것이라 했다. 깨뜨려지기 직전에 다시 구제된 미완(未完)의 작품이라고나 할까. 어떻든 그의 집에 갈 적마다, '그것 참 빛깔 좋다!'라고 부러워 하니까 그가 또 맘 좋세시리 내세 준 것이다.

녀석을 자세히 들여다보면 초벌구이 때 너무 높은 온도에서 구워지지 않았나 싶다. 터진 곳이 발견될 뿐 아니라, 두드려 보면 쇳소리가 나는 걸로 보아서. 하지만 유연한 선이라든지 잘록한 목 특히, 황톳빛과 회색빛으로 나누어지는 그러면서도 전체적으로는 자연스런 흙빛을 띠고 있는 것이 이 항아리이다. 그런 근원적이면서도 질박한 느낌이 아마 내 마음을 사로잡았는지도 모른다. 나는 두 빛깔이 물감 번지듯 자연스레 겹쳐지는 면을 늘 보는 방향으로 하여 놓아두곤 한다.

그것은 어느 도공(陶工)의 실패작임이 분명하지만, 보는 이의 취향에 따라 새로운 아름다움이 발견되고 또 이렇듯 작품으로서의 생명을 이어가고 있다. 누가 있어 이보다 더 완벽한 도자기를 가져다준다 하여도, 지금으로선 이 토기와 바꿀 생각이 없다.

가끔 여유가 생길 때면 편안히 소파에 앉아 그 흙빛 토기 바라보기를 즐겨한다. 없는 듯하면서도 있고 있는 듯하면서도 없는 것 같은 토기를. 눈을 자극하지 않는 자연스러움이 오히려 마음을 이끌어 간다.

흙빛 항아리를 가만히 바라보고 있노라면, 마음은 어느덧 그 소박함에 동화되고 만다. 가식이 사라지고 마침내 평화로운 마음에 이를 수 있음은, 그것이 주는 덕이요 가르침이다.

아름다운 것을 발견하고 보는 것은 대단히 중요하다. 왜냐하면 아름다운 것을 보게 되면 자연 아름다운 것을 생각하게 마련이고, 아름다운 생각을 지니고 있는 사람이 또한 아름다운 행동을 하기 때문이다.

어느덧 애장품(愛藏品)이 되어 버린 흙빛 항아리! 그 녀석을 삶이 다하는 날까지 가까이 두며 살고 싶다. 나 자신이 그런 꾸밈없는 모양새와 빛깔을 닮아 가질 때까지…….

(2002)

떠돌이 시인

그간 내가 만든 「書林(서림)」이라는 문학회에 적지 않은 사람들이 들어오고 나갔다. 그도 그럴 것이 20여년이 넘었으니 그럴 만도 하겠다. 그런데 지금도 잊히지 않는 떠돌이 시인이 있었다. 그는 결혼도 하지 않은 30대 중반의 사람으로 확실한 직업도 없는 그런 사람이었다. 내 글이 그에게 누가 되지 않을까 싶어 실명만은 밝히지 않는다.

그때 당시 그는 정식으로 등단을 한 시인은 아니었지만, 나는 그를 그렇게 부르고 싶다. 그는 우리 문학회에 나와 서정이 흘러넘치는 시를 발표하여 감동을 주는가 하면, 어느 날 갑자기 사라져 한동안 코빼기도 안 보이다가 느닷없이 나타나 전화를 걸곤 하였다. 그는 정해진 일 없이 건설 공사가 있으면 그런 데 나가 허드렛일을 하는 정도로만 알려져 있었는데, 그러다 보니 이렇듯 동에 번쩍 서에 번쩍 종잡을 수 없는 생활을 하는 사람이었다. 내가 그와 가까이 할 수 있었던 것은, 다른 회원과는 좀 달리 그의 말을 들어 주었다는 데 있지 싶다.

추석이 지난 어느 날 오후였다. 그가 집으로 전화를 해 저 혼자 술을 마시고 있는데, 나오셔서 같이 한 잔 하면 어떻겠느냐는 것이었다. 같이 글을 쓰는 사람으로 거절하기도 뭣하고 해서 터덜거리며 나갔다. 함께 앉아 술을 몇 잔 하며 그의 이야기를 듣게 되었다. 자신이 이렇게 혼자 나와 술을 마시는 건 자신의 아홉 살 난 조카 딸내미 때문이라는 것이었다. 추석날 친척들이 와 사촌들과 재미나게 붙어 놀다가 그들이 한꺼번에 싹 가 버리니까 아이가 그 공허감에 앉아 있지를 못하고 정신 나간 사람처럼 이 방 저 방을 건너다니더라는 것이다. 그 꼴이 보기 싫어서, 그 마음을 너무 잘 알기에 자신도 그 마음에 전염되어 술을 마시러 나오지 않을 수 없었다는 이야기였다. 나도 그런 경험이 없지 않았던 기억이 어렴풋이 떠올라 같이 술을 마셔 주었다. 그는 술을 마시고 나면, 자신이 좋아하는 시를 줄줄 외워 주었다. 아무튼 암기력이 참 좋은 사람이라는 생각이 들었다. 그런데 술집을 나올 무렵 사실은 돈이 없으니 선생님께서 좀 내주시면 안 되겠느냐는 것이었다. '그야 그러마.' 하고 돈을 내고 나왔다. 그는 좀 미안해하더니, 가다가 멈추어 버릴 것 같은 흙투성이의 오토바이를 타고 요란한 소리를 내며 달아나 버렸다.

하루는 옷을 벗고 잠자리에 들었는데 전화가 왔다. 또다시 "선, 생님!" 하고 어눌하게 부르는 소리가 떠돌이 시인이었다. 요는 지금 자신이 술집에 있는데 좀 나오실 수 없느냐는 것이었다. 나는 피곤도 하고 다시 옷을 챙겨 입기도 귀찮아서 꼭 나가야만 하느냐고 물었더니, 다시 말을 더듬으면서 사실은 술집에 잡혀 있다는 것이었다. '술집에 잡혀 있다.'는 말이라면, 술을 먹고 돈을 못 내 나오지 못 한다는 말 아닌가. 전에도 그와 비슷한 일이 있었고 해서 약간은 불쾌하기도 했지만, 오죽하면 나에게 전화를 할까 싶어 지갑을 챙겨 터덜거리며 나갔다. 그랬더니 그 집에서 가끔 외상술을 먹는데, 오늘은 주인이 그가 타고 다니는 녹슬고 헌, 앞에서도 말했지만 어떻게 굴러다닐까 싶은 오토바이를 술집 앞마당에다 붙잡아 놓고 있었다. 이 사람이 나를 어떻게 보고 이러나 싶은 생각이 또다시 밀려왔지만, 술값 한 번 내 준다고 망하기야 하겠나 싶어 술을 한 병 더 시켜 마신 뒤 집으로 돌아왔다.

그 후 두어 주가 지난 어느 휴일의 오후였다. 날도 흐리고 해서 집에 있는데 전화가 왔다. 또다시 더듬거리는 목소리가 그 떠돌이 시인이었다. 전화 내용인즉, 선생님 지금 뭐 하시냐는 것과 전번에는 대단히 죄송했다며 오늘 시간이 되시면 지금 댁으로 찾아가겠다는 것이었다. 나는 이번엔 또 뭔가도 싶었지만 그래도 정에 끌려 와도 괜찮다고 했다. 얼마 후 그 오토바이 소리가 들리더니 아파트 계단을 오르는 소리가 들려왔다. 나는 그를 맞아 서재로 안내했다. 그런데 주저하는 그 손에는 소주 몇 병과 검은 봉지 하나가 들려 있었다. 횟감이라며 내놓는 것을 들여다보니 해삼과 우럭이었다. 들쭉날쭉한 크기로 보아, 아주 작은 것이 섞여 있는 것으로 보아 산 것 같지는 않아 보였다.

나는 궂은 날씨에 술 한 잔 하는 것도 괜찮을 듯싶어 아내에게 술상을 봐 달라고 했다. 그 날 나는 그 떠돌이 시인과 술을 마시면서 다시 한 번 놀랐다. 이때까지 글 쓰는 사람을 적지 않게 만나 보았지만, 소설을 외우는 사람은 처음 보았기 때문이었다. 술이 들어가 얼근해진 그가 타고르가 쓴 『우체국장』이라는 소설의 후반부를 글 읽듯이 죽 들려주는 것이었다. 어찌 소설을 외울 수 있느냐고 하니까, 좋아서 많이 읽다 보니까 저절로 외워졌다는 것이었다. 무엇이 그리 좋으냐고 하니까, 작품 속 고아 소녀 라턴이 우체국장을 떠나보내면서 슬퍼하는 장면이, 벗어날 수 없는 우리 인간의 근원적 슬픔인 같아 자꾸 읽게 되었다는 것이었다. 그러면서 소설가 이외수를 좋아하는데, 한밤중에 자주 전화를 하니까 이제는 그의 아내가 작업 중이라며 바꿔주지를 않는다며 아쉬움을 나타내기도 하였다.

그가 술에 취해 돌아간 후, 나는 타고르의 그 소설을 찾아 다시 읽어 보았다. 전에는 크게 느끼지를 못했었는데, 그 떠돌이 시인이 들려준 말을 듣고 다시 꼼꼼히 읽어 보니 역시 가슴에 밀려드는 슬픔을 주체할 수가 없었다. 그래 그 날 밤은 그 소설을 읽고 또 읽었던 적이 있다.

한동안 보이지 않던 그가 지역 신문 독자란에 느닷없이 시를 발표하기도 하였다. 그의 시는 독자로 하여금 슬픔과 먼 그리움으로 빠져들게 하는 힘이 있었다. 어떻게 보면 덜 떨어진 사람 같기도 하고, 어떻게 보면 순진하여 진짜 시인 같기도 하고, 어떻게 보면 낙오자 같기도 했던 사람이었다.

그러던 어느 날이었다. 전화를 받은 나는 서운함이 물밀듯 밀려왔다. 이 지역을 떠나 강원도 삼척인가로 가게 되었다는 것이었다. 무슨 일로 가느냐고 물었더니, 그곳 해안에 방파제 공사가 터져 거기에 가서 일을 하게 되었다는 것이다. 나에게는 때로 귀찮게도 했지만, 어떻게 보면 인간의 진실한 마음의 깊이를 전해준 사람이었는데라는 생각이 들었다. 그러면서 왠지 황석영의 「삼포 가는 길」이라는 소설이 불현듯 떠올랐다. 나는 그럼 문학회에 나오지 못 하겠네 했더니, 아마 그럴 거라고 대답했다.

그와의 마지막 전화 후 십년이 넘는 세월이 흘렀다. 그러나 그의 그 더듬거리는 전화는 다시 오지 않았다. 나는 조금은 서운하기도 하고 또 궁금하기도 했다. 바라건대 여기저기 공사판을 떠도는 고달픈 삶을 살더라도, 그가 몇 줄 시를 짓는 여유만은 잊지 않고 살았으면 좋겠다. 오늘도 바닷가 한 모퉁이에서, 노을 번지는 바다를 보며 모래 위에 한 줄 시를 쓰고 있는지도 모르겠다.

(2009)

순수에의 옹호

내 제자 중에 '예일'이라는 참으로 고지식한 녀석이 있다. 그 녀석은 친구인 목사의 아들로 순수하다 못해 조금은 답답한 면도 없지 않은 녀석이다. 중학교 3학년이니 이즘 시대에 때 묻지 않을 나이라고는 할 수 없다. 사실 고등학교 입시를 앞둔 녀석이기에 단 1점이라도 점수가 필요한 시기이다.

수행평가 과제물을 걷다 보면 한두 차례에 걸쳐 기간 연장을 하게 된다. 많은 학생이 제때에 내지 못하기 때문이다. 그렇다고 원칙만 내세워 야박하게 한 번에 딱 잘라 걷을 수도 없는 노릇이다. 제자들에게 어차피 그 과정을 통해 공부를 더 시켜야 하기 때문이다. 그런 관계로 끌려갈 수밖에 없는 것이 그런 평가다.

그런데 공부를 아주 잘하는 녀석이 수행평가의 대상인 한 달에 권장도서 3권 읽고 감상문 써오기를 1권만 낸 채 더 이상 내지를 않고 있다. 기본 점수만 줄까 하다가 타격이 클 것 같아 다시 한 번 이야기를 한다. 그러면서 이대로라면 높은 점수를 주지 못 한다고, 명문고 가는데 지장을 초래할 수 있다고 위협해도 녀석은 눈도 꿈쩍 않는다. 물론 한 편을 썼어도 깊이 있게 읽고 꼼꼼하게 자기 생각으로 글을 쓰기는 했다. 그러나 평가 기준에는 일단 3권을 읽어야 만점의 대상이 된다.

그러니 친구의 아들이라는 이유로 봐줄 수도 없고 그럴 입장이

나 상황도 아니다. 그리하여 또다시 기간을 연장해 줄 터이니 다시 해오라고 이른다. 사정은 녀석이 해야 할 판인데 내 쪽에서 사정하다시피 말한다. 그런데 녀석이 외려 원칙을 내세우듯 그런 것은 정도가 아니며 감수하겠다는 식이다. 다시 말해 이미 기간이 지나 버렸으니 정직하게 1권까지만 평가를 받겠다는 것이다. 영악한 다른 학생들과는 달리 아직 타협을 모르는 순수함이 돋보이는 녀석이다. 그런 녀석에게 하물며 점수를 올려 준다면 그에 의문을 품고 거부하고도 남을 녀석이다. 그런 녀석에겐 특혜나 편법이라는 것은 존재할 수가 없다. 순수하고 정직하기가 짝이 없는 녀석이다. 이쯤에서 나도 그 녀석의 지조를 지켜 주기로 한다.

그런데 앞으로 이 사회가 그 순수와 정직을 지켜 주고 인정해 줄 것이냐가 문제이다. 그렇게만 된다면 얼마나 좋으련만, 아마 이 사회가 허락하지 않을 것이다. 고등학교 대학교를 넘어 군대생활, 취업 관문 그리고 사회생활이 그 녀석이 맞부딪치게 될 앞날이다. 그러니 이 무한경쟁의 시대에 녀석의 순수가 얼마나 지켜질지가 한편 걱정이 되는 것이다. 학교에서 배우고 믿었던 것들과는 분명 괴리가 드러나는 것이 현실이다. 내가 그렇게 가르쳐 왔고 물론 그것을 지지하고 옹호하지만, 그 녀석이 사회 현실에서 겪게 될 배신감은 또한 얼마나 클 것인가. 그런 생각을 하다 보면 나 자신도 한없이 약해지는 마음이다.

얼마 전에는 몇 푼 되지도 않는 자신의 용돈을 아껴, 실내화가 닳아 맨발로 다니는 가난한 후배에게 실내화를 사다 준 적이 있었다. 그것을 알게 된 나는 대견스러움과 동시에 세심하지 못했던 내 자신에 대한 부끄러움을 느꼈다. 교사다움은 외려 그 녀석에게 더욱 있다. 때로는 제자의 일깨움이 이렇듯 내 자신을 뒤돌아보게도 한다. 그래도 미더운 것은 그 정도면, '굶어 죽지는 않을 거다.'라는 생각이 들어서다. 비록 힘들더라도 그렇게 삶으로써 이 사회를 이 세상을 조금씩 변화시켜 나갔으면 하는 바람 또한 적지 않다. 그것 또한 가치 있는 일이라면 더욱더 그럴 일이다.

인생은 제 기준으로 사는 거다. 그것이 때로 불이익이 된다고 할지라도. 그러나 누구도 모르리라. 출세의 높이가 아닌 그것이 그 사람의 성공이고 삶이라는 것을……. 그것이 그 사람이고 그 사람의 이름으로 불리는 인격이라는 것을…….

(2003)

잊지 못할 제자

졸업을 했어도 쉽게 잊히지 않는 제자가 있다. 그 아이는 반에서 제일 작고 공부도 가장 뒤떨어지는 학생이었다. 중학교 3학년이었음에도 불구하고 마치 초등학생처럼 느껴지는 어찌 보면, 정상을 벗어난 왜소한 체격에 한글까지도 미해득에 머물러 있는 아이였다. 그러다 보니 대개 모든 것에서 예외를 당하고, 그것을 자청하듯 생활하는 녀석이었다.

나는 지금도 그렇지만 공부를 못하거나 바보 같은 아이들에게 더 많은 관심을 기울이는 편이다. 물론 뛰어난 학생이나 천재적인 재능을 발휘하는 학생을 볼 때면, 나 또한 희열감에 뛰는 가슴을 억제할 수가 없다. 그렇기는 하지만 그들은 대개 칭찬이면 스스로가 커 나갈 수 있는 학생들이요, 나 아니어도 다른 선생님들이 흔히 사랑을 펴 주기 때문이다.

나는 국어교사로서 담임으로서 어떻게 하든지 이 녀석에게 한글만은 깨우쳐 주겠다고 다짐했다. 소위 까막눈으로 이 세상을 살게 할 수는 없는 노릇이다. 그것은 내 자신이 허락할 수 없는 일이었다. 방과 후 도서관에서 한글 공부를 시작한 나는 우선 내 마음을 그 녀석에게 펴 주기로 했다. 그렇게 며칠을 공부한 어느 날 도통 의지도 없고 집중도 하지 않아 관심을 끌어 보자는 속셈으로 셈법을 공부해 보기로 했다. 동전과 지폐를 꺼내 놓고 돈을 가지고 덧셈 뺄셈을 하면서 답을 맞히면 진짜 그 돈을 주겠다는 제안을 했다. 그랬더니 금세 정확한 셈을 해내는 것이었다. 희한한 일이었다. 나는 순간 녀석의 눈과 마음을 들여다보면서 이 녀석의 지능이 정상이라는 판단을 내리게 되었다. 단지 배우기 싫어서, 그렇게 예외적으로 취급받는 것이 속 편해서, 그렇듯 거부하고 도외시하며 살아온 것 같은 느낌을 받았다. 그렇다면 너는 나를 벗어날 수 없다. 이것은 가능성이 충분한 것이기에 끝까지 해보자는 생각이 들었다. 그래 슬슬 구슬리기도 하면서 녀석의 마음속으로 파고들어 갔다.

선생님들과 함께 점심을 먹으러 학교 앞 식당으로 나갈 때면, 나는 가끔 교실을 빠져 나와 운동장을 배회하는 선일이를 볼 수 있었다. 그럴 때면 빵을 사와 주기도 하고, 또 도시락을 싸 가지고 올 것을 종용하기도 하였다. 반찬이 없어 싸 오지 않는다고 하기에 밥만이라도 싸 와서 친구들하고 같이 먹으라고 반장에게 일러 놓기도 했지만, 그것도 말할 때뿐이었다.

그러던 어느 날 반장이 와 선일이도 주번을 하느냐고 물었다. "차례가 오면 당연히 해야지, 그게 무슨 말이냐?"고 하자, 초등학교 때부터 이때까지 한 번도 주번을 하지 않았다는 것이었다. 그리고 글도 모르는 애가 주번일지는 어떻게 쓰느냐는 것이었다. 그러면 네가 도움을 주면 될 게 아니냐고 했다. 주번을 하는 선일이를 보니, 공부에 관심이 없어서인지 쉬는 시간마다 칠판을 닦고, 교실 출입구를 청소하는 등 어느 누구보다도 잘해 내었다.

그런데 출장이 있은 어느 날 이후 선일이가 연 이틀 결석을 하였다. 전화도 안 되고 해서 아이들에게 물어보니 발목을 다쳤다는 것이었다. 무엇이 어떻게 된 것인지 잘 몰라 같은 동네 아이에게 내일은 꼭 선일이를 데리고 오라고 당부를 하였다.

다음 날 선일이는 발목에 붕대를 칭칭 감은 채 친구들에 의지해 학교에 왔다. 붕대를 풀어 보니 아직도 발목이 퉁퉁 부어 있었다. 다친 이유를 물으니 짝꿍의 가방을 가져다주고 오다 넘어져서 그렇게 되었다는 것이었다. 출장 가기 전날이었다. 한 학생이 갑자기 칠판 글씨가 보이지 않는다고 하여, 부모에게 알려 아이를 데리고 급히 병원에 간 적이 있었다. 그때 그 학생의 짝이 바로 선일이었다. 시키지도 않은 일을 그것도 반대 방향에 있는 친구의 집까지 가방을 가져다주고 오다, 빗길에 미끄러져 둑 아래로 굴러 떨어지면서 다치게 된 것이었다. 그렇게 다친 상태로 돌아왔으나 부모는 그 다음 날에서야 병원으로 데리고 갔던 것이다. 부어 오른 발이라 깁스를 할 수 없었고, 더구나 보험료를 내지 않아 의료보험증이 말소돼 당시 8만원이나 되는 응급 치료비도 못 내고 병원에서 쫓겨난 상태였다. 어이없는 일이었다. 공부도 못하고 체구까지 왜소한 녀석이 골수염이라도 걸린다면 어떻게 될까 싶어, 바로 차에 싣고 병원으로 가 일주일가량 치료를 받게 해주었다.

그때 녀석을 차에 태우고 다니면서 들려준 말이, 차를 타고 어디라도 가려면 한글 정도는 알아야 한다는 것. 몸이라도 튼튼해야 노동이라도 해서 먹고 살 수 있다는 것. 그러니까 밥 많이 먹고 없는 반찬이라도 도시락만은 꼭 싸 가지고 다녀야 한다는 말을 들려주곤 했었다.

어떻든 많은 노력을 기울인 끝에 졸업 무렵에는 완벽하진 않지만 더듬거리며 글을 읽을 수 있었으며, 쓰는 것도 받침에 혼동은 있었지만 뜻은 통하게 썼다. 다행이었다. 뿐만 아니라, 졸업과 동시에 수업료가 지원되는 인근 상업고등학교에서 인원을 채우기 위해 녀석을 거의 모셔가다시피 했다.

그렇게 선일이가 떠난 그해 스승의 날 무렵이었다. 졸업 앨범을 보고 했는지 집으로 전화가 왔다. '선생님, 제가 편지를 보냈는데 받지 않았느냐는 것이었다. 못 받았는데 언제 보냈느냐고 하니까, 오늘 보냈다는 것이었다. 이렇게 세상모르는 그 순진함에 나는 웃어 주었다. 아마 그 편지는 선일이가 쓴 최초의 편지였는지도 모른다. 받은 편지를 짜 맞추어 보니 선생님의 은혜에 감사한다는 내용이었다.

그것만이 아니었다. 감동의 충격은 그 훗날이었다. 도서관에 있는데 밖에서 쭈뼛쭈뼛 하는 선일이 모습이 보였다. 아마 스승의 날이라서 수업이 일찍 끝난 모양이었다. 반가워서 들어오라고 했더니 예측대로 오전 수업만 했다는 것이었다. 그러면서 계면쩍어하며 숨기듯 들고 온 음료수 한 박스를 책상 위에 올려놓았다. 나는 가난한 형편에 저 녀석이 저런 것을 어떻게 사왔나 싶어 그 돈의 출처를 캐물었다.

내내 머뭇거리던 녀석이 끝에 털어놓은 말은 뜻밖에도 차비를 모아 사왔다는 것이었다. 이것을 사오기 위해 집에서 한산까지 약 6km의 산길로 일주일 동안 걸어 다녔다는 이야기였다. 순간, 나는 찬 이슬을 떨구며 그 먼 길을 걸어 학교에 갔을 녀석을 생각해 보았다. 그러자 가슴이 먹먹해지며 눈물이 핑 돌았다. 선생님에게 선물을 사다 주기 위해 그 먼 길을 걸어 다닐 제자가 과연 얼마나 될까? 나는 우선 고맙다며 네 마음 알았으니 이제는 절대로 그러지 말라고 타이른 뒤, 차비를 줘서 돌려보냈다. 그 일에 나는 참으로 감격했다. 그래서 다시 도서관으로 들어와 참았던 눈물을 쏟아내었다. 결심하고 희생하고 노력하고 보은하는 참된 한 인간으로서의 모습을 보았기 때문이었다. 이제는 걱정 안 해도 사람답게는 살 수 있을 것 같은 예감이 들었다. 좀 덜 떨어지고 부족하면 어떤가? 솔직히 남을 짓밟고 앞서 가면서 부정한 일이나 일삼는 것보다는 낫지 않은가?

녀석은 남이 보기엔 혹 못난 아이로 보일지는 몰라도, 내겐 진정 보람된 눈물을 안겨 준 잊지 못할 제자였다.

* 신상에 관한 것이기에 글 속에서 이름만은 바꿔 놓았다.

(1996)

분꽃을 보며

지난해 가을 직장 동료들과 함께 진도에 간 일이 있었다. 그때 숙소로 정한 여관의 뜰에서, 소담한 둥치를 이루고 있는 분꽃 한 무더기를 보게 되었다. 아주 오래간만에 대한 분꽃은 내게 아련한 향수를 불러일으켜 주었다. 나는 나도 모르게 꽃잎을 어루만지다 그 밑에 떨어진 까만 씨알 몇 개를 줍게 되었고, 그것을 껌 종이인 은박지에 싸서 가지고 왔다. 그리고 무슨 선물이나 되는 양, 아내에게 주며 또 잘 보관해 줄 것까지 부탁했었다.

물론 그렇게 하기까지는 그 꽃에 대한 남다른 애정이 있었는지도 모른다. 요즘에 보면, 옛날 우리 주변에서 흔히 볼 수 있었던 꽃들이 차츰 사라져 가고, 꽃 이름까지도 생소한 것들이 꽃밭을 채우다 보니, 익숙한 꽃들에 대한 향수와 아쉬움이 있었다. 어느 사인가 채송화, 봉숭아, 백일홍, 해바라기가 그리운 꽃이 되어 가고 있다.

씨앗 속 하얀 가루를 화장하는 분(粉)으로 사용해 이름 붙여진 꽃! 분꽃은 어릴 때 고향에서 흔히 보았던 내겐 아주 가깝고도 친근한 꽃이었다. 저녁 무렵이면 뜰에 핀 꽃 둥치 주변으로 이웃의 누나들이나 내 또래의 여자 아이들이 모였다. 그럴 때면 그들이 그 주변에서 나팔 모양의 꽃들을 뽑아 입에 물거나, 손가락에 끼워 넣으면서 노는 모습을 자주 볼 수 있었다. 그리고 가을이 끝날 무렵이면, 누나와 나는 언제나 다음 해를 위하여 환약 같던 까만 씨알을 주워 담곤 했다. 그런 기억들이 분꽃을 알아볼 수 있게 하였고, 급기야 내게 다시 심어 보리라는 생각을 갖게 했는지도 모른다.

열대 남아메리카가 원산지인 이 꽃은, 17세기를 전후하여 우리나라에 들어온 것으로 알려져 있다. 메마른 땅이 아니면 어디서나 잘 자라는 이 꽃은, 대개 6월에서 10월까지 끈질기게 핀다. 빛깔은 붉은색, 노란색, 흰색 등 여러 가지로 수수한 편이다. 특이하게도 꽃이 보통 오후 4시경에 피기에 포어클록(Four - O'clock)이라고도 한다.

가만히 생각해 보면, 어릴 때 어머니께서 누나에게 하던 말씀이 되살아난다. '날이 흐려 해가 없을 땐, 분꽃이 피는 것을 보고 보리쌀을 씻으면 된다.'라는 말씀이셨다. 시계가 흔치 않았던 그 시절 해를 보고 일꾼들의 밥을 지었을 터인데, 기준이 없어지다 보니 분꽃에다 맞추었던 듯싶다. 오랜 경험에 의해 터득된 지혜일 것인데, 더없이 서정적이요 시적이라 아니할 수 없다. 옹배기에 보리쌀을 비벼 씻고, 불을 때 끓이다 쌀을 얹어 밥을 짓고, 찬을 준비하였을 터이니 그만한 시간은 소요되었을 것이다.

봄이 되자 나는 그 꽃씨의 소재를 물어 물에 불리고 화분에 흙을 떠다 씨를 묻었다. 그리고 떡잎이 피고 속잎이 자라자, 내가 사는 아파트의 뜰과 학교의 화단에 꽃모를 정성스레 옮기어 심었다. 옆자리의 동료 직원에게도 한 포기씩 나누어 주기도 하면서. 그러던 것이 어느덧 터를 잡아 자라면서 어여쁜 꽃잎을 피워 내고 있다.

무엇보다도 작은 꽃송이로 앙증스레 여기저기 나팔처럼 피어나는 모양새는 어여쁘기 그지없다. 여름 볕이 차츰 기울고, 그늘을 늘이기 시작하는 저녁 무렵을 택하여 피어나는 이 꽃은, 마치 복된 시간을 위해 찾아오는 저녁의 전령사(傳令使) 같다. 분꽃이 피는 저녁이면 온 가족이 밥상을 함께 하는 모임이 있고, 고요한 저녁의 휴식이 있다. 가진 것이 적어 빈한해도 별빛 아름답게 느끼며 평온한 안식을 맞을 수 있다는 것이, 이 꽃에 대한 나의 이미지이다.

세상이 각박해지다 보니 옛정을 너무 소홀히 여기는 경향이 적지가 않다. 그러나 삶의 애정을 위해서는 비록 사소한 것이라 할지라도, 정들었던 옛것을 소중히 여기는 생활 태도를 필요로 한다. 그것은 생활에 대한 사랑과 신뢰로 이어지기 때문이다.

먼 곳을 떠나 와 내 곁에 머무는 이 꽃들을 보며 생각에 잠겨 본다. — 땅 밑에서 줄기를 받치는 뿌리, 열매를 위하여 자신의 아름다움을 버려야 하는 꽃들, 새로운 생명을 위하여 씨알로 썩어야 했던 이들의 결단과 희생, 그리고 삶과 죽음의 의미까지도 생각해 보는 것이다.

분꽃을 가만히 들여다보고 있노라면, 어느덧 아득한 곳으로부터 다가오는 고향이 있다. 고향이라는 한 뿌리에서 저 꽃들처럼 함께 하다 씨앗처럼 흩어져 간 그리운 얼굴들. 세월이 흘러 그들은 그 시절 우리만큼이나 큰 아이들을 둔 어른이 되었다. 그 사이에 분꽃의 고향 저녁을 망각 속에 접어 두었을지 모르지만, 나는 자못 소중한 추억으로 간직하고 싶다.

아침에 피어나는 꽃은 많아도 저녁에 피어나는 꽃은 그리 흔치가 않다. 더구나 기우는 햇살 속에서 안식을 알리며 어두워 오는 저녁을 밝히는 꽃! 어둠으로 들어가는 길목에서 등불처럼 피어나는 이 꽃잎을 보며, 가끔 생각에 잠겨 본다. 오늘의 나의 삶은 헛되지 않았나를. 그리고 그것이 진정 의미 있었나를 잠시 정리해 보는 것도 이 분꽃 앞에서이다.

나는 오늘도 교정(校庭)의 분꽃 앞에 서 있다. 분꽃은 마치 여학생인 반 아이들의 모습과도 같다는 생각을 해보면서, 평온한 저녁을 알리는 이 꽃의 씨알 하나하나를 주워 모으고 있다. 머지않아 졸업을 하게 될 학생들. 그 사랑스런 녀석들에게 두어 알씩 나누어 준다면, 혹 추억이 될지도 모른다는 그런 생각 속에서…….

(1994)

6
독서의 장

가방 속 책 한 권

나는 예전부터 가방만은 좋은 것을 가지고 다녔다. 글을 쓰는 사람의 자존심이랄까. 아니면 훌륭한 인물이 쓴 위대한 책은 좋은 가방에 넣는 것이 예의, 또는 내 딴에는 그렇게 모셔야 한다는 뜻이었다. 그런 생각에 나는 지금도 분에 넘치는 고급스러운 가방을 가지고 다닌다.

그 가방엔 적어도 한 권 이상의 책이 들어 있다. 오늘 읽을 책이다. 아무리 바빠도 출근 전에 내가 직접 챙기고 확인하고 나면 언제 어디서나 하루가 든든해지는 느낌이다. 일과 속에서 자투리 시간이 생기면 곧바로 가방에서 책을 꺼내 읽는다. 일상의 번잡함이나 고민으로부터 벗어나 어느새 딴 세계로의 여행을 하고 있는 나를 발견하게 된다. 그런 의미에서 내 가방은 이동도서관이요, 책은 내 사유의 망명처인 셈이다.

하기야 『내 이름은 빨강』으로 유명한 터키의 노벨문학상 수상 작가인 오르한 파묵도, “당신 주머니나 가방에 책을 넣고 다니는 것은, 특히 불행한 시기에 당신을 행복하게 해줄 다른 세계를 넣고 다니는 것을 의미한다.”고 말했다. 이처럼 내 가방 속 책 한 권은 혹 불편한 장소에서조차도, 내가 처한 그 어떠한 곳을 불문하고 내게 간편한 즐거움 같은 것을 가져다주고 있다.

몇 년 전 지역 축제 때 학생백일장 심사를 나간 일이 있었다. 주차할 곳이 마땅치 않아 이리저리 돌다가 멀리 떨어진 임시 주차장 맨 끝자리에 대어 놓게 되었다. 가방 속 책을 활용할 시간이 없을 것 같아, 반짝이는 쌤소나이트 가방을 운전석 옆자리에 그대로 놓아둔 채 내렸다. 물론 그 가방 안에는 샤프펜슬이 꽂혀 있는 읽다 만 책 한 권과 퇴고를 기다리는 급조된 시 한 편이 종잇장으로 달랑 들어 있을 뿐이었다.

그런데 돌아와 보니 놀랍게도 조수석 옆 창이 왕창 깨져 있었다. 가방은 보이지 않고, 엄청난 크기의 돌덩이가 깨진 유리와 함께 그 조수석에 오도카니 앉아 있었다. 아마 창 너머에서 반짝이는 귀태 나는 가방을 본 도둑이, 값어치가 나가는 무언가가 들어 있을 것을 상상해 그런 일을 저지른 것 같았다. 가방만 본다면 그럴 수도 있었을 것이다. 그러나 어찌하랴! 나는 가난한 한 서생(書生)이었고, 나의 책 한 권은 무거운 돌을 구한 그의 수고조차 아깝게 만드는 하찮은 것이었음을…….

주변 사람들의 웅성거리는 소리에 마침 경찰이 오게 되었는데, 그 경찰이 공교롭게도 내가 가르친 제자였다. 제자가 그 상황을 보자 돈이 목적이었다면 주변에 버렸을 수도 있다며, 선생님의 가방을 찾아 주겠다고 나섰다. 나는 그럴 거 없다고, 책 한 권 들었을 뿐이라며 한사코 말렸으나, 제자는 축제 장소에 파견된 동료를 불러 주변 산을 샅샅이 뒤져 주었다. 하지만 가방은 끝내 찾지 못했다.

그 후 나는 한동안 가방 없이 다녔다. 그를 보았음인지, 변호사로 돈을 벌게 된 딸이 같은 브랜드 중에서 제일 좋은 것으로 다시 사주었다. 멋진 남색 가죽 가방이다. 이제는 괜스레 오해를 주지 않기 위해서, 차에서 내려 일을 볼 때면 그 가방만은 차 트렁크에 꼭 옮겨 놓고 다닌다.

예의 가방 속 책 한 권은 내가 나를 지키는 최후의 보루이다. 번잡한 또는 치열한 생활 속에 오롯이 존재하는 내 사유의 섬이다. 일과의 분주함 속에서조차도 나는 잠시 잠깐 그 미지의 세계로 눈을 돌리고, 이어 생각을 옮겨 가기를 즐겨한다. 이때까지 나는 그것으로 나를 지켜왔고, 그를 즐기는 속에서 내 스스로가 또한 행복했다.

(2017)

책

나는 그리 많은 책을 가지고 있지는 않다. 그러나 질적인 면에서 알찬 내용들이다. 다 해서 2,500 권 남짓할 정도인데, 전에는 그보다 훨씬 많았던 적도 있었다. 그 책을 한 권 한 권 사 모으던 때는 늘어나는 책에 부자가 된 느낌이었다. 그런데 이사를 오면서 남에게 주거나 과감히 버렸다. 이유는 다시 보지 않을 것 같아, 공간을 넓게 쓰고 싶어서, 간단하게 좋은 책만 골라 놓으면 편리할 듯싶어서 그랬다.

그런데 버려 놓고 후회를 한 적도 있었다. 버린 책이 확인 차 다시 필요했기 때문이다. 답답함이 있었지만 어쩔 수 없는 일이었다. 본래부터 없었던 것으로 여기는 수밖에. 그런 일을 겪어서인지 책을 살 때 좀 더 신중해진 편이다. 요즘은 책의 홍수 시대이다. 어떤 책이 읽을 만한 좋은 책인지를 구별하기가 쉽지 않다. 어떻든 나는 신문이나 잡지 출판사의 카탈로그 등에서 정보를 얻고, 컴퓨터 검색을 통해 상세히 살펴본 뒤 결정한다. 한정된 공간에 필요한 책만을 두려니 더욱 그렇다. 그래서 한 번 보고 말 것 같은 책은 도서관에서 빌려다 읽는다. 그러나 가끔은 빌려본 책이 좋아서 다시 사 두는 경우도 있다.

그런가 하면 아주 좋은 책은 같은 것을 두 권 아니 서너 권씩 사는 경우도 있다. 두 권을 사는 것은 아들딸에게 한 권씩 남겨 주려고, 서너 권씩 사는 것은 제자들에게 또는 가까운 사람들에게 선물을 하려고 그런다. 책은 살아 있는 영혼의 집이다. 따라서 책을 나누어 보는 것은 생각을 공유하는 것이요, 가깝거나 친밀한 사람이 아니면 할 수 없는 일이다. 무턱대고 아무에게나 책을 들이댈 수는 없지 않은가?

특히 자신이 가까이 두고 아끼는 책 — 이제는 똑같은 것을 쉽게 구할 수 없는 귀중한 책을 선물함은 의미가 더욱 각별하다. 그 책을 이해하고 오래 간직할 사람, 그 책을 읽고 더욱 발전해 갈 사람이라는 믿음이 섰을 때 비로소 결심을 한다. 물론 그런 관계 속에서 책을 받는 사람 또한 손때 묻은 책에서 느끼는 정은 남다르리라.

그런데 가끔은 좋아서 주었는데 상대가 별 반응이 없을 때는 안타까움도 없지 않다. 물론 세월 지나서 그 책의 진가를 이해할 수도 있겠지만. 그래서 자식들 같으면 꼼꼼하게 중요한 부분에 밑줄을 긋거나, 설명을 붙이거나, 아니면 나의 느낌 따위를 적어 넣어서 준다. 내가 느꼈던 지적인 즐거움과 감동 그리고 삶의 교훈 같은 것을 전해 주고 싶어서이다. 딱히 물려줄 재산도 없는 나로서는 유산 아닌 유산을 만들어 준다고나 할까. 뭐 그런 뜻도 얼마간 있다. 이런 책들이 그들 세대에도 불변하는 가치를 지니며 인생의 여러 문제들을 해결해 줄지는 모르지만, 적어도 그들 삶의 위안과 지침(指針)은 되리라는 생각이다. 내가 죽은 뒤에라도 혹 그를 통해 아버지의 체취를 느끼며 생각의 명료함이나 삶의 지혜 같은 것을 얻는다면, 그 또한 정신적 유산이 아니겠는가? 좋은 책을 읽고 좋은 생각을 하고 좋은 쪽으로 자신을 발전시켜 나간다면, 삶은 더욱 풍요로워지리라.

내 서재엔 생활의 궁금증을 풀어줄 연구를 바탕으로 한 서적들도 적지 않지만, 에세이류, 그림에 관한 책, 그리고 여행서 등에 대한 비중이 크다.

특히 에세이류의 비중이 큰 것은, 삶과 동시에 앎을 진실 되게 전해 주는 글들이기 때문이다. 그런 유(類)의 책들에서 다루는 삶의 문제란, 대개 근원적이면서도 직접적인 물음들일 경우가 많다. 나아가 우리 영혼의 가장 은밀한 곳에 자리 잡고 있는 마음과 동경을 표현한다는 점에서도 더욱 애착이 간다.

뿐만 아니라, 남의 삶을 체험할 수 있는 수필류의 그런 책들 속에는 — 내 자신이 가보지 못한 여로와 가지지 못한 생각과 미치지 못한 지식의 세계가 담겨 있기 때문이다. 그런 것들이 생생하게 어우러진 내용의 글을 읽는다는 것은, 글로 경험하는 또 하나의 새로움이기도 하다.

음악이 세계 공통의 언어라 흔히 말하듯, 그림 또한 세계 공통의 글이라고 생각한다. 따라서 세계인의 한 사람으로서 공통의 감정을 접해 보는 것은 교양인의 상식이다. 더구나 시골에 살다 보니 미술관에 가기가 쉽지 않아서이겠지만, 책을 통해 두고두고 가까이서 그들을 감상하고 또 친절한 설명까지 읽어볼 수 있으니 편리한 일 아닌가?

끝으로 각종 여행서가 많은 것은, 여행을 좋아하지만 시간이 없어서 경제적으로 여의치 못해서일 것이다. 가보지 못한 곳을, 사진과 글을 통해 쉽게 대할 수 있고 느껴 볼 수 있으니 책을 택한다. 혹 다녀왔다손 치더라도, 내가 미처 보지 못했거나 느끼지 못한 것을 새로운 기분으로 느낄 수 있으니 그도 좋다.

책은 만인의 벗이라고 한다. 그런 측면에서 책은 또한 내 평생의 벗인 동시에 자식에 대한 애정의 표현이다. 음악을 낮게 틀어놓고 안락의자에 앉아 책을 읽는 맛이란 어떤 즐거움과도 바꿀 수 없다. 마음의 안식처인 책 — 좋은 책만 있으면, 나는 시간 보내는 데는 얼마간 자신이 있다. 내게 있어 그런 시간은 행복한 삶의 일부분이다.

(2005)

백석시를 읽는 밤

까닭 없이 외로워지거나 어딘가로 마음을 옮겨 놓고 싶어질 때, 나는 버릇처럼 책을 읽는다. 그때 손에 자주 잡히는 것이 『백석전집』이다. 그 원인이 어디에서 오는지는 분명하지 않으나, 아마 사라진 옛 고향 같은 세계를 들여다볼 수 있음이 그 이유가 되지 않을까 싶다.

내가 백석시를 처음 대한 것은 1987년 〈창작과 비평사〉에서 나온 『白石詩全集(백석시전집)』에서였다. 그 후 나는 무엇에 끌렸던지 그 시가 좋아 가끔 읽어보면서 맛을 들여 나간 것 같다. 한국정신문화연구원에서 『평북방언사전』을 얻어다 다시 꼼꼼히 읽어보기까지 했고, 그런 것으로 하여 94년 대학원에서 석사학위 논문까지 썼다. 물론 지금까지도 그에 관한 자료를 취미 삼아 모으고 있으며, 근래에 〈실천문학사〉에서 나온 호화 양장 『백석전집』은 내가 무척이나 아끼는 책들 중의 하나로 꽂혀 있다.

우리가 시를 읽는 것은 형태상 짧고 운율이 있어 읽기에 부담이 없다는 점도 있지만, 결국엔 마음의 위안을 얻자는 데 있지 않을까 한다. 그런데 백석시는 특이하게도 서사적(敍事的) 내용을 시적 리듬에 실어 놓음으로써, 흥미로움을 더해 준다는 것이다. 물론 쉽게 풀이되지 않는 방언이 분명한 해석을 가로막는 경우도 있지만, 관념과 추상이 배제돼 있음에 먼저 느낌으로 다가오는 것이 그의 시이다.

그래 외로움 깊어진 밤, 「여우난골 족」을 읽다 보면 「선우사(膳友辭)」를 읽게 되고, 「나와 나타샤와 흰 당나귀」를 읽다 보면 어느덧 「흰 바람벽이 있어」 내지는 「남신의주 유동 박시봉방(南新義州柳洞朴時逢方)」 등등을 읽어 가는 것이다.

낡은 나조반에 흰밥도 가재미도 나도 나와 앉아서
쓸쓸한 저녁을 맞는다

흰밥과 가재미와 나는
우리들은 그 무슨 이야기라도 다 할 것 같다
우리들은 서로 미덥고 정답고 그리고 서로 좋구나

우리들은 맑은 물밑 해정한 모래톱에서 하구 긴 날을 모래알만 헤이며 잔뼈가 굵은 탓이다
바람 좋은 한벌판에서 물닭이 소리를 들으며 단이슬 먹고 나이들은 탓이다
외따른 산골에서 소리개소리 배우며 다람쥐 동무하고 자라난 탓이다

우리들은 모두 욕심이 없어 희여졌다
착하디 착해서 세괏은 가시 하나 손아귀 하나 없다
너무나 정갈해서 이렇게 파리했다

우리들은 가난해도 서럽지 않다
우리들은 외로워할 까닭도 없다

그리고 누구 하나 부럽지도 않다

흰밥과 가재미와 나는
우리들이 같이 있으면
세상 같은 건 밖에나도 좋을 것 같다.

「선우사」

이것은 보다시피 쓸쓸한 저녁을 맞은 여행지에서 반찬을 벗 삼아 쓴 시이다. 시인은 적막한 방 낡은 나무쟁반 앞에 앉아 있다. 밥상에는 흰쌀밥과 반찬으로 나온 가자미 그리고 시적 화자인 내가 있다. 그들 모두는 어질고 순수한 자연 속에서 태어났기에 욕심 없이 희어진 것들이다. 따라서 아무런 세속적 욕망도 지니지 않은 채 정갈한 단일 존재로서의 합일을 이루어 낸다. 그것은 가난해도 외로워도 누구 하나 부러워하지 않는 세계다. 그러다 보니 읽는 이 역시도 하나 되어 어느새 그의 상 앞에 마주하게 됨은 어쩌면 당연한 일인지도 모른다. 이렇듯 시 속에 함께 하는 공간은, 언제나 쓸쓸하면서도 늘 화해로운 곳이다.

가난한 내가
아름다운 나타샤를 사랑해서
오늘밤은 푹푹 눈이 나린다

나타샤를 사랑은 하고
눈은 푹푹 날리고
나는 혼자 쓸쓸히 앉어 소주를 마신다

소주를 마시며 생각한다
나타샤와 나는
눈이 푹푹 쌓이는 밤 흰 당나귀 타고
산골로 가자 출출이 우는 깊은 산골로 가 마가리에 살자

눈은 푹푹 나리고
나는 나타샤를 생각하고
나타샤가 아니 올 리 없다
언제 벌써 내 속에 고조곤히 와 이야기한다
산골로 가는 것은 세상한테 지는 것이 아니다
세상 같은 건 더러워 버리는 것이다

눈은 푹푹 나리고
아름다운 나타샤는 나를 사랑하고
어데서 흰 당나귀도 오늘밤이 좋아서 응앙응앙 울을 것이다.

「나와 나타샤와 흰 당나귀」

그런가 하면 이렇듯 눈 내리는 밤. 방안에 홀로 앉아 현실과 이상과의 괴리 속에서, 쓸쓸한 생각에 젖어 있는 한 시인을 만나기도 한다. 연인과 함께 하는 공간은 식민지 시대의 불안한 공간이다. 그렇기에 산골 오두막은 그 시대의 이상향일 수도 있다. 때문에 그런 곳으로의 도피는 현실에 패배하는 것이 아니라, 더러운 현실을 능동적으로 버리는 행위라 사위한다. 이런 점에서 시인은 현실 세계와의 단절을 느끼며, 그를 극복하지 못하는 데서 외로움과 슬픔을 토로해 낸다. 이런 비애감은 여기에서 그치지 않는다.

오늘 저녁 이 좁다란 방의 흰 바람벽에
어쩐지 쓸쓸한 것만이 오고 간다
이 흰 바람벽에
희미한 십오촉 전등이 지치운 불빛을 내어던지고
때글은 다 낡은 무명샤쓰가 어두운 그림자를 쉬이고
그리고 또 달디단 따끈한 감주나 한잔 먹고 싶다고 생각하는 내 가지가지 외로운 생각이 헤매인다
그런데 이것은 또 어인 일인가
이 흰 바람벽에
내 가난한 늙은 어머니가 있다
내 가난한 늙은 어머니가
이렇게 시퍼러둥둥하니 추운 날인데 차디찬 물에 손을 담그고 무이며 배추며 씻고 있다
또 내 사랑하는 사람이 있다
내 사랑하는 어여쁜 사람이
어느 먼 앞대 조용한 개포가의 나즈막한 집에서
그의 지아비와 마주앉아 대구국을 끓여놓고 저녁을 먹는다
벌써 어린 것도 생겨서 옆에 끼고 저녁을 먹는다
그런데 또 이즈막하야 어느 사이엔가
이 흰 바람벽엔
내 쓸쓸한 얼굴을 쳐다보며
이러한 글자들이 지나간다
— 나는 이 세상에서 가난하고 외롭고 높고 쓸쓸하니 살아가도록 태어났다
그리고 이 세상을 살아가는데

내 가슴은 너무도 많이 뜨거운 것으로 호젓한 것으로 사랑으로 슬픔으로 가득찬다

그리고 이번에는 나를 위로하는 듯이 나를 울력하는 듯이

눈질을 하며 주먹질을 하며 이런 글자들이 지나간다

— 하늘이 이 세상을 내일 적에 그가 가장 귀해하고 사랑하는 것들은 모두

가난하고 외롭고 높고 쓸쓸하니 그리고 언제나 넘치는 사랑과 슬픔 속에 살도록 만드신 것이다

초생달과 바구지꽃과 짝새와 당나귀가 그러하듯이

그리고 또 「프랑시쓰 쨈」과 도연명과 「라이넬 마리아 릴케」가 그러하듯이.

「흰 바람벽이 있어」

외진 방에서 보고 싶은 이들을 떠올리며 활동사진처럼 흰 바람벽에 비춰보고 있는 것이 이 시이다. 여기에는 어머니, 그런가 하면 이미 남의 아내가 되어 버린 사랑하는 사람도 있다. 그러다 어느덧 나타나는 자신의 모습을 보면서 가난하고 외롭고 쓸쓸한 자기 자신을 인식한다. 그리고 그것이 자신의 운명임을 예감한다. 따라서 가장 사랑하는 것은 시적 자아와 같은 처지에 있는 것들이다. 때문에 삶을 고통이나 비참한 것으로서가 아니라, 귀하고 사랑스러운 존재로 인식하여 자기 구원의 능동적인 자세로 변화시켜 나아간다.

백석시를 읽다 보면 쓸쓸하지만 어느덧 훈훈해짐을 느낄 수 있다. 무한 질주의 속도감에 편승해 있는 요즈음의 우리. 그런 점에서 그의 시는 변치 않는 내 마음의 고향과도 같다.

시가 시다워야 하듯이 그의 시는 무엇보다도 사무사(思無邪)한 감정을 지니게 함이 좋다. 뿐만 아니라 고담(枯淡)하고 소박한 것이 특징이다. 그를 일러 나는 가장 한국적인 시인이라고 말하고 싶다. 그의 시는 오염된 감정을 씻어 주는 정결한 물결과도 같다. 이처럼 백석시를 읽는 밤, 나는 가장 순수한 마음으로의 회귀를 느껴 보곤 한다.

그런데 마음 아프게도 재북(在北) 이후 이데올로기에 경직된 그의 감정을 확인하는 일은, 노을 스러진 바닷가 풍경만큼이나 비애로운 것임을 또한 떨칠 수가 없다.

(1998)

아라베스크 문양의 끝

식물은 언제 어디서나 우리 인간 생명의 원천을 이룬다. 그것은 우리가 먹는 것이나 먹는 것을 위한 먹이이건 간에, 늘 우리들의 삶과 깊이 연관돼 있다. 뿐만 아니라 우리 삶의 정신적 안정의 바탕을 이루는 것 또한 식물이다.

나는 언제부터인지는 몰라도 아라베스크(Arabesque) 문양 바라보기를 즐겨하고 있다. 그를 들여다보고 있노라면 무언지 모를 묘한 감정의 몰입을 경험하곤 한다. 그 같은 흡입력이 어디에서 오는지는 모르지만, 아마 덩굴처럼 끝없이 이어지는 문양의 다양성에 기인된 것은 아닐까 한다. 주지하다시피 '아라비아적(的)'이라는 이 말은, 이슬람 문화에 광범위하게 나타나 있는 곡선적인 장식 무늬를 이르는 말이다. 특히 당초(唐草) 무늬를 지칭하는 수가 많은데 — 우리 땅에 전래된 '당나라 풀'이라는 문양도 사실은 중국을 넘어 아라베스크 문양에서 기원해 온 것이었다. 또한 넓은 뜻으로는 복잡하게 연속되는 기하학적 도형, 문양화된 아라비아 문자를 이에 포함시키기도 한다.

몇 년 전이었다. 카펫 전시장에 간 나는 오묘하면서도 신비스럽기까지 한 그 문양에 사로잡혀 한동안 자리를 뜨지 못한 적이 있다. S자형의 줄기에 풍성한 꽃이 탐스럽게 표현돼 있는가 하면, 구름이 날아가는 것을 연상케 하던 줄기 줄기들. 그런가 하면 크게 반전되면서 연속되는 줄기에 촘촘히 달려 있던 작은 잎새들. 어떤 속도감마저 느껴지던 전체적인 조화로움을 지금도 잊을 수가 없다. 나는 그때의 사진첩을 펼쳐놓고 이리 즐기듯 들여다보고 있다.

카펫은 서아시아 유목 민족 특히 페르시아 여인들의 손끝에 의해서 만들어진 그들 생활의 필수품인 직물제 깔개이다. 우선 기원을 보면 기후와 밀접한 관련이 있는 듯싶다. 그곳 기후는 봄이 몇 주 안 될 정도로 아주 짧다. 그렇기는 하지만 그 기간 만큼은 어느 지역보다도 화려한 꽃을 피운다. 거의 순간적이요, 환상적이라 할 수 있을 만큼. 이렇듯 그 시기가 지나면, 다시 단순한 하늘색과 흙색뿐인 막막한 사막으로 되돌아가는 것이 그곳이다. 그들은 짧은 봄을 생활 가장 가까운 주거(住居) 공간에 들여놓고 싶은 일념에서, 카펫에 아름다운 꽃무늬를 만들어 넣었던 것이다. 이런 카펫은 그들에게 있어서도 또한 귀중한 재산이 됨은 물론이다.

카펫의 색깔은 청색, 적색, 녹색, 황색 그리고 백색 등을 사용하여 화려하고도 다채로운 세계를 펼쳐 보인다. 그러나 그 색깔의 주조(主潮)는 어디까지나 청색이다. 물이나 나무를 뜻하기도 하는 청색은 고상함을 넘어 차가운 느낌마저 주는데 그에는 이유가 있다. 그들의 땅은 뜨겁고 메말랐기에 어쩔 수 없이 차갑고 시원한 느낌을 줄 수 있는 색깔로 인공의 직조물을 만들 수밖에 없었고, 그게 바로 그들의 차가운 청색(Cool Blue)이었다.

유네스코가 세계문화유산으로 지정한 이란 이스파한의 이맘 모스크만 보더라도 그렇다. 자세히 들여다보면 그 색채의 주조 또한 코발트 블루(Cobalt Blue)이다. 이처럼 청색으로 장식돼 있는 것은, 찾는 이에게 오아시스가 되어 주고자 했던 그들 나름대로의 계산된 생각이 있었다.

아라비아인들이 그토록 청색에 집착하는 것은, 주어진 환경을 넘어 생존을 위한 물은 반드시 구하고야 말겠다는 의지의 표상이다. 같은 문양을 반복해 그려 놓아 곧 싫증을 느낄 만도 한데, 묘하게도 현실 세계에선 좀처럼 접할 수 없는 리듬감과 자기완결성 같은 것이 느껴지면서, 오히려 친근하게 다가오는 것이 아라베스크 문양의 깊은 멋이다.

가만히 문양에 눈길을 옮겨가다 보면, 마음의 평정은 물론 생명의 본질은 이런 것이 아닐까 하는 생각이 든다. 바로 생명 상징이다. 끝없이 이어지며 반복되는 문양이 그들 생명의 세계는 무한하다는 것을 보여 주고 있다. 이처럼 아라베스크 문양엔 아라비안 나이트만큼이나 다양한 신비감이 스미어 있다.

무료해진 시간, 혹은 무기력해지거나 집중력이 떨어질 때, 나는 버릇처럼 복잡하게 거듭되는 아라베스크 문양 바라보기를 즐겨한다. 그 깊은 문양의 끝을 찾아가노라면, 내 자신은 어느덧 화원(花園) 깊숙한 곳에 자리한다. 그 화원의 한가운데에서 싱싱히 살아 줄기차게 꽃을 피워 가는 충일한 생명력 같은 것을 느껴 보곤 한다.

(1999)

고조산책(古調散策)

현대화된 복잡한 세상을 살아가다 보면, 불현듯 치열한 현장으로부터 훌쩍 벗어나고 싶어질 때도 있고, 시공(時空)을 뛰어 넘는 아련한 옛 정취가 그리워질 때도 있다. 그리하여 오늘을 살아가는 우리들은 시골 먼 곳으로의 여행을 떠나보게 되는지도 모른다. 그러나 그것이 마음먹은 대로 쉬 되는 것이 아니기에, 나는 가끔 시조 감상으로 마음을 옮겨 보는 때가 있다. 그것은 아마 내 자신이 그 분야도 공부해 본 터요, 일부 가르치기도 하다 보니 거기에 연유한 것이겠지만, 어떻든 나는 시조의 정취와 멋스러움을 즐기며 산다.

잔 들고 혼자 앉아 먼 뫼를 바라보니
그리던 임이 온다 반가움이 이러하랴
말씀도 웃음도 아녀도 못내 좋아하노라.

사실 인간 만사 중에서 가장 반가운 일은 뭐니 뭐니 해도 그리워하던 임을 만나게 되었을 때이다. 그런데 여기서의 시적 화자요 작자인 고산(孤山)은, 혼자 술잔을 들고 말도 없고 웃음도 없는 산과 마주앉아 있다. 그러면서 속세를 떠난 자연 사랑이 고대하던 임이 오는 것보다 더욱 좋다고 말한다.

맛을 아는 사람은 술도 혼자서 마시고 사색을 즐길 줄 아는 사람은 산책도 혼자서 한다는데, 자연을 즐기는 일도 그렇지 않을까 싶다. 「山水間(산수간) 바위 아래」라는 그의 또 다른 작품은, 마치 이 작품의 전편(前篇)처럼 느껴진다.

윤선도(尹善道)의 이 작품을 대하고 나면, 세속을 초월한 자연 사랑의 마음과 물아일체(物我一體)의 경지에 쉽게 동화되고 만다.

말없는 청산(靑山)이오 태(態) 없는 유수(流水)로다
값없는 청풍(淸風)이오 임자 없는 명월(明月)이라
이 중에 병(病) 없는 몸이 분별(分別)없이 늙으리라.

성혼(成渾)의 이 작품을 대하고 있노라면, 우선 꾸밈없는 자연 속에서 욕심 없는 삶을 구가(謳歌)하는 한 시골 선비를 만나는 듯하다.

여기에서의 산은 말없는 모양새로 물은 그마저도 없이 흐른다. 돈 없이도 누릴 수 있는 맑은 바람과 누구나 사랑할 수 있는 달을 보며, 시적 화자는 또한 자연의 심성을 자연스레 수용하고 있다. 이렇게 될 때 인간은 자연과 합일된 상태이기에 마음의 병이 있을 수 없으며, 세상사를 이미 초월했기에 세월을 자연스럽게 수용하며 곱게 늙어 갈 수 있는 것이리라.

또한 같은 맥락에서 자주 읊조려지는 것이 다름 아닌 송시열(宋時烈)의 작품인데, 음률적(音律的) 율조(律調)가 돋보이는 작품이다.

청산(靑山)도 절로 절로 녹수(綠水)도 절로 절로
산(山) 절로 수(水) 절로 산수간(山水間)에 나도 절로
그 중에 절로 자란 몸이 늙기도 절로 하리라.

이 작품 역시, 자연과의 합일의 경지를 이른바 절로 절로의 자연관으로 노래한 시조이다. 많은 반복법을 썼음에도 저급하다거나 중첩된 느낌을 주지 않는 격조 높은 달관의 세계를 보여 주고 있다. 더구나 자연에 순응하고, 자연을 관조하며 자연에 안겨 사는 우리 동양인의 자연관이 그대로 나타나 있다는 점에서 더욱 그렇다.

수편에 지나지 않는 조선 명기(名妓) 황진이(黃眞伊)의 시조는 선별할 것조차 없이 모두가 수작(秀作)인데, 들어 본 다음 작품은 인구(人口)에 회자(膾炙)되는 바와 같이 조선 시대 시조 문학의 꽃이라 아니할 수 없다.

동짓달 기나긴 밤을 한 허리를 베어 내어
춘풍(春風) 이불 아래 서리서리 넣었다가
어른님 오신 날 밤이거든 굽이굽이 펴리라.

이 작품은 동짓달 기나긴 밤의 한 부분을 베어 낸다는 — 시간을 공간적 개념으로 재단하여 표출해 낸 걸작이다. 더구나 그런 시간을 봄바람처럼 향긋하고 따뜻한 이불 속에 서리서리 넣었다가, 정든 임이 오신 날 밤이면 굽이굽이 펴내어 짧은 밤을 더욱 길게 만들겠다는, 이 기막힌 표현의 비범함에 감탄하지 않을 수 없다.

물론 나는 이 절창도 좋아하거니와 그에 못지않게 또 즐겨 애송하는 것이 있다.

청산(靑山)은 내 뜻이요 녹수(綠水)는 임의 정(情)이
녹수 흘러간들 청산이야 변할손가

녹수도 청산을 못 잊어 울어 예어 가는고.

움직이지 않는 산과 흐르는 물을 대비시켜 시적 구조를 만들고, 그런 구조의 논리에 따라 시적 화자가 변할 수 없음을 자문하는 것이 이 시조이다. 내 마음과 임의 정을 산수(山水)로 빗댄 신선한 메타포의 구사가 특히 돋보이는 작품이다. 이것은 고려가요 「가시리」와 소월의 「진달래꽃」을 잇는 끈끈한 이별의 정한(情恨) 그 한가운데 위치해 있다고 하겠다.

편의적 사랑을 하고 또 그런 속에서 늘 버림받고 살아야만 했던 기녀였지만, 이처럼 그의 시조에는 끝없는 연모와 사랑의 진솔함이 넘쳐흐르고 있음을 또한 엿볼 수 있다.

대추 볼 붉은 골에 밤은 어이 떨어지며
벼 벤 그루에 게는 어이 내리는고
술 익자 체 장수 돌아가니 아니 먹고 어이리.

이 작품은 황희(黃喜) 정승의 질박한 인품과 조선 시대 우리 삶의 리드미컬한 운치를 짐작케 하는 작품이다. 이는 내가 즐겨 애송하는 시조 중의 하나요, 붓글씨로도 가끔 써 보는 글이다.

이 시조를 대하면 무엇보다도 한적한 농촌의 평화스러운 마을, 부족함이 없는 푸근한 분위기에 젖어들게 된다. 대추알이 붉게 익어가는 마을, 때는 알밤이 툭툭 소리를 내며 떨어져 내리는 가을이다. 추수한 빈 논바닥 벼 벤 그루터기 위엔 게가 엉금엉금 기어다니는데, 베어 찧은 햅쌀로 빚은 술이 익는다. 술이 갓 익었는가 싶은데 때마침 체 장수가 담 모퉁이를 돌아가고 있으니, 그것을 사서 술을 걸러 먹지 않을 수가 없다는 이야기이다. 물론 안주가 되는 것은 간소하게도 앞에 말한 대추와 생밤 그리고 게를 넣고 끓인 찌개가 됨은 두말할 나위도 없겠다. 무엇 하나 부자연스러운 것이 없다. 그 마을이, 그 계절이 생산해 낸 재료들이 적재적소에서 완벽한 시적 구조를 형성해 내고 있다.

가을에 애송하는 것으로 나는 이것 외에도 한호(韓濩)의 「짚방석 내지 마라」나, 월산대군(月山大君)의 「추강(秋江)에 밤이 드니」를 가까이 하고 있다. 이 또한 질박하고 담백하기 그지없는 율문(律文)들인 것이다.

짚방석 내지 마라 낙엽엔들 못 앉으랴
솔불 혀지 마라 어제 진 달 돋아 온다
아이야 박주산채(薄酒山菜)일망정 없다 말고 내어라.

석봉(石峰) 한호는 잘 알려져 있다시피 떡 장수를 하는 가난한 홀어머니 밑에서, 감나무 잎에 글씨 연습을 하며 어린 시절을 보낸 조선 시대 명필(名筆) 중의 한 사람이다. 그렇게 자라서일까 이 시조를 대하면, 우선 시골 선비의 질박하고 걸걸한 음조(音調)를 느껴 볼 수 있다. 짚방석과 관솔불까지도 거부하고 자연 그대로의 낙엽과 달빛을 마주하고 앉은 작중 화자는 막걸리 산나물이면 어떠냐. 맛있게 먹겠으니 어서 가져오라고 채근하고 있다. 옛 시골 주막의 꾸밈없는 정경(情景)이 그려져 오는 속에서…….

추강(秋江)에 밤이 드니 물결이 차노매라
낚시 드리우니 고기 아니 무노매라

무심한 달빛만 싣고 빈 배 저어 오노라.

이것 역시 담백하고 욕심 없는 성품이 잘 반영된 시조인데, 곡절이야 어찌 됐든 그는 덕종(德宗)의 맏아들로서 현세를 초월하여 산촌에 묻혀 산수를 즐기며 소요했던 인물이다.

여기에서의 작중 화자는 강에 사색을 즐기기 위하여 간 것이지, 애초부터 고기를 잡을 목적으로 낚시를 간 것이 아님을 쉽게 알 수 있다. 달빛만 싣고 돌아온다는 그 담백한 표현은 욕심을 버릴 때만이 비로소 느낄 수 있는 — 강호한인(江湖閑人)만이 누릴 수 있는 달관의 경지요, 그에 따른 자연스런 표출이다.

다음은 신원 미상의 기생 천금(千錦)의 작품인데, 다소 관념적인 것이 보이지만, 고적한 자신의 심정을 무리 없이 소화해 낸 가작(佳作)이다.

산촌(山村)에 밤이 드니 먼 데 개 짖어 운다
시비(柴扉)를 열고 보니 하늘이 차고 달이로다
저 개야 공산(空山) 잠든 달을 짖어 무엇하리오.

개 짓는 소리에 혹시 임인가 하여 사립문을 열고 보니 아무도 없고, 차가운 하늘에 그저 달만 떠 있다는 얘기. 그런데 이 작품에서 사뭇 내 마음을 끄는 것이 '공산(空山) 잠든 달'이라는 절묘한 표현의 울림이다. 빈 산에 잠든 달! 이것이 화자인 그녀 자신을 더욱더 고적감에 휩싸이게 함은 물론이다. 기녀인 자신에게 정을 주었으나 이제는 자신을 잊어 아무 소식이 없고, 그런 신분이기에 뜨내기 정이라도 그리워할 수밖에 없는 신세. 그러면서 짖어

대는 개를 통해 자신을 한탄해 보고 있는데, 인간이 인간을 그리워하는 것은 예나 지금이나 변하지 않는 마음인 듯싶다.

십년을 경영하여 초려삼간(草廬三間) 지여 내니
나 한 칸 달 한 칸에 청풍(淸風) 한 칸 맡겨 두고
강산(江山)은 들일 데 없으니 둘러 두고 보리라.

면앙정(俛仰亭) 송순(宋純)은 말년에 벼슬을 그만 두고 향리인 담양에 내려가 면앙정이라는 정자를 짓고, 계산풍류(溪山風流)의 중심 무대인 소쇄원(瀟灑園) 등 아름다운 자연을 벗 삼아 노닌 풍류가의 한 사람으로 국문학에 널리 알려져 있다.

십년 동안이나 마음속으로 꿈꾸어 오던 초가삼간 작은 집을 지어내, 그것도 나 한 칸 나머지 두 칸은 달과 바람에게 맡겨 두고, 강과 산은 너무 커서 들일 데가 없으니 집 주위에 둘러 두고 보겠다는 얘기. 특히 이 시조는 시적 구조에 있어 완벽함을 드러내는 천의무봉(天衣無縫)과도 같은 작품이다.

자연 친화를 통해, 자연 귀의 내지는 안빈낙도(安貧樂道)의 지혜를 터득한 작가의 정신세계가 잘 드러나 있다. 이렇듯 사대부들은 자연에서 세파(世波)에 상처 진 마음을 씻고, 정신적 안식을 찾으려 노력하였던 것이다.

수천 편이나 되는 시조 중에서 단 열 수를 가지고 그것도 사대부들과 기녀들의 작품만 가지고, 우리 선인들의 정서를 운운할 수는 없다. 그러나 분명한 것은, 우리 시조에는 자연을 정복의 대상으로 삼았던 서양과는 달리, 자연에 안겨 자연의 순리에 따라 자연스럽게 살기를 원했던 티 없이 맑고 높은 자연 합일의 정서가 깃들어 있다. 해보다는 달, 드러내지 않고 자신의 감정을 추스르는 기다림의 미학적 정서. 그런가 하면 높은 신분에 처해 있으면서도 질박한 운치와 풍류를 즐길 줄 아는 생활 정서를 작품 속에 녹여내었다. 그런 멋스러움이 있어 이런 우리 가락은 오늘날까지도 그 전통을 이어 가고 있는지도 모른다.

우리 민족의 온갖 서정을 싣고 굽이굽이 우리의 혈맥 속을 흘러온 시조. 이는 우리 가락의 꾸밈없는 얼굴일 뿐 아니라, 내 번잡한 마음의 한 켠에 위치한 고원(古園)이기도 하다.

(1993)

전각 글씨를 들여다보며

낙관(落款)은 낙성관지(落成款識)의 준말로 작가가 작품을 완성하고 나서 찍는 일종의 사인(Sign)이다. 이때 사용하는 도장을 전각(篆刻)이라 일컫는데, 서화(書畵)에서 없어서는 아니 되는 필수 용구가 바로 이것이다. 물론 전각이란 전자(篆字)를 돌에다 새긴다는 뜻이지만, 꼭 전서(篆書)만을 새기는 것은 아니다.

언젠가 지인(知人)의 집을 방문했다가, 그의 집 거실에 걸려 있는 그림 속 낙관을 보고 감동을 했던 적이 있다. '맑은 벗의 관계가 오래 지속됨을 뜻하는' 靜友長風(정우장풍)이라는 붉은 도장이었는데, 그림도 그림이려니와 그 글 속에 배어 있는 그들 친구 사이의 관계가 부러워서였다.

이렇듯 검은 먹을 찍어 의미 있는 글씨를 쓰거나 그 농담(濃淡)으로 그림을 그린 후, 붉은 인주(印朱)를 찍어 나타내는 전각 글씨는 서화에서 바로 그 사람임을 나타낸다. 나아가 그 글씨의 의미는 작품의 내용을 보조해 주거나 풀이에 도움을 주는 역할까지도 한다. 그런 의미에서 믿음의 신표로 쓰기 시작한 인장(印章)의 격(格)이 그 글쓴이의 수준까지를 나타낸다고 할 수 있다. 이처럼 다양한 역할을 가지고 있는 전각을 추사(秋史) 선생 같은 분은 무려 이백 여개나 사용을 했다. 때로 책을 펼쳐 그를 들여다보거나 작품 속에서 그를 찾아내 의미를 푼 뒤, 전체적인 작품 내용으로 조합해 나갈 때의 그 맛이란 즐겁기가 그지없다.

추사 선생의 전각 글씨로 가장 흔히 볼 수 있는 것이 바로 추사(秋史)나 완당(阮堂). '먹과의 인연'을 맺었다는 秋史緣墨(추사연묵), 자신의 필적을 표현함에 있어 일목요연함이 돋보이는 '추사의 먹으로 쓴 붓글씨'라는 秋史翰墨(추사한묵) 등이 있다. 또한 묵향(墨香)을 비유한 '하나 같이 검고 향기로운 집'이라는 뜻의 一盧香齋(일로향재), 이 작품에는 '보배 같은 깊고 넓은 집이 감추어져 있음'이라는 寶覃齋藏(보담재장), '깊이 생각하여 붓글씨를 그려 씀'이라는 深思翰藻(심사한조). '완고하면서도 둔한 손'이라는 頑手(완수). 그런가 하면 '맑은 바람과 가랑비에 섞여오는 향기'라는 淸風細雨雜香來(청풍세우잡향래)이라든가, '연꽃은 가을 물과 견줄 수 있는데 그를 이웃하며 산다.'는 芙蓉秋水比鄰居(부용추수비린거) 등은 그 자체가 한 줄의 시다.

어디 그 뿐이랴! '장수한다는 것은 맑은 정신으로 사는 것'이라고 강조한 長壽神淸之居(장수신청지거). '사대부는 마땅히 가을 같은 기운이 있어야 한다.'는 士大夫當有秋氣(사대부당유추기). 글을 선물할 때 찍었음직한 '오래된 조그만 마음'이라는 촌심천고(寸心千古). '인주로 지은 붉은 집'이라는 紅木軒(홍목헌). '예술세계에서 헤엄쳐 놂'이라는 遊於藝(유어예). 그 밖에도 전각 자체를 장난스럽게 '하나의 언덕에 하나의 계곡'이라 표현한 一丘一壑(일구일학) 또는 '언덕과 계곡의 자유로운 정'으로 비유한 放情丘壑(방정구학) 등 다양하기가 끝이 없다.

나는 특히 유배지인 제주도로 귀양 가 있는 때, 자신에게 책을 보내준 제자 이상적에게 그려 보낸 세한도(歲寒圖) — 그 그림에 두인(頭印)으로 붉게 찍은 '오래도록 서로 잊지 말자.'는 長毋相忘(장무상망)이라는 전각 글씨를 또한 좋아한다. 세태에 맞선 그들의 신의(信義)가 더욱 돋보일 뿐 아니라, 글과 그림과 낙관이 조화를 이루고 있어 더욱 가슴 저릿함을 느낄 수 있다. 내 생각건대 만약 그 두인이 없었더라면, 세한도의 깊은 맛과 애틋한 정은 떨어졌을 것이 분명하다.

'무엇에 취한 후에 겉옷을 벗고 향을 피워 그림을 그리고 뜻을 만들어 글을 짓다.'라는 醉後解衣 寫畵焚香 造意作書(취후해의 사화분향 조의작서)라는 근대 중요 전각가 중의 한 사람인 심당(心堂) 김제인(金齊仁) 선생의 작품을 보자. 시서화(詩書畵)를 일치시켰던 옛 우리 선비들의 생활 모습을 어찌 이보다 더 간명하게 표현할 수 있을까? 뿐만 아니라, 그의 '하나의 높은 나무숲이 안개 낀 노을을 쓸어 없앤다.'는 一林高樹消煙霞(일림고수소연하)라는 또 다른 작품을 들여다보고 있노라면, 그 자체로 한 줄의 시를 보는 것 같기도 하고, 한 폭의 동양화를 감상하고 있는 것 같기도 한 착각에 사로잡히게 된다.

서예 작품으로서의 글씨는 오늘 씌어지지만 내일에 읽히고 내일을 살아간다고 말할 수 있다. 전각 역시 돌에 새겨 종이에 찍지만, 그를 보며 마음에 새긴다는 점에서 또한 그러하다 하겠다.

나는 지금 一陽來復(일양래복)이라는 석불(石佛) 정기호(鄭基浩) 선생의 전각 글씨 한 점을 뚫어져라 들여다보고 있다. '겨울 가고 봄이 오다!' — 한줄기 볕이 다시 오듯, '흉한 것은 다 지나가고 길한 것이 다가온다.'는 뜻이다. 이 좋은 뜻처럼 새해에는 우리 모두에게 좋은 일만 다가왔으면 하는 바람이다.

그를 좇아 나도 새해에는 두인 몇 개 새겨보고 싶다. '눈꽃이 핀 암자'라는 雪花庵(설화암)으로 새겨 볼까? 아니면 '샘물과 달의 마음을 닮겠다.'는 泉月之心(천월지심)으로 새겨 볼까?

시간을 늘리어 때로 들여다보게 되는 전각 글씨! 이는 글자를 통해 나를 뒤돌아보고 삶을 조망해 보는 내 골동품적 취미 중의 하나라고 하겠다.

(2008)

사군자를 배우며

취미란 스스로가 버리지 않는 한 풍요로운 삶의 영원한 벗이다. 경제적인 것을 떠나 시간적, 정신적인 면에서 특히 그렇다. 글을 쓴다거나 그림을 그린다거나 도자기를 만든다거나 꽃을 가꾼다거나 하는 것은 내 생의 더없는 즐거움이다. 따라서 취미 생활에 늘 바쁜 편이며 그런 때의 나는 홀로 있는 시간도 즐겁다.

지난해부터 사군자(四君子) 배우는 재미에 푹 빠져 있다. 한번 붓을 잡으면 두세 시간이 어떻게 지나갔는지 모를 정도다. 적지 않은 나이에 그런 집중력을 가질 수 있다는 것이 스스로 생각해 봐도 놀랍다.

사군자란 매화, 난초, 대나무, 국화를 소재로 하여 먹으로 그려 낸 그림을 말한다. 이는 전문화가가 아닌 문인들이 흔히들 그려왔기에 포괄적으로 문인화라고도 부른다.

여기에 군자(君子)라는 말이 붙게 된 것은 식물성의 특성. 식물 중에서도 다른 식물에서는 찾아볼 수 없는 특별한 속성을 지니고 있기 때문이다. 사물로서의 조형적인 사실성과 상징성이라는 두 가지 특성을 동시에 지니고 있는 것이 사군자 그림이다. 실제 땅에 뿌리를 박은 식물을 그리는 것은 물론, 그를 그리는 사람의 정신이 그 그림 안에 들어가 있음이다. 따라서 군자의 마음을 다른 사람의 손이 아닌, 스스로의 솜씨로 드러내는 상징 표현이야말로 사군자 그림의 요체(要諦)라 할 수 있다.

군자는 자연을 관찰하여 마음으로 깨닫고 그것을 인생에 실천하는 사람이라고 한다. 그러므로 군자의 마음 또한 사군자와 같다. 일이 생기면 이를 해결할 마음을 나타내지만 일이 지나가고 나면 이내 깨끗이 잊어버리는 것이 군자이다. 부귀와 영화가 찾아오면 물리치지 않고 순리대로 받아들이며, 물러가도 그에 집착하지 않고 또한 잊어버린다. 외물에 유혹되지 않으니 집착이 없어지고 욕심은 자연히 사라진다. 오면 맞이하고 가면 말리지 않아 조금도 사물에 얽매이지 않으니 진정한 자유인이 되는 것이다. 이처럼 군자란 '덕과 학문을 지닌 인격 높은 사람'을 일컫는 말이다.

눈 녹기 전 가장 앞서 꽃을 피우는 매화를 보라! 그 모습을 그려 변심을 모르는 군자의 정신을 나타낸 그림을 보라. 그 속에서 腐世清香(부세청향) — '썩은 세상 맑은 향기'라는 화제를 발견한다거나, 世人皆濁我獨淸(세인개탁아독청) — '세상 사람 모두 혼탁해도 나는 홀로 깨끗하다.'라는 굴원의 글귀를 찾아 읽으며, 세상 질타나 세태 비판을 통절히 느껴 볼 수도 있는 것이 이런 유(類)의 그림 감상이다.

그런가 하면 깊은 산골짜기에서 홀로 은은한 향기를 피우는 난초의 고결함은 그의 맑고 깨끗한 성품을 나타내기에 충분하다. 추사(秋史)는 아들에게 준 편지글에서 "난초를 그릴 때는 자기의 마음을 속이지 않는 데서부터 시작해야 한다. 잎 하나 꽃술 하나라도 마음속에 부끄러움이 없게 된 뒤에야 남에게 보여 줄만하다. 열 개의 눈이 보고 열 개의 손이 지적하는 것과 같으니 마음은 두렵도다. 비록 이 작은 기예(技藝)도 반드시 생각을 진실 되게 하고 마음을 바르게 하는 데서 출발해야 비로소 시작의 기본을 얻게 되는 것이다."라고 하여, 난 그리기를 인격 도야와 동일시하였다. 그렇기에 '사의(寫意)'라는 말처럼 사군자 그림은 붓끝의 묘사만이 아니라, 우선적으로 그린이의 마음의 표현이 중요하다 하겠다.

네 계절 내내 싱싱하고 푸르른 대나무는 또한 군자의 인품 그대로이다. 죽사(竹師) — 대나무는 스승이라 했던가. 나는 가끔 대나무를 그려 놓고 화제로 백거이의 양죽기(養竹記)를 풀어 써 보며 수련하듯 마음을 다잡아 보는 때가 있다.

'대나무가 현명한 사람과 같다고 했는데 왜 그러한가. 대나무는 근본이 굳으니 굳은 것으로써 덕을 세우는지라, 군자가 그 근본을 보면 곧 잘 세워서 뽑히지 않을 것을 생각하고. 대나무는 성품이 곧으니 곧은 것으로써 몸을 세우는지라, 군자가 그 성품을 보면 중심을 잡아 의지하지 않을 것을 생각하고. 대나무는 속이 비었으니 빈 것으로써 도를 지니는지라, 군자가 그 마음을 보면 쓰임에 따라 자기 마음을 비워 남을 받아들일 것을 생각하고. 대나무는 마디가 바르니 바른 것으로써 뜻을 세우는지라, 그 마디를 보면 이름과 행실을 갈고 닦아서 평탄함과 험함에 한결 같을 것을 생각하니 무릇 이와 같도다.'

그런가 하면, 서리에 아랑곳하지 않고 꽃을 피우는 국화는 은일(隱逸)과 지조로 뭉친 군자의 모습을 드러내니 그 또한 군자의 인품 그대로이다.

이처럼 사군자란 이런 식물의 특성과 사람의 성품을 빗대어 하나로 엮어 낸 것이다. 때문에 단순한 소재를 대물림하면서도 그에 심오한 깊이와 광대한 넓이를 일궈내 왔다. 따라서 사군자에 나타난 마음이라는 것은 그 시대의 시대정신이기도 하며 교양과 사상의 거울이기도 하다.

문인화에는 시서화(詩書畵)가 일체감을 이루면서 문자향(文字香)과 서권기(書卷氣)가 느껴져야 한다고 한다. 늦깎이인 나로서는 요원한 길이요, 그 자체를 마음에 두고 있지도 않다. 다만, 수련하듯 끝없이 반복되는 연습을 거듭하고 있을 뿐이다. 그것은 좀처럼 찾아지지 않는 이 시대의 군자를 그리워하면서, 내 스스로가 군자 닮기를 바라는 마음에서인지도 모른다.

오늘도 나는 물 떠다 벼루에 붓고 한가롭게 앉아서 난을 치고 있다. 이렇듯 스스로 사는 멋을 즐기니 남들이 알아주고 몰라주고는 이미 탓할 것이 아니다.

(2010)

책읽기의 즐거움

사람은 자신의 취미나 기호에 따라 나름대로의 삶을 즐긴다. 취미가 됐건 오락이 됐건 간에, 생업(生業)을 떠나 즐거움을 갖는다는 것은 어찌 보면 대단히 중요한 일일 수 있다. 무취미한 생활이야말로 삶을 지루하게 하고, 쉬이 우울함에 빠지게 한다. 이처럼 취미는 생활을 빛나게 할 뿐 아니라, 생동감을 갖게 한다는 데 더없는 장점이 있다.

나는 『파브르 곤충기』나 『시튼 동물기』를 읽던 학창시절부터 책읽기를 즐거움으로 하여 산다. 공자님도 『논어』에서 말씀하기를, "知之者(지지자)는 不如好之者(불여호지자)요 好之者(호지자)는 不如樂之者(불여낙지자)니라." 했다. — 알기만 하는 사람은 좋아하는 사람만 못하고, 좋아하는 사람은 즐기는 사람만 못하다라고. 그렇다. 즐길 줄 아는 사람은 선후(先後)를 놓고 경쟁하지 않을 것이며, 그 자체만으로도 행복을 느끼는 사람일 것이다.

영문학자인 유종호는 "고전을 읽지 않는 것은 지척에 있는 절경을 구경하지 않는 것처럼, 행복에 대한 무엄한 외면이요 방자한 거부이다."라고 말했다. 절경이 여기 있는데 어찌 보지 않을 수 있으랴!

지금도 눈을 뜨면 책이나 신문을 읽고, 책을 덮으며 눈을 감는다. 침대 머리맡 탁자에는 늘 새로이 읽어야 할 책들로 수북하다. 직업 또한 교사이다 보니 읽고 쓰는 것이 생활이 되어 버렸다. 말하자면 독서는 나의 일과이자 취미이며 휴식이다. 휴식이란 말은 몸을 뉘어 쉬고 있을 때조차도 흔히 책을 놓지 않고 쉬기 때문이다. 몸을 씻고 자리에 누워 시간의 구애를 받지 않고 글을 읽어가는 맛이란, 그 무엇과도 바꿀 수 없다.

나는 장 그르니에의 『섬』을 읽으며 멀고도 낯선 나라 다른 땅으로의 여행을 떠난다. 몇 년 전 어느 책방 한 구석에서 먼지를 뒤집어쓰고 있던 것을 사와, 밤새 읽으며 기쁨으로 충만했던 기억을 나는 지금도 잊을 수가 없다. 거듭 읽을수록 더욱 즐거움이 컸던 것이 그 책이다. 이렇듯 나는 '베스트 셀러'보다는 '베스트 북' 읽기를 즐겨하는 편이다.

나는 작가이기보다는 참된 독서인이다. 『톨스토이 단편집』을 읽으면서 삶의 교훈을 얻거나, 그런가 하면 『고문진보(古文眞寶)』 속에 나오는 중장통(仲張統)의 「낙지론(樂志論)」을 읽으며 무한한 행복감에 젖어 보기도 한다. 이렇듯 고서(古書)를 읽는 밤, 나의 감정은 대개 행복 속에 머문다.

그뿐만이 아니다. 칸트의 『실천이성비판』에 나오는 "우리가 선을 행하는 것은 남을 '위해서'가 아니라, 그것이 '옳기 때문'이라는 것이 그 이유다. 도덕은 처세가 아니라 인격의 표현이다."라는 글귀를 읽으며, 생각의 명료함 속에서 자기 성찰 내지는 삶의 태도를 수정해 보기도 한다.

그런가 하면, "天命之謂性(천명지위성)이오 率性之謂道(솔성지위도)요 修道之謂敎(수도지위교)니라." — 하늘이 명하신 것을 성이라 하고, 성을 따르는 것을 도라 하고, 도를 닦는 것을 가르침이라고 한다는 『중용(中庸)』에 나오는 이 첫 구절은, 지금까지도 내 삶의 논리를 정립해 주고 있다.

『스콧 니어링 자서전』은 오늘도 내게 질문을 한다. 너는 "어디에서, 어떻게, 무엇으로, 무엇을 위해 살 것인가?"에 대하여. "삶의 수단이나 목표가 비열하고 저급하다면, 그 인생은 살 만한 가치가 없으며 자존심 또한 유지할 수 없다."라고…….

실학자 홍대용은 말했다. "독서를 한다는 것은 모르는 것을 알기 위해 하는 것이 아니다. 의문이 없는 데서 의문을 만들어 내고, 맛이 없는 데서 맛을 발견해 갈 때, 참된 독서는 이루어지는 것이다."라고. 사실 책을 읽다가 나는 새로운 아이디어를 얻거나, 또는 글 쓸 소재를 찾는 경우가 적지 않다. 이렇듯 나는 즐거움뿐만 아니라, 늘 새로워지기 위해 책을 읽는다.

讀萬卷書 行萬里路(독만권서 행만리로)라는 동기창의 말에서 보듯, 앞서간 사람들이 지은 좋은 책을 만 권쯤 찾아 읽고, 만 리 길을 멀다 하지 않고 두루 천하를 돌아다니며 견문을 넓힌다면, 세상을 이해할 수 있으리라. 책은 역사를 수직적으로 꿰뚫게 해주며, 여행은 이 세상을 수평적으로 경험하고 이해토록 해줄 것이기에…….

어떻든 습관화된 독서 취미가 없었다면, 지금에 이르러 내 삶이 얼마나 무료하고 건조했을까라는 생각을 해본다. 책은 내 인생의 또 하나의 반려(伴侶)였지 싶다. 그러면서도 한편으론 간서치적(看書痴的)인 삶이 아니었나라는 생각도 해보게 된다. 그러나 그렇게 살아온 세월에 대해 후회는 없다. 왜냐하면 그 속에서 나는 즐거웠으니까.

일찍이 신흠 선생께서도 말하지 않았나. 문을 닫고 마음에 드는 책을 읽는 것, 문을 열고 마음에 맞는 손님을 맞는 것, 문을 나서서 마음에 드는 경치를 찾아가는 것, 이것이야말로 사람이 추구해야 할 세 가지 즐거움이라고…….

내게 남은 꿈이 있다면, 전공을 떠나 내가 진짜 좋아하는 책들을 넉넉히 갖추어 놓고 북 카페 같은 것을 만들어 보는 일이다. 그것은 먹고 사는 일과는 관계없는 것으로, 책을 읽으며 사람을 만나고 그들과 가끔 인생을 논하는 그런 공간이면 좋겠다. 그렇게 된다면, 앞으로의 내 삶 또한 더욱 의미 있고 여유롭고 풍요로워질 것이기에…….

(2006)

『향촌 사계』에 부쳐

변호사 윤송이

『향촌 사계』는 작가 가족의 이야기이고, 또는 이웃과 친구의 이야기이고, 작가가 사랑했던 장소와 순간에 대한 이야기입니다. 그간 이야기는 켜켜이 쌓이고 쌓여, 필자가 태어나기도 전에 씌어졌던 작품부터 그의 자녀들이 자라 결혼할 즈음에 쓰인 작품에까지 — 이 『향촌 사계』에서 마치 완행열차에 옹기종기 몸을 싣듯 그렇게 엮어지게 되었습니다.

글이 사람에게 감동을 줄 때, 아니 사람이 무엇인가에 감동을 받게 될 때를 떠올려 봅니다. 벅차오르는 짜릿한 전율과 같은 유(類)의 감동도 있겠지만, 저는 잔잔한 깨달음에 마음이 공명하는, 때로는 애잔함이 함께 하는 그런 감동에 대해 이야기하고자 합니다. 『향촌 사계』에 수록된 작품들의 전반적인 첫인상은 정갈하고 깨끗합니다. 하지만, 지긋하게 감상하다 보면 작가가 삶을 눌러 담아오면서 마주친 고뇌와 복잡함을 외면하지 않고 집요하게 응시해 왔을 시간이 함께 떠오릅니다. 작가의 글 쓰는 인생 여정에서 때로는 등장인물로, 때로는 작품의 독자로 오랜 시간 함께 해온 저이지만, 『향촌 사계』를 탈고하게 된 이제서야 비로소 작품들이 시공간을 초월하여 입체적으로 보입니다. 새로운 '맛' 입니다.

요즘 세상은 우리에게 너무나도 다양한 소양 갖추기를 요구하는 듯합니다. 작가는 그 와중에 자신의 방식을 고수하며 뒤뚱거리면서 그러나 동시에 의연하게 세상을 걸어 왔습니다. 그래서일까.

작품은 순수하며 시대상에 비추어 보건대 고귀하다는 생각마저 듭니다. 작가의 작품을 통해 진정한 의미의 진실함 그 자체가 주는 감동의 색상 보는 법을 깨우칩니다.

작가는 30년이 넘는 교직 생활을 마무리 짓고, 한평생 바라고 원했던 고향 가까운 괴강가 전망 좋은 곳에 새 보금자리를 마련하였습니다. 『향촌 사계』는 작가 인생 전반(前半)의 묶음이며, 이제 작가 인생 후반(後半)을 위한 새로운 발걸음이 제월대에서 시작됩니다. 오직 낙서(樂書) 궁리(窮理)하는, 글만 쓰시는 생활 가운데 맺히게 될 아침 이슬 같은 작품들이 기대됩니다.

(딸이 삼가 씀)

향암수필선 **향촌 사계**

1판 1쇄 인쇄 2018년 9월 27일
1판 1쇄 발행 2018년 9월 30일

지은이 윤병화
펴낸이 강영선

펴낸 곳 도서출판 용의숲
주소 서울시 마포구 서교동 361-9 3F
전화번호 02-338-5113
팩시밀리 031-914-5113
휴대폰 010-9177-8210
E-mail dragonpc@hanmail.net
출판등록 2004년 3월 29일 제 313-2004-00078호

ISBN 978-89-93703-48-1 03810

정가 15,000원

이 책은 충청남도와 충남문화재단의 후원으로 만들어졌습니다.